JN437919

영국의
장원기록문서

Manorial Records in England

김호연 지음

UUP

영국의 장원기록문서

2015년 12월 18일 **초판 인쇄** ▪ 2015년 12월 24일 **초판 발행**

- **지은이** 김호연
- **펴낸이** 오연천
- **편집, 인쇄** **UUP**(울산대학교출판부) 680-749 울산광역시 남구 대학로 93(무거동) 울산대학교 출판부
- 전화 (052)259-2488 팩스 (052)277-3011 ▪ **홈페이지** http://uup.ulsan.ac.kr
- **출판등록** 제370-1996-000001호(1996.3.13.)
- 20,000원

- ISBN 978.89.7868.378.4 (93920)

책을 내며

장원기록문서(manorial records)는 크게 영지조사서(surveys), 장원회계문서(manorial accounts), 장원법정문서(manorial court rolls)의 세 종류로 구분된다. 영지조사서는 장원영주의 영지에 속하는 재산들에 대한 조사서이고, 장원회계문서는 장원의 수입을 기록한 문서이다. 장원법정문서는 장원주민들에 대한 영주의 사법권에 근거하여 장원법정에서 기록된 문서이다. 이 기록에는 장원법정에서 이루어진 각종 규제와 허가, 벌금 등 장원주민들에 대한 지배의 내용을 담고 있다.

본서는 장원기록문서들 가운데 주로 장원법정문서에 대하여 다루고 있다. 장원법정문서는 중세 장원촌락민들의 삶의 모습을 생생하게 보여주는 기록이다. 당시 장원촌락민들의 삶의 터전이었던 토지에 대한 거래 내용, 토지경작에 따른 각종 규제, 공동체의 규율, 십인조점검과 주조 및 제빵 규제 등의 내용을 담고 있기 때문이다. 이 기록을 통하여 연구자들은 장원농민들의 부와 그 변화과정, 상속관습, 결혼, 공동체의 규제와 공동체의 성격 변화, 장원농민들의 부역과 지대부담 등을 분석해 낼 수 있다.

장원법정문서를 통한 영국 중세사회의 연구는 1970년에 본격적으로 확산되어, 토지거래, 상속, 결혼, 인구변화, 농민 수공업자, 술집, 영주권 등 다양한 주제에 대한 전문적인 연구가 진행되고 있다. 영지조사서와 장원회계문서 역시 이 같은 주제들에 대한 연구에 필요하나, 장원법정문서의 중요성이 압도적이다.

역사연구자로서 저자의 주요 관심분야는 중세에서 근대에 이르는 동안 영국 농촌사회의 변화과정이다. 이 주제에 대한 연구에서 가장 중요한 사료가 장원법정문서와, 16세기 이후 보편화되는 유언장(wills)과 유언검인록(probate inventories)이다. 저자는 이들 사료를 중심으로 연구를 지속해왔고, 2005년도에 출간된 『근대초 영국 농촌사회 연구』 역시 이들 사료에 근거한 연구서이다.

본서는 중세와 근대에 거쳐 영국 농촌사회 변화를 밝혀주는데 결정적으로 중요한 장원법정문서 자체에 대한 연구 및 안내서이다. 본서를 준비하기 시작한 것은 10여년이 되었으나, 그동안 준비부족으로 출간하지 못하였다. 미흡하기는 하나 현재 우리나라에서 장원기록문서에 대한 연구서나 안내서가 전무한 상태인 점을 고려하여 후학들의 연구에 도움이 되기를 기대하면서 출간을 결심하였다. 본서를 준비하면서 저자는 P.D.A. Harvey의 *Manorial Records*에서 많은 도움을 받았다.

본서의 1장은 장원법정문서의 기록내용과 밀접한 관련이 있는 장원과 장원경영에 대한 내용이다. 2장은 대체로 1540년 이전 중세의 장원법정문서에 대한 내용이며, 3장은 그 이후의 장원법정문서에 대한 내용이다. 4장은 장원법정문서의 연구사에 대한 내용으로 본서를 준비하면서 처음에 작성된 원고이다. 5장과 6장은 장원법정문서를 통하여 장원촌락민들의 삶을 구체적으로 분석한 내용이다. 그 가운데 5장은 Methley 장원법정에 대한 내용으로, '15세기 영국의 사회 변화와 공동체 통제 -Methley 장원을 중심으로-', [영국연구] Vol. 10 (2003)에 실렸던 논문을 본서에 맞도록 필요한 부분만 보완하여 재편성한 것이다. 6장은 Acomb 장원의 통제에 대한 내용으로, 저자의 2005년 저서에 실렸던 내용을 본서에 맞도록 보완하여 재편성한 것이다. 7장은 장원촌락민들의 생활을 연구하는 데 밀접한 연관이 있는 사료인 영지조사서에 대한 내용이다. 8장은 독자들이 장원법정문서의 내용을 직접 읽어 볼 수 있도록, 16세기 Acomb 장원의 법정문서 일부를 주를 달아 제시하였다.

본서를 출간하면서 저자는 대학원에서 중세나 근대초 영국의 사회경제사를 연구하는 후학들에게 다소나마 도움이 되기를 희망한다. 아울러 서양의 장원문서에 관심이 있는 독자들에게도 도움이 되기를 기대한다.

2015년 11월 30일

울산대학교 연구실에서

저자 김 호 연.

목차

1장 장원과 장원경영

1. 장원

(1) 장원의 등장

"장원(manor)"이라는 말이 영국[1])의 역사에 처음 등장하는 것은 노르만 정복(Norman Conquest, 1066년) 이후이다. 이 말은 정복왕 윌리엄(William the Conqueror)이 1066년 잉글랜드를 정복하고, 그 후 20년 뒤인 1086년에 실시한 정복지 영국에 대한 토지조사문서인 둠스데이북(Domesday Book)에 등장한다. 이 토지조사대장은 왕국의 영토인 영국 전역에 대한 조세징수를 목적으로 작성된 것으로, 조사관들은 밭갈이 팀(plough team)[2]) 으로 표시된 경작지 면적과 가격, 소유자의 이름, 농노와 자유민의 수 등을 조사하여 기록하였다. 2권으로 되어 있으며, 웨스트

---

1) 본서에서 '영국'은 브리튼(Britain) 섬에서 스코틀랜드(Scotland)와 웨일즈(Walse)를 제외한 '잉글랜드'(England)를 지칭하는 의미이다. 본서의 경우 편의에 따라 '영국'과 '잉글랜드'를 혼용하여 사용한다.

2) 당시 밭갈이를 하던 쟁기와 이 쟁기를 끄는 황소 8마리가 1 plough team을 구성했다. 둠스데이북에는 장원의 토지면적이 밭갈이 팀의 수로 계산되어 있다.

민스터 성당(Westminster Abbey)의 둠스데이(Domesday)라 불리는 방에 보관되어 있어 둠스데이북으로 알려지게 되었다. 이 토지조사대장에 Manerium으로 기록되어 있는 것이 곧 장원(manor)이다.[3)]

그런데 우리는 1086년 둠스데이북에 기록된 조사내용을 통하여 장원이 일정한 규모로 이루어졌거나 또는 자연촌락 단위로 구성된 것만이 아님을 알 수 있다. 실제로 장원의 규모와 구조가 매우 다양하였다. 둠스데이북에 의하면 장원은 규모, 가치, 구조가 매우 다양한 토지재산이었다.

중세시대 잉글랜드에서 일부 장원은 자연촌락 전체를 포함하며 동시에 하나의 자연촌락이 하나의 장원으로 구성되었다. 이 같은 경우가 중세 장원구조의 설명에는 용이할 수 있으나, 전형적인 것은 아니었다. 연구에 의하면 이 같은 장원은 소수에 속하며, 하나의 자연촌락이 여러 장원으로 나뉘는 경우가 더 다수였다. 예컨대 Cambridgeshire의 Cottenham 마을은 6명의 장원 영주에게 분할되어 지배를 받았다. 반면에 하나의 장원이 단일 마을을 훨씬 넘어서기도 했다. 예컨대 서부 Yorkshire의 Wakefield 장원은 150평방 마일 이상의 여러 마을을 포괄하는 거대한 장원이었다.[4)]

장원의 토지구성 역시 다양하였다. 어떤 장원은 지역의 차지

---

3) J. C. Holt, ed. *Domesday Studies* (Royal Historical Society, 1987), pp. 139-53.

4) Wakefield 장원법정문서는 1900년부터 1993년까지 14권으로 간행되었다. 1900년부터 1945년까지 5권의 구 시리즈와 1978년부터 1993년까지 9권의 신 시리즈다. *Court Rolls of the Manor of Wakefield* (Yorkshire Archeological Society), vol Ⅰ-Ⅴ (1900-1945): 신 시리즈 vol. Ⅰ-Ⅸ (1978-1993).

인(local tenant)인 관습 차지인(customary tenant)이 전혀 없이 영주(lord)의 직영지(demesne)[5])로만 구성될 수 있었다. 이와는 정반대로 영주의 직영지는 전혀 없이 차지인들로만 구성될 수도 있었다. 그렇지만 일반적으로는 장원 내에 영주의 직영지와 차지농민들의 토지가 모두 존재했다. 특히 경작지 들판의 경포(field)를 구성하는 경구(furlong)에 직영지 지조(strip)와 차지농민들의 지조가 혼재하는 형태로 존재하였다.[6])

그런데 이 같은 장원에 대한 지배권은 겹쳐질 수 있어서, 단일 지역이 하나 이상의 장원 내에 놓일 수 있었다. 이는 분봉(enfeoffments: 봉토하사)을 통하여 나타났는데, 종종 명목적인 군사복무나 또는 다른 지대나 서비스를 대가로 하는 일종의 영구 임차였다. 이런 방법으로 영주는 임대한 장원에 대해 여전히 그의 권리 하에 남아 있는 지대나 사법적 권리를 통하여 일정한 지배권을 행사하면서도 효율적으로 양도할 수 있었다. 이 같은 양도의 과정은 한번 이상 일어날 수 있었다. 예컨대 1325년 Suffolk의 Sibton 수도원령의 Falsham 장원은 Sir William de Bovile로부터 보유된 것인데, 써 윌리엄 드 보빌의 위로는 Edwardstone 장원으로서 William de Monte Caniso로부터 보유된 것이었으며, 또 그 위로는 honour of Eye로서 earl of

5) 직영지 개념에는 토지만 포함되는 것이 아니다. 직영지는 영주관할의 토지, 황무지, 삼림, 가옥, 창고 등이 모두 포함된 의미이다.

6) 중세시대 장원의 토지는 담이 없는 개방경지(open field)로, 2 포제(two fields) 혹은 3 포제(three fields)의 윤작이 실시되었다. 각 경포는 지리적 환경에 따라 여러 경구로 나뉘어졌고, 각 경구 내에 영주와 차지농민들의 토지가 지조형태로 혼재되어 놓여 있었다. 이런 이유로 중세시대 장원 내에서 농경은 밭갈이, 파종, 수확 등에서 분쟁을 방지할 목적으로 차지인들의 공동경작으로 이루어졌는데, 이를 경작강제라 한다.

Cornwall, 그 위로는 왕이었다.[7] 이를 정리하면 다음과 같다.

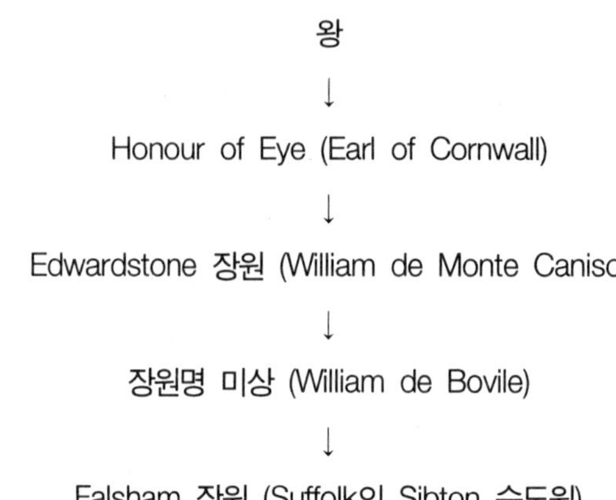

앞에서 알 수 있듯이 최종적으로 국왕까지 거슬러 오르는 누층적 지배구조에서 Falsham 장원의 경영권은 Sibton 수도원에 있었다. 따라서 장원의 토지가 경작되는 것을 감독하고 그로부터 직접 수익을 얻는 사람들은 Sibton 수도원의 수도사들이었다. 그런데 Sibton 수도원의 이 재산은 Sir William de Bovile의 이름이 밝혀지지 않은 장원의 일부로 보유되고 있는 것이었다. 즉, Sir William de Bovile은 지대에 대한 권리를 통하여 그 장원에 대한 지배권을 행사하는 것이었다. Sir William de Bovile의 이 재산은 William de Monte Caniso의 Edwardstone 장원의 일부로 보유한 것이었고, 이는 또다시 Cornwall 백작령의 대영지의 일부로 보유한 것이었다. 궁극적으로 중세시대 모든 영국의 토지는 왕으로부터 분봉되어 보유하는 것이었다. 그러므로 여러

7) *The Sibton Abbey Estates: Select Documents 1325-1509*, ed. A. H. Denney, Suffolk Records Society, ii (1960), p. 43.

단계의 보유권이 왕과 지역 장원의 영주 사이에 개재될 수 있었다.[8)]

장원 내의 중심지는 장원청(manor house)이었다. 장원 영주나 그의 대리인이 거주하는 곳으로, 여러 농장 건물을 포함하고 있었다. 장원경영과 영주의 직영지 경작의 중심부이며, 동시에 장원 내에서 주민들의 생활과 활동을 규제하고 통제하는 장원법정(manorial court)이 열리는 곳이었다. 규모가 큰 장원이나 지역의 중심지에 위치한 장원에는 교구교회가 위치할 수 있었다. 물레방아나 빵솥, 포도압착기, 비둘기 집 같은 영주가 설비한 시설물들도 있었다. 농민가옥은 대체로 길에 연하여 위치했으며 뒤쪽으로 텃밭이 딸려있었다.

장원의 주민은 장원영주로부터 경작지 등의 토지사용을 허가받고 가옥과 토지를 보유한 그 지역의 차지인들(tenants)이었다. 차지인의 대부분은 부자유 농민인 예농(villein)과 오두막농(cottager)이었고, 이들은 장원의 관습에 따라 토지를 경작하는 농민들이었다. 장원 주민 가운데에는 자유 차지인(free tenant)도 포함될 수 있었다. 예농 가운데 부유한 계층은 대체로 1 virgate (대략 30 acre정도)[9)] 혹은 1/2 virgate의 토지를 경작하는 농민들이었다. 그에 비하여 오두막농은 오두막과 오두막에 딸린 텃밭, 그리고 대체로 5 에이커 미만의 토지를 보유한 가난한 농민들이

---

8) 당시 영국은 토지재산에 대하여 사유권이 확립된 시대가 아니었다. 대부분의 토지재산은 중첩된 권리 하에 놓여 있었다. 토지재산에 대한 권리는 왕으로부터 말단 장원의 영주에 이르기까지 여러 권리자들 사이에 분점되어 있는 상황으로, 각각의 권리자들은 용익권만을 가질 뿐 배타적인 소유권을 갖지 못하였다. 그러므로 각각의 권리자들은 소유자(owner)가 아닌 보유자(holder)라고 표현하는 것이 정확한 표현이다.

9) 1 virgate, 1 acre에 대한 면적은 본서 7장 참고.

었다. 자유차지인은 예농이나 오두막농처럼 영주에게 직접 예속되어 영주직영지 경작을 위한 부역의 의무(labour services)와 더불어 생산물과 현금으로 높은 지대의 의무를 부담하는 것은 아니나, 장원법정의 규제 하에 놓여있는 주민들이었다. 이들은 직접 농사를 짓는 농민층에 속하는 사람들도 있었고 젠틀맨 계층에 속하는 사람들도 있었다.

(2) 장원의 의미

장원이라는 말은 기록된 처음부터 '영주의 거주지'라는 의미와 '영지의 행정단위'라는 두 가지의 다른 의미로 사용되었다. 그렇지만 이들 의미 사이에는 서로 밀접한 연관을 가졌다. 그런가하면 16세기부터는 점차 '영주의 사적 사법권 하에 놓인 차지인이 딸린 토지재산'이라는 의미가 강해졌다.[10)]

우선 '영주의 거주지'라는 장원의 첫 번째 의미는 적어도 하나의 장원이나 그 이상을 지배하는 상당한 정도의 지주계층의 거주지를 의미하였다. 이는 '거주하다'라는 의미의 라틴어 manere에서 파생한 말로서, 오늘날에는 영어의 mansion, 불어의 maison과 연관이 있는 의미이다. 따라서 우리들이 첫 번째 의미로 장원을 말할 때 떠올릴 수 있는 모습은 촌락의 부유한 젠틀맨의 대저택이다. 중세시대 당시에는 촌락에 세워진 거의 가장 크고 튼튼한 대농가의 농장건물이었다. 당시 일반 농민들의 가옥이 대체로 이엉지붕과 흙벽으로 이루어진 건축물이었던 것을 생각해보면 영주나 그의 대리인이 살았던 영주의 주거지, 즉 장원청

---

10) P.D.A, Harvey, *Manorial Records* (British Records Association, No. 5, 1984), 이하 *Manorial Records*로 표기함. pp. 1~2.

은 매우 크고 튼튼한 건물이었다.

장원의 두 번째 의미는 '영지의 단일 행정단위'였다. 이 의미가 중세 영국사에서 사용하는 장원의 일반적인 의미이다. 1086년 둠스데이북은 토지소유에 대한 정보를 수집하기 위하여 영국 전역이 이미 장원이라는 토지단위로 나누어진 것으로 간주하였다. 1066년 노르망디 공작으로 잉글랜드를 정복한 윌리엄은 정복지 전체를 왕의 소유지로 규정하고, 휘하 대신들에게 영지를 분봉하였고, 그 영지의 일부는 하위 영주들에게 누층적으로 재분봉되었다. 이렇게 분봉과 재분봉되어 나눠어진 토지의 기초 단위가 장원이었다. 그러므로 장원은 영지의 기초 보유단위임과 동시에 기초 행정단위였다. 각각의 장원 영주들은 궁극적으로는 최상의 소유권자인 왕의 토지를 보유하는 형식을 취하였다. 공작(duke)이나 백작(count)같이 지위가 높은 영주들의 대규모 영지(이는 종종 honour라 불렸다)에는 이 같은 장원이 100개 이상 포함될 수 있었다. 반면에 말단의 영세한 영주의 영지는 단일 장원으로 구성될 수도 있었다. 따라서 특정 장원 내에는 토지보유자인 영주의 거주지가 포함될 수도 있었고 그렇지 않은 수도 있었다. 대영지를 거느린 영주들의 많은 장원에는 영주 대신 그들의 대리인이 거주하였기 때문이었다.

이상에서 언급한 '영주의 거주지', '영지의 단일행정단위'라는 두 가지 의미는 1086년 둠스데이북까지 거슬러 오를 수 있는 개념이다. 그런데 15세기 이후에 제3의 의미가 생겨났다. 장원에 대한 제3의 의미는 '지주(landlord)가 사적인 법정에서 사법권을 행사하는 차지인이 딸린 토지재산'이다. 장원법정은 훨씬 이전부터 존재했으나, 이제는 이것이 장원 자체를 규정하는 것으로 작용되었다. 대법관 Sir Edward Coke이 17세기 초에 말한 바처럼, "장원민사법정(Court Baron)은 장원의 버팀목이며 기둥이다. 만약 장원민사법정이 없다면 장원은 없다".[11] 이제 '장원법정 없는 장원은 없다'라는 말은 영지관리의 차원에서 학술적, 법률적 차원의 용어가 되었으며, 이는 16세기부터 20세기까지 그 의미를 지닌다. 본서의 8장에 예를 든 Acomb 장원의 16세기 장원법정문서는 이 세 번째 의미가 가장 강하게 작용하기 시작하던 시대의 것이다.

물론 장원구조가 변화 없이 유지된 것은 아니었다. 재분봉(subinfeudation)을 금지한 1290년 Quia Emptores 법령 이전까지는 국왕으로부터 아래로의 토지보유 사슬이 확대될 수 있었다. 그래서 상위 영주의 영지에서 하위 영주로 재산이 이전되어 새로운 단위로 새로운 장원이 형성될 수 있었다. 그럼에도 그 장원은 앞서 살펴보았듯이 적어도 명목상으로는 직전 영주의 장원의 일부로 남아 있었다. 그렇지만 1290년 이후에도 이러저러한 종류로의 재조직을 통하여 장원들 사이에 재산의 재분할 또는 새로운 장원의 창출로 이끌 수 있었다. 예컨대 14세기 시작시에 Sussex의 Battle Abbey는 근처의 직영지와 최근에 임차인에서 획득한 토지와 같이 묶어 새로운 행정 단위를 형성하여 새로운 Marley장원을 창출하고 있다.[12]

---

11) E. Coke, *The Compleate Copy-holder* (London, 1641), pp. 56-7. *Manorial Records*, p. 2. 재인용.

12) Eleanor Searle, *Lordship and Community: Battle Abbey and Its Banlieu 1066-1538* (Toronto, 1974), p. 268.

(3) 장원의 의미변화와 상위 행정

그렇다면 이처럼 장원이라는 말의 의미는 왜 변화했는가? 이유는 처음부터 세 개의 의미가 서로 융합되어 있었고, 사회의 변화에 따라 대표하거나 강조하는 의미 부분이 변하였기 때문이다.[13] 영주나 임차인(lessee) 또는 영지관리인(bailiff)의 거주지인 장원청은 농업을 조직하고 지대를 걷으며 차지농민들에 대하여 사법권을 행사하는 경영단위의 중심부였다. 이 같은 복합적인 의미는 세월에 따라 강조점이 변화했으나 변화가 항상 두드러지게 나타나는 것은 아니며, 어느 특정 경우에 어느 의미가 가장 우세했는가를 알기도 어렵다. 그렇기는 하나 우리들이 사용하는 장원의 의미는 대체로 두 번째와 세 번째의 의미이다. 장원을 두 번째 의미인 중세시대 '토지영지의 행정단위'로 보면, 매일매일 영지의 경영과정에서 생산된 모든 문서가 곧 장원기록이라 말할 수 있다. 장원을 세 번째 의미인 '사적 사법권하에 놓인 차지인이 딸린 토지재산'으로 보면, 장원기록은 장원의 법정업무를 수행하기 위하여 장원법정에서 생산된 문서들을 말한다. 전자가 영지경영을 중시한다면, 후자는 사적 사법권행사를 중시한다. 그래서 장원기록들은 중세 대부분 영지경영의 기록들을 의미하는 반면, 후기 시대에는 장원법정의 기록들을 의미한다. 물론 중세시대 장원기록에는 장원회계문서, 영지조사서와 더불어 장원법정의 기록들도 포함된다. 두 번째 의미와 세 번째 의미를 구분하는 분기점을 하비(P. D. A. Harvey)는 1540년을 취하고 있다. 16세기 중엽인 이 시기가 영국에서 영지경영의 방법, 기록의 성격변화, 등본보유농의 법적 지위의 변화

---

13) *Manorial Records*, p. 2.

라는 점에서 일치하는 시기로 보기 때문이다.[14]

이제까지 살펴본 장원기록은 중세 이후 영국의 영지경영에 대한 하나의 단계만을 나타낼 뿐이다. 대영지의 경우 상위단계가 있다. 개별적인 장원법정 외에 전체 영지에 대한 자유보유자들을 위한 영지법정(honour court)이 있을 수 있었다. 단일 장원에서의 수입과 지출의 회계(accounts) 외에 영지 전체 장원들에서 현금을 거둔 세입징수관의 회계도 있을 수 있었다.

상위단계의 중앙 영지행정은 하위단계의 지역 장원행정과 긴밀히 연결되어 있었다. 하위단계가 화폐나 재화의 생산적인 조직이라면 상위단계는 household(가구)를 부양하는 소비조직이었다. household는 여러 종류가 있었다. 대 세속 영주나 주교의 대규모 순회 household로부터 기사나 기타 소 젠트리의 단일장원까지 다양하였다. 경우에 따라서는 수도원 또는 칼리지 같은 단체인 경우도 있었다. 중세 영국에서 household의 다양성에도 불구하고 영지와의 관계는 동일했다. 영지에서 생산한 것을 소비하는 주체가 바로 household였기 때문이었다. 중세시대 household에서도 자체 기록을 만들었으나, 그 양은 영지기록보다 훨씬 적었고, 남아 있는 것은 더더욱 드물다. 이따금 13～14세기에 영지의 장원과 household를 포괄하는 재정기록이 발견되고 있으나, 일반적으로는 두 조직은 서로 달리 유지되었다.

---

14) *Manorial Records*, p. 3.

2. 장원경영

(1) 직영지

중세시대 영국의 지배계층인 영주들이 남긴 영지에 대한 기록을 이해하기 위해서는 우선 demesne(dominicum)이라 불렸던 장원의 직영지에 대한 이해가 필요하다. 영주 직영지를 차지인에게 임대하여 경영하였는가 또는 영주가 직접 경영하였는가에 따라 장원경영의 방법이 달라졌고, 장원경영의 방법이 달라짐에 따라 영지에 대한 기록문서들도 달라졌기 때문이다.

직영지라는 말은 중세 영국의 사회경제사에서 흔히 사용하는 단어로, 그 사전적 의미는 명확하다. 즉, 다른 차지농이 중간에 개재되지 않고 항상 영주의 직접 통제하에 놓여 있는 토지를 말한다. 그렇지만 구체적으로는 특정 관계에 따라 양상이 다양하였다. 주로 왕이나 공작령이나 백작령 또는 주교령 같은 대영지의 경우에는 기사의 군사복무 의무를 대가로 기사계급에게 영지의 일정한 부분을 임대하였다. 이를 제외한 영지의 나머지 부분을 지칭하는 것으로 직영지라는 용어를 사용하였다. 이 토지로부터 영주들은 직접 재정적 수익을 얻었다. 일반적으로 대영주로부터 중간정도의 영주들의 경우 자신들의 영지 가운데 일부는 여러 임차인(lessees)에게 임대하였다. 이처럼 임차인들에게 임대된 것 외에 영주 자신의 수중에 남아있는 장원들을 직영지라 불렀다. 영주는 이들 장원을 자신의 관리들을 통하여 직접 경영하였다. 개별 장원의 경우에는 영주의 자작농장(home farm)을 직영지라 불렀다. 이는 영주자신이 스스로 혹은 그의 관리를 통하여 경작하는 토지로, 지역 차지인들(local tenants)이 보유한 농민보유지와 대비되는 개념이었다.

중세시대 영주의 영지가 매우 작아서 영주가 영지 전체를 자신의 직접 통제 하에 두고 감독할 수 있는 경우에는 오늘날 파머의 생활과 다르지 않았다. 이 경우에는 지역의 차지농민을 포함할 수도 있었고, 경우에 따라서는 오직 직영지만으로 구성될 수도 있었다. 중세를 통하여 잉글랜드에는 이런 종류의 수많은 영지가 존재했으며, 이런 영지들은 장원이라는 말이 차지인들과 장원법정을 갖는 토지재산의 의미로 제한되기 시작한 16세기 이전까지는 자유보유지(free holdings)나 단일 장원들(single manors)로 무차별하게 언급되었다.

우리들이 중세 잉글랜드의 장원 기록들은 살펴볼 때 분명하게 규정된 자유보유지를 열거하는 것은 어렵지 않다. 첫째는 대영지(즉, honor), 둘째는 장원, 셋째는 장원의 자유차지인의 보유지이다. 이 같은 열거는 쉽고 분명하나 의미를 정확하게 이해하는 것은 쉽지 않다. 이유는 장원의 자유차지인과 장원영주 사이에 확연한 구분이 없었기 때문이다. 장원의 자유차지인은 상당한 재산을 가지고 있을 수 있었고, 여러 다른 영주로부터 토지를 보유하고 있을 수도 있었으며, 또 자신의 임차인도 있을 수 있었다. 장원영주는 그 장원을 일시적 혹은 영구적으로 다른 영주의 영지로서 보유하였다. 아주 흔하게 동일인이 장원영주이며 동시에 (상위) 장원의 임차인이었다.

우리들이 고려해야 하는 것은 재산의 형태로, 유일한 구분 기준은 토지재산의 규모였다. 토지보유주가 전체를 직접 경영하기에 너무 큰 영지일 경우, 예컨대 영지가 1~2개 이상의 장원으로 구성되었을 경우에는 다음의 두 경영방법 중 하나를 선택해야만 했다. 첫째, 영지의 각 단위나 혹은 장원에 영지관리인(bailiff)[15]을 임명했다. 영지관리인은 영주를 대신하여 맡은 영지를 경영하였다. 둘째, 장원을 임차인(lessee)에게 임대하였다. 임차인은 매년 미리 정한 화폐나 생산물로 지대를 지불하고, 그 나머지를 자신의 수익으로 삼았다. 이 후자의 방법이 유럽에서 일반적이었듯이 잉글랜드에서도 일반적이었고, 1086년 둠스데이조사 때와 12세기 대부분 이 방법이 일반적인 영지의 경영방법이었다. 이처럼 영지가 경영되던 12세기를 M.M. Postan은 "wholesale farming of manors"의 시대라고 말한다.[16] 장원이 이 같은 방법으로 임대될 때, 이는 at farm(ad firmam)된다고 표현되었다. the farm(firma)은 재산 자체가 아니라 매년의 지대(annual rent)였다. 그리고 매년의 지대를 지불하는 임차인이 farmer(firmarius)로 알려지게 되었다. 이 말은 상당한 혼란을 일으키는 어휘인데, 근대 농업사가들이 farm과 farmer를 각각 농업농장과 상당한 농업경영자라는 의미로 사용하고 있기 때문이다.

중세시대 임대 기간은 통상 여러 해 동안이거나, 또는 한 세대 혹은 여러 세대(lives)의 기간이었다.[17] 임차인 역시 다양하

15) 장원 관리에 대한 책임을 졌던 관리는 영지관리인(bailiff)과 장원관리인(reeve)으로 나뉘었다. 담당업무는 동일하였으나, 전자는 대체로 장원 외부에서 영주가 임명한 자유인이었고, 후자는 장원 내의 예농으로서 장원법정에서 선정되었다. 영지관리인의 경우 장원 2-3개에 대하여 책임을 지는 경우도 있었다.

16) M.M. Postan, ed., *The Cambridge Economic History of Europe,* vol. Ⅰ (Cambridge, 1966), p. 585.

17) 장원이 파머들에게 임대되는 기간만이 여러 해, 또는 한 세대 혹은 여러 세대가 아니었다. 16세기의 경우에는 장원 내의 관습지가 농민들에게 보유되는 기간도 마찬가지였다. 본서 8장 Acomb 장원법정문서 참고.

였는데, 이 같은 다양성은 11세기와 12세기에도 마찬가지였다. 예컨대 세인트 폴 대성당령(St Paul's Cathedral Willesden, Middlesex)은 1086년에 단일 파머가 아니라 지역에서 활동하는 장원의 임차인들에게 임대되었다. 반면에 12세기말 이후 많은 대성당령의 장원들은 자신들의 참사위원(canons)에게 임대되었는데, 아마도 이들은 이 장원들을 전대(sublet)하여 경영했던 것으로 보인다.[18]

그렇지만 주요 영지의 대다수의 장원들은 둠스데이 조사시기와 그 이후 100년 동안 늘 개별적인 지역 임차인들의 수중에 있었다. 보통 임차인은 장원청에서 살았는데, 이는 인접한 농장건물들과 더불어 장원 재산의 중심을 형성하는 것이었다.

(2) 영주직영

그런데 12세기말경까지 장원을 farmer(firmarius)로 알려진 임차인에게 매년 지대를 받고 임대하던 영주의 경영방식이 바뀌기 시작하였다. 임대와 다른 경영방식이 시토교단(Cistercians)에서 도입되어 확산되기 시작한 것이다. 잉글랜드에서 최초의 시토수도회는 1128년 Waverley (Surrey)에서 조직되었고, 급격히 팽창하여 1200년까지는 약 50개 하우스가 생겨 상당한 재산을 형성하였다. 이들 교단의 성·속 형제들은 교단의 농장을 지역 차지농민이나 임차인의 지대와 노역에 의존하지 않고, 스스로 노동하여 경작하였다. 이 같은 경작방법을 강조하기 위하여 이들의 경영단위는 장원이라 칭하지 않고, 헛간이나 곳간(barn)을 의미하는 grange(grangia)로 불렀다. 이는 그들 농장경영의 중심

---

18) R. Lennanrd, *Rural Estate 1086-1135* (Oxford, 1959), p. 153.

부가 거주지가 아닌 농업에 필요한 건물들이었음을 보여주고 있다.

그런데 한 세기 이내에 이 같은 구분이 소용없게 되었다. 12세기말에 이르러 대영지의 일반적인 경영방식이 임대방식과 달라졌기 때문이었다. 즉, 영주들이 임대 대신 각 장원에서 모든 수입에 책임을 지는 관리를 임명하는 대안적인 방법을 채택했던 것이다. 이 제도가 영주직영(demesne farming)[19]으로 알려졌는데, farming이라는 말로 표기되어 역사가들에게는 혼란스러운 용어이다. 이 같은 변화의 조짐이 나타난 것은 1170년대였으나, 1180년대 중반에는 일반적인 추세가 되었다. 이 제도가 점차 세속영지, 교회영지, 수도원영지 모두에서 다 같이 진행되었다. 1220년대까지 영주직영제도가 대영지에서 일반적인 것이 되었고, 14세기 중엽까지 지배적인 제도로 지속되었다.[20] 이 같은 제도는 오직 영국에서만 나타났고, 임대제도가 일반적이던 유럽의 관습과는 단절적인 모습이었다.

이 같은 변화에는 영국의 특유한 사회경제적 환경 때문이었

---

19) '영주직영'이란 영주들이 자신의 영지를 대리인을 통하여 직접 경영(direct management)하는 것을 말하는데, 이 경영방법이 역사가들에게는 demesne farming으로 알려져 있다. P.D.A. Harvey에 의하면 이 용어는 모순되고 혼란스러우며 잘못된 표현이다. 중세의 용어에서 farm은 rent였으며, farmer는 lessee였기 때문이다. P.D.A. Harvey, ed. *Manorial Records of Cuxham, Oxfordshire circa 1200 ~ 1359* (London, 1976), p. 12.

20) E. Miller and J. Hatcher, *Medieval England: Rural Society and Economic Change 1086-1348* (Longman: London, 1978), pp. 213-24; C. Dyer, *Lords and Peasants in a Changing Society: the Estates of the Bishopric of worcester, 680 ~ 1540* (Cambridge, 1980), pp. 51-2, 67-74.

다. 13세기에서 14세기 중반까지 인구증가와 곡가상승, 화폐경제와 시장발달에 따른 영주이익의 극대화 추구가 가능했기 때문이었다. 그 같은 환경 하에서 영국의 영주들은 발빠르게 시장경제에 순응했던 것이다. 즉, 고정된 지대로 직영지를 임대하던 영주들이 영지로부터 더 많은 이익을 끌어내기 위하여 전통적인 영지경영방식을 버리고 관리들을 통하여 직접 경영하는 방식을 택했던 것이다. 달리 말하면, 영주계층이 "경영 혁명"을 통하여 확대되는 시장경제로부터 큰 기회를 잡았던 "high-farming landlord의 시대"를 맞이했던 것이다.[21] 그에 따라 직영지 경작에 필요한 예농들의 노동부역이 절대적으로 필요하게 되었다. 영주들은 예농들에 대한 부역의 금납화(commutation)를 중지하고 오히려 부역을 강화하여 13세기에 예농들이 더욱 토지에 속박되는 현상이 나타났던 것이다.

영주직영제로의 변화는 영주들이 발달된 농업기술과 효율적인 토지경영을 통하여 시장을 통해 직접 이득을 취했다는 외형적인 모습을 띠고 있다. 그런데 역사적으로 보면 이 같은 외형적인 모습보다 더 중요한 의미를 함축하고 있다. 왜냐하면 영주직영제로의 변화가 중세 영국의 농촌에 대한 가장 풍부한 정보를 제공하는 장원기록들을 만들어냈기 때문이다. 이 기록들은 중세 유럽의 어느 곳에서보다도 중세 영국의 농업에 대해 더 많은 것들을 말해주고 있다. 아울러 13~14세기 영국의 농업에 대하여 18세기말 이전의 어느 시기보다도 더 많은 것들을 알려주고 있다. 그렇지만 이 같은 영국의 영주직영제도 13~14세기 동안에 지배적이기는 했으나 보편적이지는 않았다. 왕령지에서는

21) E. Miller and J. Hatcher, *Medieval England*, pp. 210, 213-24.

이 제도가 적용이 되지 않았기 때문이었다. 또 13～14세기 동안에도 자신의 영지 일부라도 지역의 파머에게 전혀 임대하지 않았던 대영지는 거의 없었기 때문이었다.

(3) 영주직영제 하의 경영

영주직영제가 처음 도입되었을 때 영주들은 정교한 감독제도에 의해 자신들의 재산을 경영하였다. 대영지의 경우 관리들(officials)은 여러 계층이었다. 따라서 각 관리들은 그 위에 있는 다른 관리들에 의하여 면밀히 감독되었다. 영지를 구성하는 각각의 장원에서는 기존에 farmer로 알려진 임차인 대신, reeve (prepositus)로 불렸던 장원관리인이 임명되었다. 이들은 부자유차지 농민인 예농(villein)으로서 영주에 의하여 선발되거나 동료 농민들에 의하여 선출되었다. 임차인처럼 장원관리인은 직영지 토지의 경작과 가축의 사육을 감독하였는데, 고용된 노동자들과 특히 예농들의 노동부역(labour services)을 통해서 경작하였다. 또 임차인과 마찬가지로 가장 이득이 되는 가격으로 가축과 곡물을 매매하였다. 그러나 임차인과는 달리 장원관리인은 영주에게 미리 정해진 지대가 아닌, 장원의 모든 수익을 제공하였다.

이 같은 임무를 맡은 장원관리인의 위에는 bailiff(ballives)라 불리는 영지관리인이 있었는데, 이들은 대체로 2~3개의 장원을 책임졌다. 영지 전체(대영지일 경우에는 주요 부분)에 대한 책임은 집사(steward, seneschal)가 졌으며, 이들은 장원을 정기적으로 순회하며 영지관리인이나 장원관리인의 일처리를 감독하고 장원재판을 주재하였다. 집사 위에는 회계감독관(auditors)이 있었다. 이들은 장원관리들의 회계를 점검하고 영주를 보필하였다. 이 같은 영지 관리들의 계서는 13세기 잉글랜드의 대영지에서 나타난 일반적인 모습이었다. 물론 관리들의 호칭이나 그들의 정확한 책임범위는 영지마다 다를 수 있었으나, 감독의 계서를 통한 영지관리라는 원칙은 매우 일반적이었다.

그러나 이처럼 세분된 관리들의 계서는 오래 지속되지 않았다. 정확한 변화의 과정과 연대는 영지마다 달랐으나 경향은 분명했다. 영지 감독을 위한 관리들의 계서가 사라지고 단순화되었던 것이다. 2~3개 장원을 감독하던 bailiff는 완전히 사라졌다. 집사는 영지의 일반 감독의무를 상실하고 오직 장원법정의 주재를 위해서만 임용되었다. 영지관리를 위해서는 오로지 영주의 회계감독관과 개별 장원의 관리만이 남게 되었다. 이제 장원관리인에게는 최소의 감독을 받으며 영주의 이익이라 생각되는 일에 최선을 다 할 수 있도록 상당한 자유처분권이 주어졌으며, 1년에 1~2번의 정밀한 장원회계에만 속박되었다. 이 변화를 가능하게 한 것은 회계방법의 개선이었다. 이는 더 단순하고 더 효율적인 영지경영제도를 낳았다. 그렇지만 영주의 수입은 장원관리인의 관리능력에 좌우되게 되었다. 단일 장원의 관리책임자가 장원관리인일 경우, 그는 장원 내의 부자유 차지농인 예농신분으로 자신의 보유지에 대한 부역과 지대면제 외에는 별도의 급료가 없었다. 만약 단일 장원에 대한 관리책임자가 장원 내외의 자유인일 경우, 그는 영지관리인이라 불렸으며 정규적인 급료를 받았다. 예컨대 Methley 장원의 경우 1499년에 연 20s.을 받았다.[22]

---

22) *Methley Manor Rolls*, in *The History of Methley*, ed. H.S. Darbyshire

중간관리의 소멸은 14세기초까지 장원관리의 손에 더 큰 의무를 부여하는 과정의 시작이기도 했다. 영주직영제가 도입되었을 때 영주가 쥐었던 경제적 농업적 주도권이 이 직책으로 돌려진 것이다. 즉, 영지의 중앙에서 개별 장원으로 장원경영의 주도권이 이전된 셈이다. 오래지않아 장원관리들은 그가 뿌린 곡식으로부터 예정된 수익에 대하여 책임을 지게 되었다. 행운이나 훌륭한 경영에 의한 성공적인 수확의 잉여는 장원관리인의 몫이 되있다. 또 가축의 일부가 연 단위로 장원관리에게 임대될 수 있었다. 그 경우 그는 각 암소나 각 암탉에 대하여 일정한 대가를 지불하고 우유나 달걀을 자신의 몫으로 취하곤 했다.[23)]

이 같은 변화들은 장원관리인들이 영주의 대리인에서 점점 임차인으로 되어가게 하는 결과를 낳았다. 그 결과 장원관리인 자신이 장원경영의 위험을 부담하고 장원에서의 잉여수익을 취하게 되었다. 이 같은 추세에 14세기 전반에는 장원 직영지의 일부가 장원의 차지농들에 종종 임대되었는데, 처음은 소규모 면적으로 1년 정도의 기간이었으나 점차 큰 면적으로 장기간 임대되었다. 이는 전체 장원의 임대로의 복귀에 대한 전조로 볼 수 있다. 예컨대 Norwich Cathedral Priory 장원들에서는 직영지 수익이 줄기 시작한 1330년대에 임대가 시작되었다. 그렇지만 이 같은 변화는 영주직영제의 채택보다 훨씬 더 느리고 더 부분적인 형태로 나타났다.

---

and G. D. Lumb (Leeds, 1937), p. 191. 이하 *Methley Court Rolls*로 표기함

23) *Manorial Records*, p. 6.

(4) 임대제도로의 복귀

흑사병(Black Death)을 계기로 영주직영제도에서 임대제도로의 복귀가 급진전되었다. 1348~49년의 흑사병에 따르는 사회변화는 농업에 대충격을 주었다. 장원농민들의 격감에 따라 공한지(vacant holding)가 다수 발생하는 상황에서 부역노동을 징발하기가 매우 어렵게 되었다. 이제 직영지를 직접 경작할 수 없는 상황에 처한 영주들은 농업의 한계수익이 낮아지고, 만족할 만한 장원관리를 찾아 유지하기도 어렵게 되었다.[24] 대안은 다시 임대제도로 복귀하는 것이었다. 1400년까지 영지의 임대가 또다시 주요 영지에서 통상적인 경영방법이 되었다. 그러나 보편적인 현상은 아니었다. 예컨대 1430년대 말 Somerset의 Taunton Priory는 모든 장원을 임대하였다. 반면에 Devonshire의 Tavistock Abbey는 1497년에도 4개의 장원을 장원관리인을 통하여 직영하였는데, 이곳은 물자공급원으로서 영지 중심부에서 근접한 곳이었다.[25] 순회하는 세속 영주나 주교는 그들의 주 거주지가 있는 장원이 마지막 임대하는 곳이었다. 그래서 Canterbury 대주교령의 Otford(Kent) 영지는 대부분 1444년까지 직영 하에 있었다.[26] 전체 장원의 임대에 앞서 직영지의 부분임대가 선행

24) 장원관리인 직은 일단 선출이 되면 의무적인 것이었다. 그 직을 그만두기 위해서는 벌금을 물어야 했다. 그럼에도 장원관리직을 거부하는 사례가 자주 기록되어 있다. 예컨대 Methley 장원의 경우 1366년 Adam Brown이 장원관리인직을 거부하여 40d.의 벌금을 물고 있다. *Methley Court Rolls*, p. 142.

25) H.P.R. Finberg, *Tavistock Abbey: A Study in the Social and Economic History of Devon* (Cambridge U.P. 1951), pp. 256-57.

26) F.R.F. Du Boulay, *The Lordship of Canterbury: An Essay on Medieval Society* (N.Y. 1966), pp. 221, 239.

했듯이, 가축의 일부 역시 임대되었다. 일단 장원이 전체로 임대되어도 재산의 일부는 영주의 손에 남을 수 있었다. 따라서 양과 방목지 권리는 종종 장원의 임대에서 제외되었다. 15세기에 장원의 임대에는 큰 다양성이 있었으며, 영지가 경영되는 방법에서도 어느 정도의 다양성이 있었다.

(5) 15세기 영지조직

임대제도가 지배적인 경영방법이 됨에 따라 영지조직의 패턴도 변화했다. 대영지에서는 임대의 형태와 기간을 결정하는 영주자문회의(lord's council)의 중요성이 커져갔다. 동시에 장원관리들의 회계를 감사할 회계감사관들이 필요 없게 되었다. 반면에 이제는 지대를 걷는 지대수취인이나 회계관리인이 중요하게 되었다.

영지의 임대가 시작되자 직영지 장원들로부터 생산물의 형태로는 아무것도 들어오지 않게 되었다. 때로는 농민 임차인들의 지대가 장원 임대에 포함되기도 했다. 이 경우 임차인이 농민들의 지대를 걷어 수익으로 삼고, 임차인의 연 지대는 이를 감안하여 결정하는 것이었다. 그러나 가끔 영주는 농민 임차인들의 지대를 지대수취인이라 불리는 그 자신의 관리를 통하여 걷기도 했다. 지대를 지불하는 임차인은 보통 파머라 불렸다. 파머가 그의 근대적인 의미를 얻게 된 것은 토지임대가 15세기부터 매우 일반화되었기 때문이다. 그런데 가끔은 혼란스럽게도 파머를 reeve나 bailiff로 언급하는 것을 볼 수 있다.

장원법정은 거의 언제나 임대에서 배제되었으며, 영주 자신의 손에 확고히 남아 있었다. 이를 주재하는 집사도 예전처럼 존재했다. 그러나 집사는 이제 영지에 대한 어떤 경영의 의무도 부담하지 않게 되었다.

이상에서 설명한 사항들이 15세기 잉글랜드에서 영지조직의 일반적인 패턴이었다. 그리고 이 같은 패턴은 16세기 초엽과 중엽에도 여전히 일반적이었다. 당시 잉글랜드는 수도원의 해산과 다른 변화들이 영지의 소유권에서 혁명적인 변화를 가져왔던 시기였으며, 장원기록이 장원법정기록을 의미하기 시작한 시기였다. 물론 장원기록의 일반적인 패턴이 일정하게 유지되었다 해도 독특한 형태의 기록으로 생각되는 작은 편차는 거의 모든 기록에서 찾아볼 수 있다.

3. 중세 장원문서

(1) 장원문서의 성격과 종류

그러면 영국의 영지경영에 대한 기록은 언제부터 작성되었으며, 그 같은 기록들이 영지경영 조직의 발전에 어떤 영향을 미쳤는가? 잔존하는 기록에 의하면 12세기말까지 영지경영에 문서가 거의 사용되지 않은 듯하다. 즉 그때까지 문서로 기록되어 남아 있는 영지경영에 대한 기록이 존재하지 않는다. 그러나 그 후에 다수의 영지에서 다양한 목적을 위하여 문서가 작성되기 시작하였다. 이들은 더 이상 현존하지 않는 다른 기록들에 대하여 언급하기도 한다. 그렇지만 문서로 기록의 형태가 처음 나타난 것이 새로운 경영기술의 도입을 나타내는지 것인지, 아니면 오랫동안 존재하던 경영기술을 비로소 문서로 기록한 것인지는 단정하기 어렵다. 또 우리가 볼 수 있는 모든 것들이 우연히 살아남은 패턴인지도 알 수가 없다. 어쨌든 이처럼 문서로 기록을 남기는 경향은 1270년대까지 일반화되어, 문서기록이 모든 형태의 영지에서 경영의 표준적인 한 부분이 되었다.

이들 문서기록들은 크게 3부류로 나뉜다. 즉, 영지조사문서(surveys), 재정회계문서(financial accounts), 그리고 장원법정문서(records of manorial courts)이다. 이들은 영주와 그들의 관리들을 위하여 작성되었다. 따라서 장원문서들은 영주와 그들 관리들의 관점에서 중세촌락의 경제와 사회를 보여주고 있다. 실제로 이들 기록들은 이웃 공동체와의 접촉보다는 동일 영지 내에서 타 장원과의 접촉에 대하여 더 이야기하고, 임차인들 사이보다는 장원영주에 대한 임차인들의 관습적 의무를, 그리고 교구교회에서 일어난 일이 아닌 장원법정에서 일어난 일들을 말하고 있다. 그 같은 내용들은 소유주를 위한 영지의 효과적인 경영과 관련이 있기 때문이다. 그래서 이들 기록들은 주로 중세촌락생활의 여러 양상들 가운데에서 일방적이고 제한된 시각을 제공하고 있다.

토지를 직접 경작하던 소규모 소작인들은 기록을 남기지 않았다. 중세의 파머, 즉 장원의 임차인들을 위한 문서 역시 존재하지 않는다. 여기서 우리는 영주직영제 하에서 남겨진 풍부한 기록들이 농업을 사업적으로 경영한 사업가의 기록임을 알 수 있다. 즉, 토지경작에 주도권을 갖고 직접 농업의 경영에서 최대의 이득을 끌어내던 영주들의 기록들임을 의미한다. E. Miller와 J. Hatcher의 표현에 의하면 이는 "전통적으로 지주계급이었던 장원영주가 농업기업가로 전환된 것"을 의미한다.[27] 그렇지만

이 같은 영주직영제도는 1세기도 채 안 되는 기간 동안 전성기를 누렸다. 장원들이 다시 임대되자 장원에 대한 기록들은 영주의 장원경영에서 수동적인 역할에 머물게 되었고, 영주의 기록들은 장원의 수익을 나타내는 지대에 대한 기록으로 축소되었다. 장원경영의 주도권이 기록을 남기지 않았던 임차인으로 다시 이동했다. 그러나 이 같은 변화가 특정 장원이나 전체 영지에서 농업발전이나 경영혁신이 등한시되었다는 것을 의미하는 것은 아니다.

사료로서 남겨진 장원기록들은 편향적이다. 특히 현재 완전한 시리즈로 남아있는 압도적 다수는 베네딕트 수도원 영지에서 작성된 것들이다. 따라서 세속영지의 기록들은 상대적으로 소수이며 덜 지속적이다. 또 기록을 작성하던 당대인들에게는 익숙했을 영지경영에 대한 개념이 현재의 우리들에게는 그렇지 못하다는 점도 인식해야 한다. 그러므로 중세 장원기록에 표현된 개념을 글자 그대로 받아들이는데 신중해야 한다.

(2) 장원문서의 보관

교회영지에 속하는 주교령, 수도원령, 대학령, 병원단체령의 기록물들이 속인영지의 기록에 비하여 지속적이고 안정적이다. 실제로 세속영지는 소유주의 사망, 몰수, 그 밖의 사건들로 분해되거나 통합되거나 사라지는 등으로 자주 손이 바뀌었고, 기록물도 간헐적으로 존재한다.

협회(institution)가 존재하는 곳에서는 현재 그대로 보존되어 있다. 예컨대 Westminster Abbey, Cathedral Priories of Canterbury

27) E. Miller and J. Hatcher, *Medieval England*, p. 210.

and Durham, Norton College(Oxford), Winchester College 등이다. 협회나 직계 계승자가 안전한 곳에 이관한 곳도 있다. 예컨대 Bishopric of Ely의 기록은 Cambridge University Library에, St. Paul's Cathedral의 기록은 Guildhall Library(London)에 보존되어 있다.

중세시대 주교령의 영지기록은 교회의 사단법인(ecclesiastical corporation)보다 덜 안정적이나, 대규모로 남아 있는 것도 있다. 예컨대 Archbishop of Canterbury의 기록은 Lambeth Palace에, Bishopric of Winchester의 기록은 Hampshire Record Office에 보존되어 있다.

영지와 장원기록들이 다른 기관으로 옮겨진 것도 있다. 또 수도원 해산 시에 이전된 것들도 있다. 때로는 수도원의 기록들이 장원별로 흩어져, 개인들이 소유하거나 지방의 기록사무소 또는 British Library나 다른 국립 보관소에 보존되어 있다. 대부분 잔존하는 세속 영지들의 장원기록도 동일하다. 거의 완전한 세속영지는 대부분 왕령지에 속하는 것들로 Public Record Office에 존재한다.

그러나 장원이 일시적으로 왕의 손에 귀속되어 수입과 지출이 주장관(Sheriff)이나 다른 후견인에게 맡겨졌을 때 재정회계가 매년 회계청(Exchequer)에 제시되었고, 이는 Pipe Roll에 포함되어 있다. 또는 주장관의 통상 행정업무 외의 업무를 위한 회계보고서인 Foreign Account에 별도 시리즈로 나타난다.

영지가 단일소유권을 유지한 경우에는 중세 이후 장원기록들뿐만 아니라 장원법정기록도 존재한다. 왕령지에서는 훌륭한 시리즈가 존재한다. 그 이유는 16세기 중엽까지 왕령지 수입의

회계감사관들이 매년 집사들에게 법정기록을 제출하게 하여 보관했기 때문이다. 이들 기록들이 초기의 기록들보다 개별 영주들의 손이나 혹은 지역 기록보관소에 더 잘 보존되어 있다. 1922년에 재산법(the Law of Property Act)에 의거 장원법정을 통하여 관리되어왔던 등본보유(copyhold)의 토지보유형태가 폐지되었다. 장원기록들은 이전 등본보유지의 명칭에 대한 증거가 필요하여 1924년의 개정된 재산법은 다음과 같이 보완하고 있다. '모든 장원문서들은 기록보관소(Master of the Roll)의 책임과 감독 하에 놓인다'라고 규정하고, 기록보관소에 장원기록들을 통제하고 보호할 수 있는 입법권을 부여하였다. 이를 근거로 1926년 장원문서법(Manorial Documents Rules)이 제정되었고, 1963년 소폭 개정되었다. 이 규정은 1967년 이후 현재까지 적용되고 있다.[28)]

법은 장원문서들을 영주가 잘 보관해야 하거나 혹은 요구에 의거 기록보관소에 이전해야 한다고 규정하고 있다. 만약 훼손이나 폐기 혹은 다른 소유자에 이전할 경우에는 수서본사료위원회(the Historical Manuscripts Commission)의 서기에게 알려야 한다. 또 기록보관소의 허락 없이는 이들 장원문서들이 잉글랜드와 웨일즈 밖으로 반출되지 못한다. 이들은 기록보관소에 소장되어야 하며, 장원문서 리스트는 규정된 형태로 장원의 영주와 수서본사료위원회 서기에기 보내져야 하는데, 역사연구를 포함한 특정 목적에 이용할 수 있어야 한다. 따라서 장원문서들은 잉글랜드와 웨일즈에서 법적 보호를 받는 소수의 역사기록물 중 하나이다. 이들은 법정문서(court rolls), 영지조사서(surveys), 지

28) *Manorial Records*, pp. 10-11.

적도(maps), 토지대장(terriers) 등이다. 이 법의 집행을 위하여 기록보관소는 장원의 소유권과 위치를 기록한 장원문서등록소(Register of Manorial Documents)를 설립하였고, 수서본사료위원회가 이 일은 대행하였다. 장원문서등록소는 공공 연구를 위해서 위원회 사무소에서 자료 이용이 가능하도록 편의를 제공하고 있다. 자료는 County 순으로 정리되어 있고, 카운티 내에는 장원순, honours, hundred, 사적 재판권 순으로 정리되어 있다.

2장 중세의 장원법정문서

1. 장원법정문서

(1) 기원

최초로 알려진 장원법정의 활동에 대한 기록은 초기의 장원 회계문서에 남아있다. 1208~09년부터 존재하는 Winchester 주교령의 두루마리 회계문서가 좋은 예이다. 각 장원의 현금영수증이 장원법정에서 부과된 모든 부과금과 벌금의 자세한 목록을 제공하기 때문이다. 예컨대 A로부터 토지보유세로 2s., B로부터 토지를 떠나는 허가세 6d., C로부터 추수작업 궐석에 대하여 6d., D로부터 싸움을 하여 6d., 등등으로 기록되어, 전형적인 장원법정문서의 기록을 연상케 하고 있다.[1] 이처럼 초기 Winchester 회계문서에서 장원법정에서 부과된 부과금과 벌금을 자세하게 기록한 것은 장원법정문서의 부재를 시사하는 것으로 보인다.

현재 영국에 존재하는 최초의 장원법정문서는 1237년부터 St.

---

1) *Pipe Roll of the Bishopric of Winchester 1210-1211*, ed. N.R. Holt (Manchester U. P. 1964), p. 113.

Alban Abbey에서 작성된 장원법정문서의 발췌본이며, Ramsey Abbey의 권리증서대장(cartulary)에는 1239~40년의 장원법정기록 사본이 포함되어 있다. 그러나 가장 이른 원본 법정기록은 초기 연구자인 Maitland가 “내가 본 가장 오래된 법정문서의 표본이다”라고 밝히고 있듯이 Bec Abbey의 영국 장원들로 1246년까지 거슬러 오른다.[2)] 장원법정기록이 풍부해진 것은 1270년대부터인데, 이는 장원법정의 기록들을 보존해야한다는 생각이 확산되었기 때문으로 생각된다.

(2) 문서작성의 이유

영국은 13세기에 장원법정에서의 소송절차가 구두에서 문서로 바뀌었다. 이는 영국에 독특한 현상으로, 바다 건너 프랑스에서는 나타나지 않았던 현상이었다. 이 같은 현상은 영국과 프랑스 모두에서 영지를 가지고 있는 Bec Caen의 영지에 대한 비교에서 뚜렷이 드러나고 있다.

그러면 왜 영국에서만 13세기에 장원법정에서의 소송내용들이 문서로 작성되었는가? Frederick Maitland는 영국에서 13세기에 법정문서가 등장한 것은 당시대 영주들이 영지경영을 개선하려는 노력의 결과라고 주장하였다.[3)] 그에 대하여 Paul Harvey는 Maitland의 견해를 부인하고 있는데, 이유는 장원법정문서가 영지경영과 관련된 재정문서가 아니라는 근거에서이다.

---

2) A.E. Levett, *Studies in Manorial History* (Clarendon Press: Oxford, 1938), pp. 79-96, 300-37; *Select Pleas in Manorial and Other Seignorial Court, vol 1: Reigns of Henry III. and Edward I.* ed. F.W. Maitland (London, 1889), pp. xii-xiii, 6-9.

3) *Select Pleas*, p. xiv.

실제로 장원법정문서는 회계절차와는 거리가 먼 정보들을 다량으로 제공하고 있다. 더구나 장원법정이 개최된 최우선 이유가 재정적인 것도 아니었다. Paul Harvey에 의하면 장원법정 개최의 이득이 최소한이었다는 것을 발견하는 것이 어렵지 않다. 예컨대 1260년경 Hertfordshire의 Little Hormead에서 법정의 총 수익은 3s. od.였는데, 법정을 주제하는 집사의 비용이 2s. 8d.였다. 전혀 없는 곳도 있었는데, 1443년 Kent의 Thanington에서는 집사에게 지불된 수수료를 제외하면 법정을 열 가치가 없었다. 대신 Harvey는 Ralph Pugh의 주장대로 장원법정이 개최된 이유를 '선례에 따라 정의가 실현되도록 보증하기 위한' 시도에서 찾고 있다.4)

그러나 이 같은 설명은 장원법정문서가 처음 등장한 시기에 대하여 설명을 할 수가 없다. 그 이전에도 장원법정은 구두에 의한 선서증언(testimony)과 집단기억(collective memory)에 의하여 선례에 따라 정의가 제공되었음에 틀림없기 때문이다. 이 같은 이유를 들어 Zvi Razi와 Richard M. Smith는 국왕법정의 문서화에 대한 선호에 방어하기 위하여 장원법정에서도 문서를 도입했다고 주장하고 있다. 즉, 1250년대 이후 헨리 3세와 에드워드 7세의 개혁에 의해 자유 차지인의 국왕법정 소송이 용이해지자, 장원영주가 차지인들이 국왕법정으로 몰리는 것을 방어하기 위하여 장원법정의 소송절차를 개선한 결과라는 것이다. 즉 12세기 3사분기에 보통법(common law)의 기초가 세워지고 지방 순화재판이 이루어지자, 지방에서 다루어지던 사건이 중앙에서 다루어지게 되었고, 영주재판보다는 국왕재판을 선호하

4) *Manorial Records*, p. 42.

게 되었다는 것이다. 국왕 법정의 숙련된 재판의 영향력이 컸기 때문이었다. 그에 따라 자유인뿐만 아니라 장원의 농민들도 국왕재판의 사법권을 선호하게 되었고, 장원영주들은 노동부역을 강제할 대상인 농민들의 통제권을 상실한 위협에 놓이게 되었다. 그에 대한 방어책으로 장원영주들은 장원의 소송절차를 국왕법정의 절차에 따르는 것으로 개혁할 수밖에 없었고, 그 같은 과정에서 법정의 판결을 문서로 기록하게 되었다는 것이다.[5)]

예농이 보통법의 사법권에 놓일 수 있었던 것이 R. H. Hilton의 주장처럼 의도된 것인지 또는 Paul Hyams의 주장처럼 우연적인 것인지는 확실하지 않다.[6)] 그렇지만 예농이 국왕법정에 소송을 제기할 수 있는 것이 영주에게는 문제였다. 실제로 13세기 초에 예농들이 국왕법정에서 자유인 신분을 주장하는 예가 있다. 당시 대부분의 영주들은 장원 내에 자유인 차지인과 예농 차지인이 다 같이 존재하고 있었으므로 영주에게는 더 큰 위협이었다. 특히 개인 사이의 문제, 그 가운데 토지분쟁의 해결에 더 새롭고 더 나은 방법을 제공하던 보통법에 장원의 유력자들

---

5) Zvi Razi and Richard M. Smith, "The Origins of the English Manorial Court Rolls as a Written Records: A Puzzle", in *Medieval Society and the Manor court*, ed. Zvi Razi and Richard Smith (Oxford, 1996), pp. 36-67.

6) Hilton에 의하면 자유민에 대한 지방 대영주의 사법적 통제를 약화시키고 국왕의 사법권을 강화하려는 의도적인 조치의 결과였다. R, H. Hilton, "Freedom and Villeinage in England", in R.H. Hilton, *Peasants, Knights and Heretics: Studies in Medieval English Social History* (Cambridge U. P. 1976), pp. 185-90. 그에 비하여 Hyams는 예농에 대한 보통법의 적용은 당시 사법개혁의 의도되지 않은 결과였다. P.R. Hyams, *King, Lords, and Peasants in Medieval England: The Common Law of Villeinage in the Twelfth and Thirteenth Centuries* (Clarendon: Oxford, 1980), pp. 255-65.

인 자유차지인이 점점 더 끌렸기 때문이었다. 당시 중앙법정에는 아주 부유한 농민들만이 소송비용을 감당할 수 있었던 반면에 주법정의 비용은 자유민 대부분이 감당 할 수 있었다. 그 같은 상황에서 영주는 국왕법정 대신 장원법정을 선호할 방법을 찾아야만 했다. 그렇지 않으면 그들 자신의 법정수익이 줄고, 그들 차지인들 가운데 가장 영향력이 있던 자유 차지인 그룹을 통제할 수 있는 제도적 장치를 상실할 수 있었기 때문이었다. 실제로 당시 장원에서는 자유 차지인들의 정규적인 장원법정 출석과 협조 없이는 법정의 효율성을 유지할 방법을 찾기가 어려웠다. 그 같은 상황에서 대교회령이나 대수도원령 같은 대영지에서 먼저 국왕법정의 증가하는 인기에 대처하는 방법을 강구하게 되었다. 즉, 자유 차지인들이 장원법정에 더 끌리게 만드는 것이었다. 이를 위하여 장원법정에 국왕법정에서 발전한 새로운 소송절차를 도입하였다. 그 가운데 하나가 국왕법정에서 12세기 말에 도입되어 급격히 확산된 법정소송의 기록이었다.

실제로 국왕법정에서 보여주는 소송절차와 기록의 영향을 받은 장원법정문서가 1270년대와 1280년대부터 급증하여 소규모 영지까지 확산되는 것을 알 수 있다. 더구나 1290년 *Quia Emptores* 법으로 재분봉(subinfeudation)이 금지되자[7], 이 법의

7) 이 법에 의하여 자유보유지(tenure in fee simple)의 재분봉(subinfeudation)이 금지되자 자유인들 사이의 재분봉은 더 이상 나타나지 않게 되었다. 이 법은 토지보유인의 사망시에 수반되는 영주의 부수적 권리(incident)의 중요성에서 제정되었으며, 그 결과 토지 임차인은 임대인의 토지가 아닌 임대인 영주의 토지보유자로서 토지를 획득하게 되어 중간보유자가 사라지게 되었다. 그 결과 자유보유자는 점차로 왕의 직접적인 토지보유자가 되었다. 이 법은 원래 의도했던 기사계층의 봉토에서뿐만 아니라 농민층들이 보유한 토지에까지 영향 미쳐, 예농들의 토지보유도

영향으로 장원법정의 차원에서는 장원영주가 모든 새로운 차지인에게 지대와 토지보유세(entry fine)에 대한 의무를 직접 부여하는 것으로 나타나게 되었다. 이것이 바로 장원법정에서 관습지의 거래형식인 '반납과 승인'(surrender and admission)[8]이었다. 장원법정에서의 이 같은 관습지 차지인의 토지거래 형식은 13세기말과 14세기초 이후 오랫동안 장원 내 토지거래의 원칙으로 남게 되었다.

장원법정문서는 영주와 관리에게만 유익한 것이 아니었다. 예농 차지인이나 또는 관습지 차지인들은 그들의 토지거래의 정확한 증거를 위하여 법정문서의 기록이 유용했다. 중세말 이후의 등본보유(Copyhold)가 대표적인 예이다. 또 자유인이든 부자유인이든 신분에 관한 분쟁 시에 법정문서의 기록은 증거로서 매우 중요한 가치가 있었다.

(3) 문서의 형태와 종류

일반적으로 중세의 장원법정기록들은 초본이나 복사본이 없으며, 초고에서 정서된 것이 아니라 법정이 실제 진행되는 동안에 쓰였다. 내용은 항목 순으로 논증적으로 쓰였고, 정리된 방식은 일관적이지 않고 영지마다 달랐다. 종종 영지의 각 장원에서

장원영주의 토지보유자가 되는 형식으로 바뀌었다. S.F.C. Milsom, *Historical Foundations of the Common Law* (2nd edn., London, 1981), pp. 113-18; J.H. Baker, *An Introduction to English Legal History* (2nd den., London, 1979), pp. 208-209.

8) 보유지의 반납은 보유한 토지가 상속지가 아닌 영주의 토지임을 의미한다. 따라서 다음 보유자는 영주의 승인을 받아야 토지보유자가 되었다. admission의 의미는 concession, acknowledgement이다.

개정된 법정기록들은 집사가 영지를 순례함에 따라 단일 두루마리에 차례대로 작성되었다. 또는 특정 장원에서 계속되는 법정이 단일 두루마리나 파일에 기록될 수 있었다. 13세기말에는 이 방법이 더 일반적인 관행이었을 것인데, 14세기초 Walaham le Willows에서도 이 방법을 채택하였다.9)

중세 장원법정의 두루마리는 크기와 모양에서 다양했다. Chalgrave 장원처럼 20피트의 긴 두루마리가 있는가 하면, Eggington 장원처럼 5평방인치보다 작은 면적도 있다. Walaham le Willows 장원의 경우에는 폭이 9인치에서 9.5인치로 비슷하나, 길이는 18인치에서 30인치 사이로 다양하다. 특히 1349년 6월 15일 흑사병으로 103명의 사망자를 기록한 법정기록은 4피트의 길이로 양피지 2장으로 되어 있다.10) 소수의 영지에서는 두루마리 대신 책이 사용되었다.

15세기가 진행되는 동안 법정기록이 점차 법정자체에서 작성되지 않고, 초고나 메모로부터 후에 정서본으로 작성되었다. 이미 1420년대에 Canterbury Cathedral Priory에서는 법정에서 작성된 훨씬 풍부하고 어수선한 초고 메모로부터 매년 연말에 정서본 두루마리를 편찬하였다. 그 경우 초고는 종이에 정서본은 양피지에 작성되었는데, 이는 종종 중세 이후 장원법정기록에서도 볼 수 있는 것이다. 중세말 장원법정에 간혹 존재하는 집사나 그의 서기에 의한 메모가 초고 기록이나 메모로서 제공될 수 있었다.11)

---

9) *The Court Rolls of Walsham Le Willows, 1303-1350*, ed. Ray Lock (Suffolk Records Society, vol. XLI, 1998).

10) *Court Rolls of Walsham Le Willows, 1303-1350*, p. 3.

11) *Manorial Records*, p. 43.

소송절차상의 정식기록이 중세 장원법정에서 생산된 유일한 기록물은 아니다. 현존하는 장원법정문서 외에 다른 문서들도 있었다. 예컨대 영지목록이 매번의 법정회기 후에 작성되었음에 틀림없는데, 중세시대의 샘플이 거의 없다. 다음 법정에서 심문될 사건에 대한 메모도 드문 경우인데, 1310년 Oxfordshire의 Cuxham 장원에서처럼 십인조점검(View of frankpledge)에서 자백한 사람의 명단 역시 마찬가지다.12) 법정과 소송절차의 발전에 따라 새로운 종류의 기록이 생산되었다. 법정기록의 복사본이 가장 두드러진 예이다. 이는 전체 장원의 법정기록에 대한 복사본이 아니라, 장원의 관습보유권에 의하여 허가된 차지농민에 대한 발췌 복사본이다. 이는 권리증서로서가 아니라, 언제 그가 보유지에 들어갔고 보유조건이 무엇이었는지에 대한 유용한 증거로 제공되었다. 법정기록에 대한 복사본은 1311년 St Albans Abbey의 영지들에서, 그리고 1315년 Yorkshire의 Wakefield 장원에서 언급되었다.13) 그러나 복사본은 보다 서서히 퍼졌고, 16세기 이전의 것은 흔치 않다. 법정기록 복사본의 증가는 장원경영에서 문서기록의 증가와 장원법정에서 소송절차의 성장을 반영하는 것이다.

(4) 재판의 주재와 기록, 참고자료

장원영주가 장원법정을 주재할 권리가 법으로 확립된 것은 아니었다. 그러나 보통법(common law)에 의하면 농노는 영주에

---

12) *Manorial Record of Cuxham, 1200-1359*, pp. 632-33.

13) A.E. Levett, *Studies in Manorial History*, p. 139; *Court Rolls of the Manor of Wakefield, vol. iii, 1313-16*, p. 149.

신분적으로 예속되어 있다. 그러므로 농노가 지닌 모든 것은 자연 영주의 재산이 되며, 영주는 임의로 그들 농노가 지닌 모든 보유물을 점유하거나 또는 처분할 수 있다.14) 이 같이 주장하는 보통법의 이론에 의하면 장원영주가 장원법정을 주재하며 장원의 예농들을 규제할 권리는 당연한 것으로 보인다. 그렇지만 실제에 있어서는 장원영주의 권력은 차지인의 보유권에 영향을 미치는 문제에 국한되었다. 따라서 토지보유의 문제, 그에 따르는 지대와 부역의 의무 문제, 차지인들 사이의 분쟁에 대한 문제에 대하여 영주가 장원법정을 통하여 사법권을 행사하는 것은 자연스런 권리로 인식되었다. 여기에 시간에 지남에 따라 국왕으로부터 지역의 평화 유지 등의 문제에 대한 사법권을 넘겨받아 여러 권리들이 부가되었다.15)

하나의 장원만을 보유한 영주는 장원법정을 직접 주재할 수 있었으나, 여러 장원을 거느린 영주는 그럴 수가 없었다. 대신 영주를 대리하여 장원법정을 주재하던 인물은 일반적으로 집사라 불린 영지의 가장 중요한 관리였다. 대부분의 장원법정문서 맨 앞에는 그의 이름이 기록되어 있다. 13세기와 14세기에 장원법정문서의 기록은 정상적으로는 서기에 의하여 기록되었다. 새로운 집사가 집무를 맡은 시점에서 법정기록의 필체가 바뀐 것에서 우리는 집사가 서기를 지명하고 급료를 주는 것이지 영주에 의한 것이 아님을 알 수 있다. 그래서 새로운 집사는 새로운 서기를 의미했다. 그러나 중세말에는 완성된 법정기록이 아

14) Paul Vinogradoff, *Villainage in England: Essays in English Medieval History* (Oxford, 1927), p. 159; Paul R. Hyams, *King, Lords and Peasants in Medieval England,* pp. 17-24.

15) 본서 2장과 3장의 장원형사법정 참고.

닌 초고만이 법정에서 기록되었는데, 집사 자신이 초고를 적고 서기를 없앴던 것 같다. 예컨대 1470년 Paston letters에는 장원 법정에서 집사가 경쟁하는 권리주장자를 착석시키고 "그가 썼던 그의 책을 손가락으로 닦아내고"라고 서술하고 있다. 장원법정을 어떻게 개최하느냐에 대한 1510년의 인쇄된 논저에서 "법정을 주재하는 집사는 종이 위에 이 같은 방식으로 직함을 적어야 하며..."라고 서술하고 있는데, 종이는 최종 기록이 아닌 초고를 의미한다.[16]

집사는 장원의 주된 관리인 장원관리인과 건초관리인(hayward)의 도움을 받았다. 이들은 매년 선출되었고, 예농들로부터였다. 장원에 따라서는 지대수취인도 나타난다. 그의 임무는 주로 지대를 걷는 것이었으나, 법정에서의 특별 기능도 포함되었다. 즉, 법정에 소송한 모든 자, 소환되거나 혹은 사건 연관자가 장원법정에서 답하기 위하여 출석할 것인가를 확인할 의무였다. 또 장원법정이 폐정된 후에 법정의 명령을 집행할 의무도 있었다. 건초관리인 역시 납부금(fine)과 벌금(amercement)의 납부를 확실하게 하는데 책임이 있었다. 벌금산정인(affeerers) 역시 집사를 보좌했다. 그는 장원의 차지인들에 의하여 지명되었는데, 벌금의 수준에 대하여 집사에게 조언하는 임무가 부여되었다.

장원재판을 주재했거나 또는 재판기록을 작성했거나 그것을 이용했던 사람들에게 여러 참고자료들이 이용될 수 있었다. 용어해설집이 사용될 수 있었는데, 특히 메모 서책이나 특허대장에 나오는 고대용어가 그랬고, 법정에 제출될 것으로 예상되는 일련의 질문들에 대해서도 그랬다. 집사는 그를 도와줄 전문서

16) *Manorial Records*, p. 44.

책도 있었다. 대부분은 소송절차에 대한 간단한 안내서였고, 오히려 장원회계의 회계감사관들을 위해 작성된 것들이었다. 그러나 법정에서 일어날 수 있는 것을 매우 풍부하고 생생하고 극적인 대화로 제시하고 있다. 집사를 위한 최초의 전문서책은 13세기말로 거슬러 오르며, 장원법정기록에 대한 안내서는 19세기까지 작성되었다. 1510년 전문책자는 프린트된 처음의 것이다. 작가 미정으로 중세의 전통에 놓여 있으나, 1650년까지 20판이 내려왔다. 집사를 위한 전문서책 외에도 일부는 설명이 부가된 견본 텍스트가 있는데, 법정문서를 기록하는 서기를 위한 것이다. 초기의 것은 13세기 말의 것이다.17)

2. 법정의 형태

(1) 영주법정

영주법정(seignorial courts) 또는 사적법정(private courts)은 12세기부터 증거가 존재하는데, 대영주가 전체 영지에 대하여 주재하는 영지법정(the honour courts)을 말한다. 매우 큰 영지는 각각의 분리된 법정을 갖는 여러 영지로 구성될 수 있었다. 이 법정에 출석하도록 요구되는 사람들은 중세 용어로는 청원자들(suitors)인데, 전체 영지 내의 자유보유인 일부나 혹은 전부였다. 우리는 이들 12세기의 법정에 대하여 간혹 잔존하는 특허장이나 연대기의 우연한 언급을 통해서만 알고 있을 뿐, 그들의 업무나 절차에 대해서는 알지 못한다. 그런데 영주법정의 소송

17) *Manorial Records*, p. 44.

과정에 대한 기록문서들이 존재하기 시작한 13세기 중엽까지 이들 법정들이 쇠락했다는 것이 분명하다. 아마도 당시까지 많은 영주법정의 개정이 중단되었을 것이다. 1258년 Ramsey Abbey의 영지법정 기록에 대하여 F.W. Maitland는 "수도원장은 청원자들이 참여하도록 크게 노력했으나 종종 헛일이 되었다. 그런데 법정이 개최되면 다음에 할 일이 없었다."고 지적하고 있다. 그래서 3주마다의 회합기록은 법정궐석자들(defaulters)의 이름과 그들에 부과된 벌금과 제한조치들에 불과하였다.[18)]

이들 영주법정은 장원법정이 아니었다. 이들은 영주행정의 더 높은 차원에 속하는 것이었다. 그렇지만 이들 법정은 흔히 장원법정에 속하는 기능들을 인수하였다. 한 예로 1400년에 거의 흔적만 남아있는 Durham Cathedral Priory의 영주법정에서 한 장원의 모든 주조자들이 에일 조례(assize of ale) 위반에 답변하기 위하여 소집되었다. 그런데 이 업무는 일반적으로 장원법정의 십인조점검(View of Frakpledge)에서 처리하는 업무인 것이다.[19)]

(2) 장원민사법정

장원법정은 장원의 영주가 장원내에 거주하는 예속민뿐만 아니라 자유인까지도 통제하여 공동체의 모든 주민들에 대한 사법권을 행사하는 법정을 의미하였다. 장원법정을 개최할 권리는 13세기 초에는 상위영주의 동의에 의해서였음에 틀림이 없다. 이 같은 장원법정은 14세기말에 이르러 성격상 두 가지로

---

18) *Select Pleas*, pp. 50, 52-68.

19) *Manorial Records*, p. 45.

구분되었는데, 하나는 장원의 소유주로서 영주의 재산권 행사와 관련된 장원민사법정(manorial court baron)이었고, 다른 하나는 군주의 사법권에 속하나 장원영주에 위임된 사건들을 다루는 장원형사법정(manorial court leet)이었다.

장원민사법정은 15세기까지는 법정의 존재 자체가 재산으로서 장원을 규정하는 요소가 되었다. 장원민사법정의 사법권은 제한적이었으나, 지역의 공동체 내에서는 중요하였다. 이 법정에서 집행되는 법은 외부에서 부여된 것이 아니라 각각의 장원에서 관습으로 규정된 것이다. 관습은 장원마다 상이하며 같은 장원에서는 여러 세대에 공통적인 것이었다. 이 같은 관습에 따라 장원법정은 예농(villein), 즉 관습보유농(customary tenant)의 토지보유권을 통제하였다. 예농 역시 장원의 관습에 의하여 토지를 보유하였고, 그들의 보유권에 분쟁이 생기면 오직 장원법정에 의지할 수밖에 없었다. 국왕법정(Royal court)의 보통법(common law)은 예농의 소송을 거부하였는데, 이유는 그것은 오직 장원영주의 사법권 하에 놓인다는 근거에서였다.[20]

① 토지보유권

장원민사법정은 토지보유권과 관련된 내용들이 처리되는 법정으로, 이 법정에서 시행되는 법은 외부에서 부여된 것이 아니

20) R.H. Hilton에 의하면 자유인이 국왕법정에 소송할 수 있었던 반면 예농들은 장원법정에만 허용되었던 것은 의도적인 정책의 결과였다. 즉, 귀족들의 사적 법정을 희생시켜 국왕의 사법권을 확대하려하려는 조치에 대한 보상으로 예농에 대하여는 장원영주의 자의적인 사법권에 놓이도록 방치했다는 것이다. R.H. Hilton, "Freedom and Villeinage in England", pp. 185-90.

라 지역과 세대에 따라 달라질 수 있는 특정 장원의 관습에 의하여 형성된 것이었다. 장원민사법정에서는 관습에 따라 장원의 토지보유권에 관련된 사항을 심리하여 장원 거주민들의 삶에 대단히 중요한 영향을 미쳤다.

우선 장원민사법정은 장원내의 관습지 보유인들의 토지보유권을 통제했다. 토지보유인의 사망에 따른 보유권 상속은 장원법정에서 정해진 절차를 따랐다. 구체적으로 상속받을 토지의 자진반납(voluntary surrender)과 그 토지의 보유를 위한 승인이었다. 이 과정에서 사망한 토지보유인에게는 법정에서 사망세(heriot)가 부과되었다. 사망세는 흔히 사망한 토지보유인이 소유한 가축 가운데 가장 좋은 것이었다.[21] 장원의 관습에 의하여 규정되는 그의 상속인에게는 토지보유세(entry fine)[22]가 부과되었다. 그의 보유에 대한 조건과 의무는 장원법정에서 정해졌다. 또 장원법정에서 토지보유에 따르는 부역의무 문제가 다루어졌고, 토지의 전대(sublet)나 교환, 또는 숲으로부터의 토지 획득에 대한 승인이 이루어졌다.

장원법정의 허가 없이 토지를 거래하면 벌금이 부과되었는데, Methley 장원의 경우 14세기 중엽부터 16세기말까지 다수의 사례가 존재한다. 특히 흑사병 이후인 1370년대와 1380년대, 그

---

21) 사망세는 죽은 토지보유인이 가졌던 "가장 훌륭한 가축"으로 규정되어 있었다. 따라서 그가 오직 1마리의 가축밖에 없어도 영주는 이를 징수하였다. 사망한 토지보유인이 가축을 남기지 않았던 경우에는 가축 대신 놋그릇을 징수하기도 하였다. P.D.A. Harvey, *A Medieval Oxfordshire Village: Cuxham 1240-1400* (Oxford U. P. 1965), p. 123.

22) Cuxham 장원의 경우 1290-1317년까지 1/2 virgate 보유농민들의 토지보유세는 대체로 26s. 8d. 였다. P. D. A. Harvey, *A Medieval Oxfordshire Village,* p. 174.

리고 1570년대 이후가 더 심하였다. 장원법정은 그 같은 불법거래에 대하여 강력한 규제의지를 되풀이하여 표명하고 있다. 예컨대 불법거래가 심하던 1374년 4월 20일 장원법정은 불법토지거래자에 대해 다음과 같은 규제절차가 장원의 관습임을 천명하고 있다. 불법거래자는 장원관리인에 의하여 장원법정에 소환되는데, 만약 그가 "첫 번째 법정에 출두하지 않으면 토지가 영주에 압류되고(seized), 두 번째 법정에 출두하지 않으면 몰수되며(distrained), 세 번째 법정에도 출두하지 않으면 그가 잉글랜드 내에 있고 감옥에 투옥되지 않은 상태라면 토지에 대한 권리가 영구히 박탈된다"[23]는 것이다.

② 장원통제

장원관습은 토지보유와 관련된 다른 관습적 의무도 강요했다. 예컨대 장원 영역의 외부에서 거주하기 위해서는 허가를 받아야 했으며, 외부거주허가세(chevage)를 납부해야 했다. Methley 장원의 경우 1391년 3월 27일 법정은 1 bovate의 보유자인 예농 John Cause와 그의 처 Agnes가 장원 밖에 거주하여 그의 토지가 몰수되고, John de Shirbone이 토지보유세 5실링을 지불하고 새로운 토지보유자가 되었음을 기록하고 있다. 1413년 10월 13일의 법정은 노동자 John Bingley가 노동을 거부하고 영주권 밖으로 나가 고발했고, 1465년 7월 4일 법정은 Richard Norman과 예농의 딸인 Ellen Preist가 허가 없이 영주권 밖에서 오래 체류하여 고발하고 있다. 특히 1522년 11월 5일의 법정은 William Collet에게 앞으로 영주권 내로 돌아오지 않으면 소환시마다 6

---

23) *Methley Court Rolls*, p. 151.

실링 8펜스의 벌금을 물리겠다고 선언하고 있다.[24)]

결혼의 경우도 마찬가지였다. 딸의 결혼도 허가를 받아야 했으며, 이를 위해 혼인세(merchet)를 납부해야 했다. Methley 장원의 경우 1363년 Jane de Deusum이 5s.의 벌금을 물고 있는데, 이유는 자유인인 Agnes de Thorpe의 아들 John과 결혼하면서 허가를 받지 않아서였다. 또 1421년 4월 28일 법정은 예농인 Thomas Norman의 딸 Margaret이 Richard Wilson과 결혼하기 위하여 사전에 결혼세를 납부하지 않아 벌금을 물리고 있다.[25)] 미혼 여성이 부정한 행위를 하면 부정행위벌금(leyrwite)을 물었다. 간혹 예농이 아들을 학교에 보내거나 성직에 입문시킬 경우에도 장원법정의 허락을 받아야 가능했다.

장원에 거주하는 자유농민 역시 민사법정의 통제를 받았다. 이들이 관습지를 보유한 예농들과 동일하게 통제되지는 않았으나, 법정에 출석할 의무가 있었으며 토지사용에 대한 광범위한 사항들에서 통제를 받았다. 장원이 전체 마을을 포함하는 곳, 그리고 그 마을이 공동경작지를 갖는 곳에서는 이 공동경작지 사용을 규제하는 법정의 업무가 특히 중요했다. 특히 방목지, 목초지 및 추수 후의 경작지에 대한 공동 사용권, 공동지에 대한 방목 가축의 수, 이삭줍기, 파종지의 침해 등에 대하여는 관습농민들과 동일한 규제를 받았다. 그 같은 사항들에 대하여 장원의 거주민들은 합의된 관습을 기록하여 공식화하기도 했다.[26)] 장

---

24) *Methley Court Rolls*, pp. 160, 171, 173, 182.

25) *Methley Court Rolls*, pp. 139, 196.

26) Archbishop of Canterbury 영지 같은 일부 장원에서는 관습기록부(custumals)에 그 같은 사항들을 기록하고 있으나: *Custumals of the Sussex manors of the Archbishop of Canterbury*, ed. B.C. Redwood and

원의 관습은 장원주민들의 합의에 의하여 새로이 제정되기도 했는데, 이를 장원의 자치규약(by-law)이라 불렀다. 장원의 자치규약은 농경지역에서 장원의 영주에 의해서보다는 공동체의 구성원들에 의해서 제정된 것으로, 농업문제 이외에도, 외부인의 숙박문제, 밤에 이동하는 문제 등에 대하여 합의된 관습을 기록하기 위하여 공식화되었다. 초기의 것으로는 1250년경까지 거슬러 오른다.27)

Methley 장원의 경우 1379년 5월 29일의 장원법정문서에는 주민들이 공동경작지 주변에 울타리를 만드는 사항에 대한 자치규약의 준수를 서약하였다는 내용이 기록되어 있고, 1472년 11월 15일의 장원법정문서에는 모든 차지인들은 주민회의에 의하여 만들어진 규정에 복종해야한다고 기록되어 있다.28)

장원의 관습과 규율은 장원관리들에 의하여 강제되고 통세되었다. 장원의 관리는 영주에 의하여 지명되거나 또는 선발되는 경우 모두 장원법정에서 이루어졌다. 이는 항상 분명한 것은 아니었는데, 이유는 관습이 장원마다 상이했기 때문이었다. 이들 관리들은 장원관리인과 건초관리인이나 또는 수확관리인(reap-reeve, beadle)으로 알려진 사람들이다. 후자의 일은 경작지의 곡물을 감시하고 경지작의 곡물을 침해하거나 해를 끼친 자를 법정에 출두시키는 것이었다. 예컨대 Walsham le Willow 장원의 경우 1316년 12월 16일 High Hall 장원법정은 "Gilbert Helpe가

A.E. Wilson (Sussex Record Society, 1958), 일반적으로 장원법정문서의 내용 속에 산재되어 있다.

27) W.O. Ault, "Some Early Village By-Laws", *English Historical Review*, Vol. XVIII(1930), pp. 208-31.

28) *Methley Court Rolls*, p. 155, 184-85.

장원관리인 직에 선출되었고, John Wodebite가 지대수취인 직에 선출되었다. John은 그의 직에 대하여 무보수로 그리고 부역과 지대의 면제 없이 직을 수행할 것이며, 지대를 걷을 것이고 법정의 과료(fines)와 벌금(amercements)을 걷을 것이다."라고 기록되어 있다. 또 1317년 10월 11일 Walsham court General에서는 "Walter Osbern이 전처럼 장원관리인 직에 남았다. John Man이 Hayward로 선출되었다. Richard Qualm이 keeper of the wood로 남았다. 이들 모두 서약하였다."라고 기록되어 있다.[29)]

그런데 일부 차지인들에게는 선출되면 의무적으로 수행해야 하는 장원의 관리직들이 매력이 없었던 직책이었던 것으로 보인다. 직책의 수행거부에 따르는 과료를 물고 관리직에서 면제되었기 때문이다. 실제로 Walsham le Willow 장원의 경우 1317년 10월 11일 장원법정은 Bartholomew Patel이 장원관리인 직을 수행하지 않기 위하여 3s.의 과료를 납부하였고, peter Hawys도 마찬가지로 2s.을 납부하였다고 기록하고 있다. 또 Walter Rampolyn이 건초관리인 직을 수행하지 않기 위하여 2s.의 과료를 납부하였고, William Coppelowe와 William the miller가 당해년의 숲관리인 직을 면하기 위하여 4d.의 과료를 납부하고 있다.[30)] 1346년 10월 23일 Walsham 법정문서에는 장원관리인직의 선출이 배심원단에 의해서였음을 보여주며 직책 면제로 2 마르크를 납부했음을 보여주고 있다. "배심원단이 Robert Payn을 금년의 장원관리인으로 선출했다. 그는 그 직의 면제로 2마르크를 지불했다. 배심원단은 Robert Kembald를 건초관리인 직에

---

29) *Court Rolls of Walshm le Willow, 1303-1350*, pp. 44, 62.

30) *Court Rolls of Walshm le Willow, 1303-1350*, p. 62.

선출하였고, 그가 서약하였다. 배심원단은 John Bolle을 숲관리인으로 선출하였다."[31]

장원의 관리직은 중세 이래 장원 내에서 부유한 농민들의 몫이었다. 13~14세기 옥스퍼드셔의 Cuxham 장원촌락의 경우 장원관리인은 부농인 1 bovte의 토지보유자였다.[32] 15세기 중엽 Battle 수도원령의 배심원단을 비롯한 관리들 역시 부유한 주민들이었다.[33] Methley 장원의 경우도 예외가 아니었다. 특히 장원관리인은 재산자격이 엄격히 규정되어 있었다. 1400년 6월 17일의 법정은 Methley 장원의 장원관리인의 자격을 1 oxgang 이상의 토지보유자로 규정하고 있다.[34] 장원관리인은 영지관리인(bailiff)의 명에 의하여 영주와 장원농민 사이에서 주로 토지경작과 관련된 업무를 수행하였다. 대신 이들은 부역과 지대를 면제받았다.[35] 장원관리인, 배심원, 경관, 교구위원, 빈민감독관 등 장원의 관리들이 부유한 농민들로 구성되어 공동체의 빈민을 감시하고 통제했던 현상은 16~17세기에는 더욱 두드러진

---

31) *The Court Rolls of Walsham le Willow 1351-1399*, ed. Ray Lock (Suffolk Record Society, xlv, 2002), p. 77.

32) P.D.A. Harvey, *A Medieval Oxfordshire Village*, pp. 63-73. 장원관리직에 피선될 수 있는 자격에 대하여는 다음 글을 참고할 것. G. C. Homans, "The Rural Sociology of Medieval England", *Past and Present*, no. 4 (1953), pp.38 ~ 9; Zvi Razi, "Family, Land and Village Community in Later Medieval England", *Past and Present*, no. 93 (1981), pp. 14-5.

33) Searle, *Lordship and Community*, p. 433.

34) *Methley Court Rolls*, p. 164.

35) 영지관리인 bailiff의 경우는 대체로 장원 외부의 자유인 출신으로, Methley 장원의 경우에는 1499년에 연 20s.을 받았다. 그에 비하여 장원영주의 집사로 장원재판을 주재하던 steward는 연 30s. 4d.를 받았다. *Methley Court Rolls*, p. 191.

특징으로 나타나고 있다.[36)]

(3) 장원형사법정

장원법정에는 국왕법정의 관할에서 양도된 사법권이 덧붙여졌는데, 장원형사법정(court leet)으로 알려진 사법권이었다. 이 법정의 이름은 14세기말에 사용되기 시작했는데, 그 이전에는 흔히 형사법정에서 다루어지는 여러 사항 중의 하나인 십인조점검(the view of frankpledge)으로 불렸던 장원법정이었다.[37)] 십인조점검 자체는 노르만 정복 훨씬 이전부터 유래하는 상호보증제도(mutual sureties)나 십인조제도(borhs)의 유산으로, 모든 12세 이상 남자들이 10명 정도의 집단에 소속되어 서로 다른 사람들의 적법행위에 대하여 책임을 지는 제도였다.

십인조검검과 그에 부수되는 권리들은 1290년 Quo Warranto 법에 의하여 장원의 영주들에게 위임된 권한이었다. 그 이전에는 주지사의 관할 하에 놓인 한드레드(Hundred) 법정의 소관이었다. 장원형사법정은 장원내의 사소한 여러 가지의 위반을 기소하여 규제하던 법정으로 촌락민들의 일상생활과 직접적인 관련을 맺고 있다. 15세기 장원형사법정은 지역에 따라 여러 이름으로 불리었다. Battle 수도원의 경우 'the view of frankpledge', 'lawday', 'hundred' 등으로 불리었고, Methley 장원의 경우는 'the great court'로 불리었다. 이 같은 장원형사법정에는 때로는

---

36) N. Heard, *Tudor Economy and Society* (London, 1992), p. 119; J.A. Sharpe, *Early Modern England: A Social History 1550-1760* (Edward Arnold: London, 1992), p. 92.

37) *Manorial Records*, p. 46.

전체 한드레드 법정의 권한이 부여되기도 했다. 예컨대 서부 Suffolk의 한드레드 법정은 Bury St Edmunds 수도원에 의해서 개정되었는데, 그곳에서는 한드레드가 수도원의 부속기관으로 여겨졌고, 장원법정이 한드레드 법정으로 제공되었다.[38]

이 법정은 대체로 년 2회 Easter와 Michaelmas에 개최되어 장원주민들의 십인조 그룹의 성원에 대한 사항을 점검하고, 촌락 공동체의 규약 위반에 대한 사건을 포함하여 형사사건들을 다루었다. 그러나 장원법정의 형사재판권은 점차 부식되어 1461년에는 중대한 범죄를 국왕법정에 이관할 권리마저 상실하였다. 그렇지만 타인에게 상처를 입혀 피를 흘리게 하는 폭력행위를 포함하여 왕의 평화(King's Pesce)를 깨는 작은 범죄에 대하여 심판할 권리를 여전히 보유하였다. 또 빵과 에일 조례(assizes of bread and ale)에 따른 단속권한도 유지하였는데, 이는 장원 내에서 제빵업자와 주조업자에 의해 팔린 빵과 에일주의 질과 양을 보장하기 위한 것이었다. 여기에는 법정에서 관리를 선발하는 권리도 포함되었는데, 십인조장(chief pledge)이나 십일세 징수인, 에일주 감식인(ale-tasters), 경관(costable) 등이 그들이었다.[39] 예컨대 Walsham le Willow 장원의 경우 1375년 12월 12일 장원법정에서는 William Hawys와 Nicholas Patel을 에일 감식인으로 선출했고, 1380년 9월 26일 장원법정에서는 "전체 배심원단이 John Patel과 Henry Bretonn을 에일 감식인으로 선출했다"[40] 1316년 Wakefield 장원의 경우 Bretton에서 John Bretton

---

38) *Manorial Records*, p. 47.

39) Searle, *Lordship and Community*, pp. 407-17.

40) *Court Rolls of Walsham le Willow 1351-1399*, pp. 123, 140.

이 경관직을 계속 면제받기 위하여 6d.를 납부했고, 대신 Henry Elock이 경관이 되어 서약하였다. Floketon에서는 John of the Sykes가 경관직을 면하고자 12d.를 납부하였고, William son of Peter Floketon이 대신 그 직을 맡았고 서약하였다.[41] 이 같은 사법권이 장원영주에게 부여되지 않았던 곳에서는, 이는 한드레드 법정에서 왕을 대신해 주장관(sheriff) 의해서 행해졌다.

그런데 장원형사법정은 16세기가 진행되면 그 기능이 강화되는 모습을 보이고 있다. 지역 촌락공동체 내의 치안유지에 대해서 치안판사(Justice of the Peace)로부터 몇 가지 사항의 사법권 이양이 법률로 공식화되었기 때문이었다. 즉, 법률에 의하여 1541년에는 불법놀이를 단속할 권한을, 1555년에는 도로유지 권한을, 1557년에는 민병대 점호권한을 그리고 1607년에는 음주 등을 단속할 권한을 장원형사법정이 단독으로 처리할 수 있게 된 것이다. 이로써 장원형사법정은 지역 공동체의 자치규약 사건뿐만 아니라, 중앙에서 이양한 사건까지도 통제가 가능하게 되었다.[42] 이 같은 이유로 16세기 이후에는 장원형사재판의 기록들이 농촌공동체 내에서 일어났던 사소한 여러 가지의 사건에 대한 사항을 가장 잘 알려주고 있다.[43]

촌락의 장원형사법정에서 처리되는 작은 범죄들은 장원의 부유한 농민들로 구성되는 12인의 배심원단에 의해 기소되었다. 배심원들은 고발된 위반에 대한 교정과 개인들 사이의 분쟁조

41) *Wakefield Court Rolls, vol. iv, 1315-1317*, pp. 143-44.

42) *Manorial Records*, p. 56.

43) J. A. Sharpe는 장원법정의 기록들이 산업화 이전 잉글랜드 촌락공동체의 작동을 보여주는 거의 유일한 보고라고 주장한다. J.A. Sharpe, *Crime in Early Modern England 1550-1750* (London, 1984), p. 25.

정을 포함하여 피고발인의 유무죄를 결정하였다. 유죄의 경우 법정에서 벌금형이 부과되었다. 장원형사법정에 기소되는 위반들은 주로 공동체 스스로가 규제하는 자치규약 사항들이었다. 도랑치기 소홀, 울타리보수 소홀, 도로보수 소홀, 가축단속 소홀, 거름더미 방치 등이 그런 것들이었다.[44] 그런가 하면 그보다는 더 분명히 범죄적인 사건들도 있었다. 몰래 나무베기나 훔치기, 몰래 이삭줍기 등의 작은 절도나 좀도둑질이 그것이었고, 주조위반, 욕설이나 폭행 등도 있었다. 특히 사회질서와 치안을 위협하는 폭력과 유혈을 동반하는 싸움과 폭행, 규정을 위반한 술의 제조와 판매, 불법놀이, 외부인의 무단 숙박 등이 규제대상이었다. 예컨대 1372년 5월 11일 Methley 장원법정은 "차지인들은 더 이상 누구도 주사위놀이꾼이나 다른 불법놀이꾼을 숙박시켜서는 안 된다. 위반시 기소할 것임을 배심원단이 서약하였다. 기소된 자는 벌금 3s. 4d.에 처한다. 주사위놀이꾼이나 불법놀이꾼도 3s. 4d.의 벌금에 처한다. 이 문제는 법정마다 조사한다."고 기록하고 있다.[45] 이들 공동체의 질서와 치안을 해치는 위반행위에 대하여 장원의 경관과 주류감독관 등은 항시 감시활동을 했고 위반자는 장원형사법정에 고발하여 처벌하였다. 또 16세기 이후에는 간혹 중앙정부에서 규제하는 위반 사항의 고발도 포함되어 있었는데, 대표적인 것이 정주법을 위반한 부랑자에 대한 고발이었다.[46]

44) M.K. McIntosh, *Autonomy and Community: The Royal Manor of Havering, 1200-1500* (Cambridge University Press, 1986), pp. 251-52.

45) *Methley Court Rolls*, p.149.

46) J. A. Sharpe, *Crime in Early Modern England, 1550-1750* (Longman: London, 1994), p. 26.

(4) 사법권의 혼동

장원민사법정과 장원형사법정의 구분은 역사가에게는 분명하며, 또한 중세 법률가와 왕의 관리들에게도 분명했다. 그렇지만 지역 수준에서는 덜 분명하였고, 십인조점검권을 가졌던 장원법정의 기록은 가끔 두 형태의 사법권을 혼동하는 듯 보인다. 실제로 15세기에 들어서 법정이 열리는 장원공동체에서는 양자의 구분이 불분명하였다. 특히 장원형사법정이 열리는 곳에서는 민사법정과의 구분이 흐려졌으며, 소송사건의 심리내용들이 민사법정과 형사법정의 구분 없이 기록되고 있다. 예컨대 Methley 장원이나 Walsham 장원의 경우 대체로 양자의 구분 없이 사건의 심리내용들이 뒤섞이어 기록되어 있다.

그렇지만 여전히 장원민사법정이 더 자주 개정되었다. 장원형사법정에서 처리할 업무보다 장원민사법정에서 처리할 업무들이 더 많았기 때문이었다. 그렇지만 15세기에 이르면 장원민사법정이 13세기~14세기처럼 매 3주마다 개정되지는 않았다. 그렇지만 일 년에 2회기, 대체로 부활절 다음과 Michaelmas 다음에 개정되던 장원형사법정보다는 여전히 더 자주 열리는 경향이 있었다. 실제로 장원형사법정은 장원민사법정이 개정될 때 가끔씩 동반하여 개정되었다. 그 경우 장원법정문서의 제목은 "Court with View of Frankpledge", "View of Frakpledge with Court Baron" 혹은 더 모호한 표현으로 "Great Court"로 표현되었다. Acomb 장원의 경우는 Court with View of Frankpledge, 또는 View of Frakpledge with Court Baron으로 표기되어 있고, Walsham 장원의 경우에는 Great Court로 표기되어 있다. Leicestershire의 Barsby 장원의 경우에는 장원민사법정의 경우에는 "Small Court",

장원민사법정과 십인조점검이 같이 개정될 경우에는 “View of Frakpledge with Great Court”로 표기하고 있다.47)

3. 법정 소송절차

(1) 법정 회기

장원마다 관습이 달랐던 만큼 장원의 관습을 따랐던 장원법정의 구조와 사법권에도 지역마다 장원마다 차이가 있었다. 그럼에도 불구하고 장원법정의 소송절차와 법정용어는 대체로 공통적이었다. 즉, 장원법정을 매 3주마다 개정할 수 있는 권리가 있었다. 또 영주법정에 자유보유인을 3주마다 참석하도록 요구할 수 있는 원칙이 있었다. 예컨대 Wakefield 장원에서 14세기 장원민사법정은 3주마다 정규적으로 개정되었다. 그런데 청원자(suitors) 모두에게 법정참석이 요구되지는 않았다. Durham Cathedral Priory에서 영주법정은 매 3주마다 개정되었으나, 일부 보유인은 일 년에 5번 참석해야했고 일부는 3번이었다.

매 3주마다 개정할 수 있었음에도 불구하고 많은 장원에서 법정은 훨씬 드물게 열렸다. 작은 장원들의 경우 업무량에 따라 매 3주마다의 개정이 필요 없기 때문이었다. Walsham 장원의 경우는 기록이 없는 1319~26년을 제외하고는 남아있는 법정기록으로는 일 년에 2~3번 개정되었다. 15세기초 Surrey의 Merton 수도원 소속의 Tooting Bec 장원의 경우에는 1년에 2회

47) *Leicestershire Medieval Village Notes, vol. vi*, ed. George F. Farnham (Leicester, 1933), pp. 57-61.

만 개정되었다.[48] 그런가 하면 일부 장원에서의 법정은 비정규적으로 드물게 열렸고, 다음 법정이 몇 년 만에 열리기도 했다. 토지보유허가 같은 급한 업무는 영주나 그의 관리에 의해서 사적으로 이루어졌다. 이 같은 비정규성은 현재 남아있는 법정기록이 완전한 시리즈인가의 여부를 알기 어렵게 하고 있다. 법정 개정의 횟수를 확인하기 위해서 때로는 법정에서의 수익을 기록한 장원회계문서나, 또는 법정기록의 궐석승인항목(entries of essoins)을 사용하여 대조할 수 있다.

궐석승인항목은 법정에 출석하지 못하는 사유에 대한 변명으로, 사실상 법정의 궐석에 대해 양해를 구하는 것이다. 그것은 법정기록에 대체로 궐석한 청원자와 그에 의해서 지명된 대리자의 이름과 함께 기록되었다. 청원자는 일반적으로 3번까지 연속하여 궐석이 허용되었다.[49] 법정기록 항목이 몇 번째의 궐석인가를 기록했기 때문에 여기서 우리는 현존 시리즈에서 어느 법정기록이 없어졌는가를 알 수 있다. 예컨대 Oakington 장원의 John de Riston은 첫 번째와 세 번째의 궐석을 기록하고 있는데, 이 장원의 법정기록은 1290년 12월 14일에서 1291년 5월 14일까지 단 한번만 존재하고 있다.[50] 궐석승인항목은 또한 특정한 경우에 대하여 소환된 경우인지, 혹은 단순히 일반소송에 대하

---

48) *Court Rolls of Walsham le Willows, 1303-1350; Court Rolls of Walsham le Willows, 1351-1399; Court Rolls of Tooting Beck Manor, vol i, 1394-1422* (London County Council, 1909).

49) 그러나 Walsham 장원에서는 한 번뿐이었는데, 이유는 법정 개정 사이의 기간이 너무 장기간이어서 그 기간 동안에 법정불참 이유가 유효하지 않았기 때문이었다.

50) F.M. Page, *The Estates of Crowland Abbey: A Study in Manorial Organization* (Cambridge U. P. 1934), pp. 331, 333.

여 정규적인 출석의무에 대한 것인지도 알 수 있게 하고 있다.

(2) 법정 업무

대부분의 법정업무는 진술로 기록되어 있다. 즉 집사에 의해서 제기된 특정문제들에 대한 답변으로 만들어진 보고서나 고발내용이다. 법정기록은 답변, 진술로 이루어져 있으나. 질문은 포함되어 있지 않다. 비록 우리들이 당대의 메모와 논저들에서 일련의 질문들에 대한 표본을 가지고 있기는 하나, 실제 법정에서 행해진 질문은 남아있지 않다.

일부 진술은 장원관리인, 건초관리인 등의 장원의 관리들에 의해서 이루어졌다. 예컨대 건초관리인의 경우 그가 적발한 곡물 침해인의 이름을 진술하였다. 그러나 다른 위반자에 대해서는 장원의 배심원단(jury, homage), 즉 일반적으로 장원의 12명의 자유차지인 혹은 예농차지인 단체에 의해서였다. 한 장원 이상을 위해 열리는 단일 법정, 또는 여러 마을을 포함하는 단일 장원에서는 배심원단이 하나 이상 있을 수 있었으며, 때로는 분리된 배심원단이 장원형사법정의 업무를 위하여 선발될 수도 있었다.

장원의 배심원단은 13세기말과 14세기초에 나타나기 시작한 것 같으며, 진술 소송과정 역시 그때 기원한 것 같다.[51] 법정을 주재하는 집사의 물음에 답으로 진술을 하는 이외에, 배심원단은 촌락인들이 제기한 소송을 평결(verdict)하기 위하여 또 장원의 관습에 대한 진술을 하기 위하여 언급되었다. 법정기록의 표현에 의하면 고발된 사람은 배심원단의 평결을 구하고, 배심원

---

51) *Manorial Records*, p.49.

단은 여하간 문제의 진실을 선언해야 했다. 여기서 장원의 배심원단은 전에는 전체 청원자들 단체에 속했던 기능들을 떠맡은 것 같은데, 선서단(the homage) 혹은 전체법정(the whole court)에 의한 것으로 알려진 배심원단의 결정방법이 그런 것으로 보인다. 대신 피소송자는 그의 소송을 면책선서(compurgation)에 의해서 무죄를 증명할 수 있는 것이 허용되었다. 면책선서는 그의 말이 진실이라는 것을 서약할 정해진 수의 지지자들을 법정에 내세우는 것이다.

장원법정은 대체로 소송자의 결석에 대한 승인인 궐석승인(Essoins)으로 시작된다. 그 다음에는 법정의 승인 없는 궐석(Default), 고소(Complaint), 토지거래, 영주권의 무단침입(Trespass), 벌금(Amercement) 등의 업무가 장원에 따라 정해진 순서나 또는 무작위로 처리된 것으로 나타난다. Walsham 장원의 경우에는 무작위로 연이어 기록되어 있으나, Acomb 장원의 경우에는 대체로 궐석승인, 소송자의 궐석, 배심원단(Jury, Jurors)의 명단, 탄원, 평결(Verdict), 고발(Presentments), 위반시 벌금(Penalties), 관리선출(Election of Officers), 당 법정의 총 수익(Total Profits of this Court)의 순서로 정리되어 있다.[52)]

(3) 소송절차

모든 위반, 분쟁, 토지거래에 대한 장원법정의 소송절차(Procedures)는 고소나 고발에 의해 시작되었다. 그런데 법정문

52) 장원법정문서에 나타나는 순서에 따라 장원법정에서의 소송절차도 진행되었는가에 대해서는 확신할 수 없다. 장원법정문서는 대체로 법정에서 초고로 작성된 것이 정리되어 기록된 것이기 때문이다. 본서 2장 1절 참고.

서에는 고소의 경우에는 고소자(plaintiff)와 피고소자(defendant)가 항상 기록되어 있으나, 고발의 경우에는 대체로 고발자가 기록되어 있지 않다. 고발과정은 한드레드 법정의 절차를 따르고 있는데, 그곳에서 위반사건은 각 마을의 10인조원에 의해서 10인조장에게 알려지고 그 내용이 배심원단에 의해서 법정에 고발되었다. 한드레드 법정의 이런 절차는 오랫동안 의무사항이었다. 그러나 장원법정에서는 13세기에 채택되어 점차 보편화된 관습이 되었다. 물론 고발절차는 시역과 장원에 따라 다양하였다. Acomb 장원의 경우 고발자는 배심원단이었으나, 고발항목에 "Robert Hill의 처 Joan Hil과 Thomas Cootes의 처는 공동주조인으로, 건강에 해로운 에일주를 팔아서, 각각 8d."[53]처럼 피고발자와 고발된 이유, 벌금액수만 기록되어 있다. 그에 비하여 Methley 장원은 ""배심원단이 Agnes Suinnaic가 Roger Couper를 대상으로 도둑이라고 잘못외쳤다고 말했다. 그래서 벌금 12d." 또는 "영지관리인(Bailiff)이 Jane de Aundernesse가 영주의 나무인 Methley의 버들가지를 잘랐다고 고발하였다. 그리고 Jane이 와서 자비를 구했다고 말하였다."[54]처럼 기록되어 있다.

배심원단은 집사를 보좌하여 사건의 조사와 고발, 그리고 평결을 내렸다. 이런 배심원들의 명단이 매 법정문서에 나오지는 않는다. 아마도 일단 지명되면 새로운 일반조사가 시작될 때까

53) *Court Rolls of the Manor of Acome, 2 vols*, ed. Harold Richardson (Yorkshire Archaeological Society, 1969-1978). (이하 *Acomb Court Rolls*로 표기함). 1570년 10월 18일 십인조점검 겸 장원법정, 고발항목, p. 34.

54) *Methlley Court Rolls*, 1368년 법정기록, p. 143.

지 연속되는 법정의 안과 밖 모두에서 그들의 업무를 수행한 것 같다. 장원의 관리 역시 고발이 가능했는데, 장원관리인, 건초관리인, 에일주 감식인 등이 그들이었다. 관리나 배심원단에 의한 고발은 유죄로 추정되고 벌금이 매겨졌다. 이들은 법정의 자비에 놓였다(in the mercy of)고 언급되며, 집사와 벌금산정인들 사이에 합의된 벌금 납부가 요구되었다. 벌금산정인은 집사에게 각 위반자의 벌금액수를 건의하면서 그의 환경과 납부 능력을 고려하였다.

개인들 사이의 분쟁의 경우 법정의 소송절차는 차츰 정해진 패턴을 따랐는데, 고소인의 처음 단계는 그의 고소를 특정화하는 탄원을 제기하는 것이었다. 국왕법정에서처럼 그곳에서는 탄원이 정해진 소송형태에 따라야 했는데, 장원법정에서의 탄원은 빚의 탄원, 동산의 구류, 토지, 계약과 무단침입(trespass)에 한정되었다. 처음 3가지는 자명하다. 계약은 오늘날 '계약 파기'를 의미하며, 무단침입은 Pollock과 Maitland에 의하면 '원고에게 그의 신체, 물건이나 토지에 손해를 입힌 것'인데, 너무 광범위하여 거의 다른 고소를 망라하고 있다.[55] 명예훼손, 영지관리에 대한 욕설, 심지어는 장원내의 간통사건도 권리침해항목에 기록되었다.

만약 피고소인이 혐의를 부인하지 않으면, 그는 벌금에 처해졌고, 만약 있다면 손해보상에 대한 납부가 요구되었다. 만약 피고소인이 혐의를 부인하면 배심원단은 조사와 더불어 고소의 사실성 여부를 결정해야만 했다. 만약 원고가 궐석승인 없이 법

55) F. Pollock and F.W. Maitland, *The History of English Law*, 2nd edition (Cambridge, 1968), vol. 2, p. 526.

정에 참석하지 않는다면, 원고는 벌금을 물고 피고는 무죄였다. 만약 당사자 모두 합의에 동의하면, 그들은 법정에 합의를 위해 떠나기를 요청했고, 이는 벌금납부 조건으로 허용되었다. 예컨대 1371년 1월 20일 Walsham 장원법정의 경우, "John Freberd가 Roger Prede와 빚에 대한 탄원에 합의하기 위해 (법정을) 떠나기 위하여 4d.의 벌금"을 물었고, 1403년 Tooting Beck 장원법정의 경우는 "Richard Bradwater가 John Yuuery와 계약에 대한 탄원에 합의하기 위해 (법정을) 떠나기 위하여 2d.를 지불"하고 있다.[56)]

만약 합의에 실패하면, 그들에게 합의에 이르기 위해 한정된 기간을 허용할 수 있었다. 장원법정문서에는 '당사자들의 요청에 의하여 A와 B가 ...의 탄원은 다음 법정까지 기간이 허용되었다'고 기록되어 있다. 예컨대 1324년 1월 26일 Walsham 장원법정의 경우, "당사자들의 요청에 의하여 고소인 sir William Kembald와 피고소인 Matilda Kembald 사이에 권리침해의 탄원에 대하여 궐석승인 없이 다음법정까지 기간(a love day)이 허락되었다."[57)] 16세기에도 마찬가지였다. 1568년 4월 26일 Acomb 장원법정은 "그들(당사자들)은 다음 법정까지 시간을 요구하였고, 그것이 승인되었다."[58)]

만약 당사자가 합의에 실패하면, 피고인은 특별 조사를 요청

---

56) *Court Rolls of Walsham le Willow, 1351-1399*, p. 110. *Court Rolls of Tooting Beck Manor*, p. 69.

57) *Court Rolls of Walsham le Willow, 1303-1350,* p. 93. William Kembald에 붙여진 sir 칭호는 중세시대 대학을 졸업하지 못한 성직자에게 붙여졌던 예의상 호칭이다.

58) *Acomb Court Rolls*, p. 28.

할 수 있거나 또는 결백서약(wage law)[59]을 제안할 수 있다. 후자의 경우 피고소인은 자신이 무죄이며 자신을 신뢰한다는 선서를 해줄 면책선서인(compurgator, 또는 oath-helper)을 찾아 법정에 세워야 했다. 그러나 이 방법은 소송과정의 마지막 수단이었고, 실제로는 특별한 경우 외에는 합의로 사건이 종결되었다. 모든 사건의 관련자는 당사자들이 복잡한 법률에 의지하지 않고, 그들의 이견을 좁혀 우호적으로 처리하도록 최선을 다했음에 틀림이 없다.

(4) 법정 규제

장원법정은 장원주민들이 이행하거나 금지해야하는 일들을 공포하고 위반시에는 벌금을 부과하는 방법으로 주민들의 행위를 통제하였다. 통제사항은 민사적인 행위와 더불어 형사적인 행위들이었다. 예컨대 가축단속, 울타리 보수, 수로 청소 등과 더불어 건초 훔치기, 몰래 나무베기, 싸움, 폭행, 외부인 무단 숙박, 에일 주조 위반 등에 대한 것들이었다. 앞에서 언급한 1372년 5월 11일의 Methley 장원법정의 불법놀이꾼 숙박금지가 전형적인 예이다.[60] 16세기에는 이 같은 규제가 더 길게 나열되는 경향을 보인다. 예컨대 Acomb 장원의 경우 1556년 10월 19일 법정은 공동지에서 장원 외부인의 방목 금지, 공동수로 청소, 만

---

59) 결백서약(wage of law)의 사전적 의미는 '11명의 면책선서자의 서약에 의해 책무 없음의 결백선서하기'(offer to make oath of innocence of non-indebtedness, to be supported by the oaths of eleven compurgators)이다. *The Shorter Oxford English Dictionary on Historical Principles*, revised and ed. C.T. Onions (Oxford, 1978), p. 2495 참고.

60) *Methley Court Rolls*, p. 227.

성절(11월 1일) 이전에 자신의 돼지에 방울 달기, 이웃에 욕하지 말기 등등 이행하거나 금지해야 할 12가지 사항에 대하여 명령을 내리고 위반시 벌금액을 규정하고 있다.61)

벌금 외에도 법정에 출석하거나 법정의 명령에 따르도록 하는 강제의 방법이 두 가지 더 있었다. 하나는 재산압류(distraint)이고 다른 하나는 사적 서약이나 보증(surety)이었다. 재산압류는 일반적으로 중세시대 보편적인 법적 소송절차였다. 하급 소송절차인 장원법정에서는 효율적인 동산의 압류에 제한되어 실제로는 동산압류(attachment of chattels)를 나타낸다.62) 예컨대 건초관리인은 곡물을 침해한 외부인으로부터 개인재산의 일부를 압류할 수 있었는데, 이는 법정에 출석하여 벌금을 납부한 후에 회복이 가능했다. 또 법정은 소송을 제기했으나 지속적으로 출석하지 않는 궐석자를 대상으로 관리에게 압류를 명할 수 있었다. 재산압류의 경우 법정의 요구가 충족될 때에는 압류가 해제되었다.

다른 방법은 사적인 서약이나 보증이었다. 일반적으로 공동체에서 높은 지위를 가진 토지보유인들은 법정의 명령이행에 대하여 보증 책임을 졌는데, 그 경우 법정명령이 제대로 이행되지 못하면 벌금을 물었다. 이 같은 보증 책임의 예는 16세기 Acomb 장원에서 잘 보여주고 있다. 1570년 10월 18일 법정의 경우, "모든 주민은 만성절(11월 1일) 이전에 그들의 수로를 청소하고, 펜스를 세우고, 돼지에 방울을 달 것"을 명하고 있다. 더불어 "Robt. Spacy와 Thos. Vessey가 수로청소, 펜스 만들기,

---

61) *Acomb Court Rolls,* p. 17.

62) 동산압류는 인신압류(attachment of person)나 체포(arrest)와 구분되었다.

돼지 방울달기를 감독하라"고 명하고 있다. 만약 임무를 소홀히 한다면 이들은 "각각 2s. 0d.의 벌금"을 물게 된다.[63)]

장원법정에 의해서 부과된 납부금(payment)은 과료(fine)로 불릴 수 있었다. 이는 벌금(penal payment)과 구분되었다. 최초에 그리고 궁정에서 이는 합의에 의해서 사건을 종결지으려 낸 납부금이었다. 장원법정에서 이 말은 여러 종류의 합의된 납부금에 적용되었다. 예컨대 관습보유지의 허가에 대한 토지보유세 즉, 입장과료(entry fine), 법정으로 사건을 송치하기 위한 허가 납부금 등이었다.

벌금도 두 종류가 있다. 만약 법정이 개별적인 소송에서든 일반적인 경우에서든 명령을 내리면 법정은 종종 미이행시 부과될 벌금(penalty: pena)을 정하는데, 보통은 상당한 금액으로 준수하지 못한 위반자에게 부과하는 부과금이다. 만약 이 부과금이 실제로 부과되면 이는 벌금으로 불린다. 그러나 더 흔한 납부금은 훨씬 작은 벌금(amercement)이다. 위반자는 영주의 처분에 맡겨지도록 판결되는데, 작은 벌금이 위반자를 그 같은 상태에서 벗어나게 한다. 만약 위반이 인정되면, 위반자는 자신을 영주의 처분에 내맡겼다고 말할 수 있다. 작은 벌금의 액수는 집사에 의해서가 아니라 벌금산정인에 의해서 결정되었다. 벌금산정인은 일반적으로 두 명이었는데, 장원의 차지인 가운데 자유인이나 부자유인 가운데 상위에서 선출되었다. 이들은 법정의 마지막에 선출되었다.

일부 납부금, 특히 십인조점검에서는 위반이 행해져서가 아니라 부과될 수도 있는 벌금(penalty)에 대한 타협으로 납부된

---

63) *Acomb Court Rolls,* p. 35.

것이다. 이 같은 상황은 십인조그룹에 대한 심문에서 볼 수 있다. 십인조그룹에 출두해야할 개개인이 출석하는 대신에, 특히 장원 내의 마을(vill) 과 산촌(散村, hamlet)이 있는 곳에서는 합의된 규정액을 지불했는데, 이것으로 출석의무가 면제되는 것으로 이해되었다. 이것이 보증금(certainty money)이었다. 에일조례(assize of ale)도 비슷하다. 에일주 판매를 위한 주조자는 매년 정규적인 납부금을 냈는데, 조례의 실제적인 위반 때문이 아니라 일어날지도 모르는 위반에 대한 고발의 위험 없이 주조를 허가받기 위해서였다.

(5) 토지 양도

장원법정업무의 대부분은 관습보유지의 경영에 대한 것이었다. 관습보유지를 양도하는 유일한 방법은 그것을 영주에게 반납하고, 새로운 차지인이 보유를 승인받는 것이었다. 그 경우 토지거래의 절차에서 격식과 정확성 및 확실성이 영주와 차지인 모두에게 매우 중요했다. 만약 예농 A가 그의 보유지를 예농 B에게 이전하기를 원한다면, A와 B 모두는 그 거래가 장원법정문서에 정확하게 기록되기를 원했을 것이 확실하다. 그에 비해 영주는 거래되는 토지가 차지인의 것이 아닌 그의 것이라는 것을 확실히 하고, 예농 B의 보유조건이 정확하게 기록되기를 원했을 것이 확실하다.

관습에 의해 반납은 자진반납의 형식을 취하였다. 그러면 영주는 새로운 차지인을 승인하였다. 그런데 영주는 자의에 따라 다음 차지인을 선택한 것이 아니라, 일반적으로 은퇴하는 차지인과 협의를 한 장래의 특정된 차지인을 위한 반납으로 받아들였다. 이 경우 보유지는 사전에 협의된 자가 관습지를 보유하도록(for the use)[64] 반납된다고 언급되었으며, 그가 새로운 차지인으로 반납된 토지의 보유가 승인되었다. 예컨대 1350년 10월 21일 Wakefield 장원법정에서는 "Thomas son of Hugh del Skoles가 법정에서 장원관리인을 통하여 Skoles에 위치한 1 messuage와 20 acres를 반납하였다. 그것을 William del Morehous Jnr.가 보유하도록 (등등) 승인되었다. 그는 토지보유세 6s.을 납부하였다." 또 1351년 3월 3일 장원법정에서는 "Elias Couper가 법정에서 Scurby에 위치한 1 messuage와 15 acres를 반납하였다. 그것을 언급한 Elias의 아들에 보유하도록 (등등) 승인되었다. 그는 토지보유세로 12d.를 납부하였다."[65] 토지이전의 방식은 16세기에도 동일하였다. 예컨대 1567년 10월 13일 Acomb 장원법정에서는 관습지를 다음과 같이 사전에 협의한 차지인에게 양도하고 있다. "John Spynke가 Geo. Marshall 입회하에 Peter Newark를 통하여 1 messuage, garden. barn, croft, 3 oxgangs 토지와 부속물을 Wm. Hill이 보유하도록 반납하였다. 토지보유세 40s."[66]

토지거래는 초기에는 종종 차지인의 생애 거의 마지막에 병석에서 그 가족을 대상으로 이루어졌다. 그 경우 예농 A는 그의 아들(혹은 다른 가족) B에게 토지를 양도하기 위해서 법정 밖에서 반납을 할 수 있었는데, 장원관리의 손을 통해서였고, 대상

64) use의 의미는 '수익이나 이익 또는 다른 이득을 얻기 위하여 토지나 다른 재산을 사용, 보유, 또는 소유한 행위나 사실'을 의미한다. *The Shorter Oxford English Dictionary on Historical Principles*, p. 2442.

65) *Wakefield Court Rolls, vol. vi* (1985), pp. 3, 22.

66) *Acomb Court Rolls*, p. 23.

차지인의 참석 하에서였다. 만약 예농 A가 그의 보유지를 그의 아내와 공동으로 보유하면, 그녀가 양도에 찬성하는 당사자인가를 확인하기 위하여 집사의 질문을 받았다. 물론 강압 하에서는 거래가 행해지지 않았다. 양도의 의사가 확인되면 B와 그의 상속인의 보유가 승인되었다.

일부 장원법정기록에서는 관습차지농이 'by the rod'에 의해서 허락되었다고 기록되어 있다. 이는 집사가 휴대하는 막대기를 언급하는데, 이 막대는 토지의 보유승인 의식에 사용되었다. 이 같은 종류의 관습은 장원에 따라 다른데, 'by a straw'로도 언급된다.[67] 이 같은 제도는 매우 효율적이었고, 여러 세기 동안 간편한 토지거래를 위하여 영주와 차지인 모두에게 기여하였다. 이 같은 토지거래 방식은 등본보유지의 거래방식으로도 사용되었다.

4. 법정문서의 변화

(1) 문서의 형태

13세기 장원법정문서를 당대의 장원회계문서(manorial accounts)나 직영지재산평가서(extents)의 표준화된 문서 배열과 형태[68]와 비교하면 거의 무정형에 가깝다. 다만 모든 장원법정문서는 장원의 이름과 법정의 날짜가 기록된 제목으로 시작한다. 다음으로는 일반적으로 궐석승인 항목이 뒤따른다. 장원법정에서

67) 본서 3장 2-3절 참고.

68) 장원회계문서의 표준화된 문서배열의 예는 본서 7장 3절 참고.

다루어지는 주요업무인 토지거래, 벌금, 고소, 고발, 법정명령에 대해서는 장원마다 형식과 순서가 다르며, 내용의 표현도 동일하지 않다. 대체로 법정문서의 마지막에는 장원관리인, 경관, 건초관리인, 에일주 감식인 등 장원관리의 선출항목이 기재되어 있다. 장원법정문서에는 이 외에 다른 정식적인 구조가 없다.

법정문서는 법정 자체의 업무진행에 따라 항목별로 작성되었다. 이들 업무처리에 대해 영주로부터 어떤 지시가 있었는지는 분명치 않으며, 정식적인 구분이나 법정기록의 세부제목에 의해서도 분명히 표시되지 않는다. 이 같은 장원법정문서는 14세기와 15세기 동안에 더 길어지고 더 정식화되고 더 체계적으로 배열되는 경향을 보인다. 예컨대 관습보유지의 승인 항목들이 점차 길어지고 더 정식화되었다. 반면에 이런저런 종류의 경범죄에 대한 고발항목은 이전 법정문서에서 보이던 상황에 대한 상술 없이 고정된 문구로 나타나는 경향이 있다. 그 결과 14세기의 법정기록이 더 길어졌더라도, 이들이 반드시 더 많은 정보를 제공하는 것은 아니다. 그렇지만 법정문서에 내규를 기록하는 것이 점차 보편화됨에 따라 더 많은 정보를 제공하기도 한다. 장원의 내규는 14세기 중엽에 이르러서는 총체적인 지역 관습이나 조례의 형태로 기록하고 있다.[69] 그렇지만 이 같은 체계화와 정식화에 대한 정확한 정의나 연대기를 제시하는 것은 불가능하다.

P.D.A. Harvey에 의하면 발전된 표준관행의 하나는 법정기록

---

69) Methley 장원에서처럼 마을회의의 결정사항으로 기록하였거나, Acomb 장원에서처럼 Penalty, 혹은 Penalty and Ordinance 항목으로 기록하였다. 본서 8장 참고.

의 제목에서 장원의 이름을 지우는 것이다. 대신 장원이름은 왼쪽 여백에 기록하였다. 그렇지만 제목자체는 장원의 영주 이름과 법정을 주재한 집사의 이름으로 더 길어졌다. 장원기록의 다른 부분에서도 특정의무 부담자의 성명 기록이 증가하는 경향을 보인다. 즉, 장원 배심원단의 이름이 기록되고 법정업무의 마지막 항목 뒤에는 벌금산정인의 이름이 기록되었다. 장원법정에 의해서 부과된 여러 납부금의 총액 역시 장원기록의 마지막에 기록되었는데, 종종 현금과 현물로 집사의 비용에 대한 메모와 더불어 기록되었다. 그래서 법정의 순이익이 계산될 수 있었다. 다른 발전은 특정 관리의 기소, 예컨대 곡물 침해에 대한 건초관리인의 기소가 엄격히 확인되고, 같은 단락에 기록되었다. 이 같은 경우, 즉 단일 항목에 벌금이나 다른 부과금이 부과된 사람들의 목록을 기재하는 곳에서는, 여백에 총액과 함께 각각으로부터의 액수가 각자의 이름 위에 기재될 수 있었다.[70]

(2) 문서의 내용

장원법정문서에 기록된 내용의 변화는 장원법정에서 이루어진 업무의 변화를 반영한다. 우리는 우선 법정의 기능과 그 주재자인 집사의 변화를 볼 수 있다. 13세기 중엽에 집사의 최우선 임무는 영지관리자로서의 임무였다. 집사는 영지 내의 농경업무를 비롯해 다른 많은 업무를 감독하였다. 장원법정의 주재는 그 같은 업무 가운데 하나였다. 그런데 14세기초에 집사의 업무가 축소되어 단순화되었다. 거의 모든 곳에서 집사는 오직 법정을 주재하고 영주의 자문회의에 봉사하도록 고용되었다.

70) *Manorial Records*, p. 51.

이 같은 변화는 법정문서가 더 정확해지고 더 정식화는 토대가 되었으며, 법정문서의 내용에도 반영되었다.

장원법정기록의 내용에서 후기의 많은 변화들은 농촌사회 자체의 변화를 통해서 나타났다. 예컨대 우리는 14세기 진행과정에서 적은 수가 에일주 조례를 어긴 납부금을 냈으나, 그들 각각은 더 자주 주조하였다. 이는 특화된 주조업자의 성장과 촌락에 맥주를 파는 주막이 등장한 결과였다.71)

장원문서에는 14세기 중엽 흑사병(Black Death)에 뒤따르는 인구감소 여파의 변화들도 나타나고 있다. 1346년부터 1350년 사이에 많은 차지인들의 사망에 따른 사망세와 새로운 토지보유인이 납부한 토지보유세 기록은 거의 모든 장원법정문서에서 찾아볼 수 있다. 그 외에도 장원을 떠난 예농들에 대한 고발, 자신의 건물을 수선하지 않은 보유인에 대한 증가하는 고발, 장원관리직 거부자에 대한 벌금 등이 빈번히 나타나고 있다.72)

흑사병 이후 곳곳에서 공한지와 빈집이 속출함에 따라 전에 타인이 보유하던 토지와 가옥을 쉽게 이용할 수 있는 상황이 전개되었다. 그 결과 가보유지(家保有地) 외의 토지 획득으로 부유해지는 차지인들도 등장하였다.73) 그 같은 상황에서 법정문

---

71) Peter Clark, *The English Alehouse: A Social History, 1200-1800* (Longman, 1983).

72) 장원관리직은 장원 내에서의 높은 지위를 상징하는 직책이었다. 그럼에도 그 직책에 수행되는 여러 부담들도 있어 장원관리직을 납부금 지불 후 면제받으려는 경우가 흑사병 이전에도 종종 발생하였다. 예컨대 1316년 Wakefield의 Horbury에서는 피선된 장원관리직을 면하고자 20s.의 금액을 납부하고 있다. *Wakefield Court Rolls, vol. iv, 1315-1317*, p. 143.

73) 이를 통해서 우리는 흑사병 이후 장원농민들의 계층분화 현상을 확인

서의 보유지에 대한 승인항목이 길어지기도 했는데, 이유는 보유권의 기간과 조건들이 상술되었기 때문이다. 이것은 14세기 말과 15세기에 발전된 보유권, 즉 관습지보유권, 등본보유권, 직영지보유권 등의 복잡성을 반영하고 있는데, 장원들 사이에서의 차이가 아닌 차지인들 사이에서 차이였다. 요컨대 장원법정기록은 중세말 영국 촌락에서 일어난 많은 변화에 대한 증거를 내포하고 있다.

할 수 있다. 이에 대한 초기의 대표적인 연구는 R.H. Hilton의 *The Economic Development of Some Leicestershire Estates in the 14th & 15th Centuries* (London, 1947)이다.

3장 중세 이후의 장원법정문서

1. 장원법정의 변화

(1) 법정과 법정문서의 성격

이미 1장에서 언급한 바와 같이 15세기에 이르기까지 장원에 대한 새로운 개념이 나타나고 있었다. 즉, 소유주가 그의 차지인들에 대한 장원민사법정을 열면, 장원형사법정이 있건 없건 간에 그 재산은 장원이다. 이 정의는 16세기부터 학술적이고 법적인 의미에서 일반적으로 받아들여지는 장원의 의미이다. 이 시기에도 대영지에는 여전히 많은 장원들이 포함될 수 있었다. 그러나 소유주가 그들의 차지인들을 대상으로 법정을 열지 못하는 재산도 있었는데, 이런 재산은 장원이 아니며 장원이 될 수 없었다. 이유는 장원민사법정이 열릴 수 없었기 때문이었다.

그런데 16세기 중엽 이후의 장원기록은 이전의 장원기록보다 잔존하는 양이 더 많다. 이들의 잔존에 기여한 것은 기록의 정식화, 기록에 함축된 법률적 의미, 보존 가치를 인식한 영주와 법률가들의 노력 등이었다. 장원기록들은 마침내 1926년 장원

문서법(Manorial Documents Rules)에 의해서 완전히 보호되기 시작하였다.1)

후기의 장원기록들이 더 많이 보존되었다 해도 초기의 장원 기록들보다 더 가치가 있는 것은 아니다. 초기의 장원기록들이 역사적으로 더 중요하다. 이들은 중세 영국에서 토지영지의 조직에 대한 것뿐만 아니라 촌락경제와 전체사회의 구조를 밝혀 줄 가장 유용한 사료들이다. 지역사가들에게 장원기록은 가장 완전하고, 종종 유일하며 상세한 중세 촌락공동체에 대한 기록이 될 것이다. 더불어 초기 장원기록들은 학술적으로 해명하기에도 훨씬 어려움이 크다.

또 후기의 장원법정기록이 초기의 것들과 단순히 비교될 수 있는 대상도 아니다. 후기의 장원법정기록은 기껏해야 당시대의 영국 촌락의 역사에 대한 많은 사료들 가운데 하나이며, 장원법정기록들도 지역 보유권이나 공동권 같은 촌락사회의 포괄적인 모습을 제공하지 않는다. 이를 위해서는 초기의 장원기록에는 존재하지 않는 유언장(Wills)과 유산목록(Probate Inventories), 교구기록부(Parish Registers), 인클로저 기록 등 16세기 이후에 존재하는 다른 사료들과의 종합적인 분석이 필요하다.2)

그렇다고 너무 과소평가해서도 안 된다. 다른 사료가 존재하는 곳에서도 이들은 지역사가에게 장원의 차지인, 건물과 지형에 대하여 귀중한 정보를 제공할 수 있다. 그리고 후기 장원법

1) 1926년의 Manorial Documents Rules인데, 이는 1959년의 개정된 Manorial Documents Rules로 교체되었다. 이 법은 1963년과 1967년에 약간의 수정을 거쳐 현재까지 유효하다.

2) 유언장과 유산목록의 사료적 가치에 대해서는 Philip Riden, ed. *Probate Records and the Local Community* (Alan Sutton; Gloucester, 1985) 참고.

정기록들의 앞부분 시기를 통하여 우리는 장원법정과 지역정부 및 공동체의 법과 질서 유지에 대한 당대의 상황을 파악할 수 있다.

(2) 장원민사법정

중세 이후 장원민사법정의 기능에서 두드러진 변화는 없었다. 16세기에도 이전과 마찬가지로 법정은 장원의 관습보유지를 나스렸다. 즉, 관습지 보유인의 교체는 여전히 장원법정에서 반납과 승인에 의해서만 가능했다. 16세기에도 40실링 이상의 금액에 관련된 개인들 사이의 소송을 심문할 장원법정의 권리가 변함없이 유지되고 있었다. 또 차지농민들이 공동권(common righrs)[3]을 가지고 있는 장원에서는 예전과 마찬가지로 장원법정에 의하여 농경활동이 규제되고 있었다. 그렇기는 하나 중세보다 종종 더 길어지고 더 자세한 개별 명령이나 일련의 내규에 의해서였다.

그렇지만 농경에서의 변화가 법정업무에 새로운 복잡성을 가져오기도 했다. 예컨대 16세기 이후 농경에 순무(turnip), 클로버

3) 공동권은 방목지, 목초지, 황무지, 추수 후의 경작지 들판 등을 장원 주민들이 공동으로 사용할 수 있는 권리이다. 가장 중요한 권리는 가축의 방목이었는데, 토지보유 규모에 따라 가축의 방목 두수가 결정되었다. 이들의 권리에 대한 내용은 관습기록부(custumal)에 잘 나타나고 있다. 이 같은 공동권이 궁극적으로 사라진 것은 인클로저에 의해서였다. 구체적인 사항은 다음 글들을 참고. D.O. Pam, *The Fight for Common Rights in Enfiel and Edmonton, 1400-1600* (Edmonton Hundred Historical Society, Occasional Paper, no 27, 1974); J.A. Yelling, *Common Field and Enclosure in England 1450-1850* (Macmillan: London, 1977).

등을 도입한 장원에서는 중세시대의 3포제 윤작제도인 동곡, 춘곡, 휴경보다 훨씬 더 정교한 윤작 시스템이 작동되어야 했다. 또 합의에 의하지 않고 개방경지에서 자신의 토지를 불법적으로 인클로즈한 경우에는 강하게 제재를 가하지 않을 수 없었다. 예컨대 1605년 4월 10일 Acomb 장원법정은 "최근 Peter Hill이 Gilderskarr에서 인클로즈한 한 뙈기의 토지를 개방하라"고 명하며, 위반시 10s. 0d.의 벌금부과를 예고하고 있다.[4] 사실 불법 인클로즈에 대한 불만은 그 이전부터 존재했다. Tooting Beck 장원의 경우 1397년 수도원 부원장이 John Burgeys가 인클로즈하여 10s.의 손해를 입히는 권리침해로 고소하고 있는데[5], 이는 이미 14세기에 인클로즈가 진행되었던 상황을 말해주는 것이다.

그런데 16세기 사회의 발전이 장원민사법정의 지위와 소송절차에 중요한 영향을 미쳤다. 법정기록의 등본(copy)을 보유한 관습차지농들이 이제는 그들 보유지에 대한 소송을 국왕법정에 제기할 수 있게 된 것이다. 즉, 헨리 7세 통치부터 대법원(court of Chancery)에, 조금 후에는 다른 형평재판법정(court of equitable jurisdiction)에, 그리고 1550년부터는 보통법법정(common law courts)에 제기할 수 있게 되었다.[6] 이것이 등본보유(copyhold)를 공인된 보유권의 형태로 만들어, 이제는 국왕법정과 그들의 재판관, 그리고 법률가들의 수중에서 판례법(case law)과 법적 규정의 소송문제가 되었다. 이제까지 등본보유권은 지역관습에 의존하는 장원민사법정에서 다스려졌던 문제였다.

---

4) *Acomb Court Rolls*, p. 270.

5) *Court Rolls of Tooting Beck Manor*, p. 24.

6) C.M. Gray, *Copyhold, Equity, and the Common Law* (Cambridge, Mass. 1963), pp. 23-92.

(3) 장원형사법정

장원형사법정에서의 급격한 변화도 없었다. 앞에서 이미 살펴보았듯이 장원형사법정은 1461년에 중죄에 대한 기소권을 상실하였다. 그러나 오래된 십인조점검권은 13세기에 이미 고풍이 된 채로 일부 장원에서 지속되고 있었다. 예컨대 Acomb 장원과 Methley 장원에서는 16세기와 17세기에도 십인조점검이 여전히 지속되고 있었다. 빵과 에일 조례도 지속되었으며, 마을의 치안을 위한 경관을 선출하여 그곳에서 왕의 평화를 유지해야 하는 장원형사법정의 의무도 마찬가지였다. 그렇지만 경관의 기능은 새롭게 잘 확립된 치안판사(the justice of the peace)의 권위와 중첩되고 있었다. 경관이 장원형사법정 혹은 지역의 한드레드법정 어디에 더 활발히 기소했는가는 지역마다 달랐던 것 같다.7)

몇몇 법률에 의해 치안판사와 교구당국 사이에는 일종의 권력분배에 직면할 수밖에 없었는데, 법률이 장원형사법정에 불법게임(1541년), 도로유지권(1555년), 소집참석자(1557년), 음주(1607년) 등의 문제들에 대한 조사권을 부여했기 때문이었다.8) 이 같은 법률들이 장원형사법정에 의무를 더했다. 많은 읍지역에서는 장원형사법정이 법정과 읍정부의 권위구조를 통합하는 필수적인 한 부분이었다. 장원형사법정이 1835년 지자체 자치운영법(the Municipal Corporation Act)이 만들어질 때까지 가장 활발하게 또 때로는 도시행정에 극적인 역할을 수행했던 이유

7) 김호연, 『근대초 영국 농촌사회 연구』(울산대학교 출판부, 2005), pp. 143-48.

8) *Manorial Records*, p. 56.

가 여기에 있다.

장원형사법정이 상인과 수공업자가 중심적으로 활동하던 읍이나 자치도시에서 개정된 경우에는 순수한 농업지역에서 보다 훨씬 더 활동적이었을 것이다. 이유는 법률에 의하여 장원형사법정에 부여된 실제적인 의무 때문인데, 특히 도시공동체의 업무와 관련이 깊었기 때문이었다.[9] 즉, 빵과 에일주에 대한 규준, 특히 도살과 무두질의 빈번한 위반자들의 불법에 대한 규제 같은 업무들이었다.

(4) 장원법정의 쇠퇴

장원민사법정과 장원형사법정은 모두 16세기에는 활발히 운영되고 있었다. 이들의 일부 기능은 쇠하였으나, 여전히 사회변화에 적응하며 서로 구분되는 유용한 역할을 수행하고 있었다.

그런데 16세기말 이후에는 더 이상 그렇지 못하였다. 그 이후 장원법정은 점진적이기는 하나 끊임없이 쇠퇴의 길을 걸었다. 장원법정의 실행기능들은 쇠약해졌으며, 개정이 중지되었다. 그렇지만 그 과정은 느렸고 또 지역환경에 의해 지배되었기 때문에, 장원법정의 쇠퇴와 소멸의 연대기는 지역에 따라 매우 상이하다. 다음의 세 가지 요인들이 장원법정의 쇠퇴에 특히 기여했는데, 언제 어느 정도 기여했는가는 장원에 따라 매우 상이하였다.

---

9) K.C. Newton and Marjorie K. McIntosh, "Leet Jurisdiction in Essex Manor Courts during the Elizabethan Period", *Essex Archaeology and History*, XIII (1981), pp. 3-14.

① 교구위원회와 읍민회, 그리고 치안판사

교구위원회(the parish vestry)와 읍민회(the township meeting), 그리고 치안판사가 장원법정의 업무를 점진적으로 흡수하였다. 교구위원회와 읍민회는 장원의 권위가 분리되었거나 약해진 곳에서는 이미 지배적이 되었다. 치안판사는 특히 군(county)을 대상으로 하는 분기법정(the quarter sessions)에서 그랬다. 장원법정이 하이웨이나 다리 등에 대한 감독권을 강하게 주장하지 않으면 분기법정에서 처리되는 경향이 있었나. 이 같은 영향은 Kent의 Ightham 장원법정기록에서 잘 보여주고 있다. 이 장원은 1586~1618년 사이에 장원법정업무의 5분지 3이 빵과 에일 조례, 평화위반, 다리와 담장의 유지 등 공공행정에 관련된 업무였다. 그런데 1707년 이후에는 장원형사법정이 소멸되고, 이후의 장원법정은 장원 차지인들 사이의 토지보유권과 토지매매의 일만 다루게 되었다.[10)]

② 인클로저

인클로저에 의해서 장원법정의 업무가 사라지게 되었다. 즉, 공동방목지와 경작지에 대한 인클로저가 진행되자 농경생활에 대한 장원법정의 업무가 사라지게 된 것이다. 인클로저는 17세기에 종종 그랬던 것처럼 사적협약(private agreement)에 의하여 이루어질 수 있었다. 또 19세기 농업혁명(Agricultural Revolution)에서 언급되는 바와 같이 1836년 이후 일반인클로저법(General Enclosure Acts)에 따른 개별의회법(private parliamentary act)에 의해서였다. 인클로저의 영향이 장원마다 동일하지는 않았으나,

---

10) *Manorial Records*, p. 57.

인클로저가 진행된 곳에서는 장원법정의 광범위한 기능이었던 곡물경작과 공동방목의 실행에 필요한 규제를 일시에 제거해버렸다.

③ 등본보유권의 쇠퇴

등본보유권의 쇠퇴에 의해서 장원법정의 쇠퇴가 촉진되었다. 이미 17세기에 장원자체가 새롭게 창출될 수 없듯이, 등본보유권 역시 새롭게 창출될 수 없는 것으로 받아들여졌다. 아주 오래전부터 그렇게 보유되었던 토지만이 등본보유로 유지될 수 있었고, 임대보유나 자유보유로의 어떤 변화도 등본보유를 영구히 종식시켰다. 다시는 등보보유로 전환될 수 없었다. 시간이 지남에 따라 등본보유의 양이 줄어들었다. 농업환경이 영주와 차지인 모두에게 토지가 자유롭게 보유되거나 임대되는 것이 유리하게 전개됨에 따라, 등본보유는 16세기에 이미 심각하게 부식되었다.

등본보유가 존재하는 곳에서는 이를 다스리기 위하여 장원법정이 요구되었다. 실제로 등본보유자들은 법정이 열려야한다고 주장할 수 있었다. 그러나 16세기 이후 오랜 동안 등본보유권은 유용성이 거의 사라진 채 잔존하였다. 등본보유권이 궁극적으로 폐지된 것은 1922년 재산법에 의해서였다. 물론 1922년 훨씬 이전부터 등본보유가 사라진 곳에서는 장원법정을 유지해야할 주된 이유 역시 사라진 것이었다.

2. 소송절차

법정의 기본 소송절차는 지역적 차이를 넘어 중세처럼 모든 곳에서 동일했던 것으로 보인다. 청원자들이 제기한 문제에 답하고 또 고발하기 위하여 배심원단이 선발되었다. 십인조점검이 있는 곳에서는 장원형사법정을 위한 하나의 배심원단이 있어야 했는데, 종종 왕을 위한 배심원들로 불렸다. 다른 하나의 배심원단은 장원민사법정을 위한 것이었다. 이 같은 예를 우리는 17세기 Middlesex의 Hornsey와 Shropshire의 Stanton Lacy에서 볼 수 있는데, 그곳에서 두 법정의 업무 사이에는 명확한 구분이 이루어지고 있었다. 그렇지만 일부 장원에서는 하나의 배심원단만이 존재했는데, Northumberland의 Tweedmouth의 경우에는 17세기에도 장원형사법정과 장원민사법정의 업무를 구분하지 않았다. 그런가하면 가끔은 고소 배심원단과 평결 배심원단이 서로 분리되기도 했다. 같은 기간 Cheshire의 Bramhall에서의 경우가 그랬다.11)

장원영주와 차지인 사이의 등본보유지의 거래는 간단한 의식에 의해서 이루어졌다. Newcastle-under-Lyme에서 묘사된 바와 같이, 집사가 가지고 있는 막대기를 만지는 것이 1510년에 인쇄된 논저에서 상술하는 바와 일치하는 정확한 의식이었다. 그러나 Sir Edward Coke는 17세기에 다음과 같이 서술하고 있다. “등본보유자가 그의 등본보유지를 반납하는 장원에서는, 장원의 관습에 따라 그는 손에 작은 막대를 들고 이를 집사나 영지관리에게 건네는데, 다음 보유자에게 이를 넘겨주기 위해서였

11) *Manorial Records*, p. 63.

다. 여기서 그들은 권표에 의한 차지인(Tenants by the Verge)이라 불렸다. 일부 장원에서는 막대기 대신 짚이 사용되었으며, 다른 장원들에서는 장갑 한 짝이 사용되었다."12)

'지역 관습은 항상 준수되어야만 한다'라는 격언은 13세기 못지않게 19세기 장원법정에도 적용되었는데, 이는 지역 관습과 내규뿐만 아니라 실질적인 소송절차에도 적용되었다. 그래서 비록 편람들이 소송절차에 대한 완벽한 개요를 제공한다 하더라도, 실제로는 많은 차이를 발견할 수 있다.

장원법정의 소송절차에 대한 수많은 편람들이 16세기에서 19세기까지 출판되었으나, 이들은 중세의 선도연구들의 전통을 따르고 있다. 1510년에 최초로 인쇄된 편람이 1650년까지 개정판으로 출판된 예도 있다. 그런가하면 마지막 판본에서도 처음의 텍스트를 반복하는 것도 볼 수 있다. 그런데 17세기 이후의 논저들은 한 가지 중요한 점에서 이전의 것들과 차이가 났다. 1550년대부터 등본보유에 대한 소송이 보통법 법정에서 이루어지자, 등본보유권에 대한 부분이 포함하게 되었기 때문이다. 이전에는 등본보유 문제는 전적으로 지역관습에 지배되는 장원민사법정의 권한 하에 놓여있었다.

소송절차에 대한 편람이 출판되어 장원법정업무에 새로운 통일성을 부과했다 하더라도 법정업무가 수행되는 방법에는 영향을 미치지 않았다. 또 편람의 표준적인 영향에도 불구하고 장원업무 수행에 상당한 정도의 다양성이 있었을 것이다. 이들 업무처리의 다양성은 장원마다의 특유한 관습에 기인하기 때문이었다. 그런데 이들 특유한 관습은 오직 결정에 이르는 방법에만

12) Coke, *Copy-Holder*, p. 104. *Manorial Records*, p. 63, 재인용.

영향을 미쳤기 때문에 법정업무의 공식기록에는 언급되지 않았다. 그래서 이들은 당대의 소송에 대한 비공식적인 서술들은 통해서만 확인할 수 있다. 예컨대 17세기와 18세기에 일부 Berkshire, Devon, Somerset 장원들에서 부정(unchastity)에 의하여 남편의 등본보유에 대한 권리를 몰수(forfeit)당한 미망인의 보유권 회복을 들 수 있다. 그녀는 법정에서 이른바 조리돌리기를 당했는데, 양다리를 벌리고 얼굴을 양의 꼬리 쪽을 보고 앉아 일련의 정해진 의식이 행해지는 동안에 양의 꼬리를 꽉 잡고 있어야 했다.[13] 이처럼 법정업무에 대한 표준적인 편람에도 불구하고 장원들 사이에는 큰 차이가 있었고 또 자세한 소송절차에서 차이가 나는 것에 대하여 당대의 주민들에게 큰 거부감은 없었던 것 같다.

3. 법정의 형태

(1) 형사법정과 민사법정

16세기 이후에도 장원형사법정과 장원민사법정의 구분은 유지되고 있었다. 장원형사법정은 때로는 특별히 통치자의 이름으로 열렸다. 반면에 장원민사법정은 단순히 장원영주의 법정이었다. 대형 장원인 Wakefield 장원형사법정은 17세기에 서로 다른 세 중심부에서 자체적으로 열렸는데, 전체 Wakefield 장원자체에 대한 민사법정을 동반하였다.[14] 그러나 가장 흔한 배치

---

13) *Manorial Records*, p. 60.

14) *Court Rolls of the Manor of Wakefield, vol. i. 1639-40*, pp. x, xvi.

는 장원민사법정 개정기간에 장원형사법정이 개정되는 것인데, 이유는 장원민사법정이 더 자주 그리고 장원형사법정 없이도 다른 소송들로 열릴 수 있었기 때문이었다. 예컨대 이런 현상을 16세기와 17세기, 그리고 18세기에 Acome 장원, Methley 장원, Middlesex의 Hornsey 장원 등에서 확인할 수 있다.

물론 많은 장원영주들은 장원형사법정에 대하여 권리를 갖지 못하였다. 그렇지만 중세 법정기록들과 비교해보며 현존하는 법정기록의 훨씬 많은 부분이 양자 형태 모두의 사법권을 갖는 법정으로 보인다. 아마도 장원민사법정의 권리만 가졌던 사법권은 곧 사라진 것 같다. 그렇지만 장원민사법정과 장원형사법정 사이의 구분이 잘 유지된다 하더라도 장원에 따라 그들 법정을 지칭하는 명칭이 다를 수 있었다. 즉, 십인조점검은 항상 장원형사법정의 회기를 나타내나, great court, general cour 같은 용어의 정확한 의미는 장원마다 달랐다. 14세기초 Welsham 장원에서 장원형사법정문서의 제목에는 'Great Court'라고 붙어 있다. 그에 비해 17-18세기 Acomb 장원의 형사법정은 'Court Leet'로 표기되어 있다.

(2) 승인법정과 조사법정

승인법정(court of recognition)과 조사법정(a court of survey)으로 불린 법정은 장원민사법정의 특별한 개정을 의미했다. 승인법정은 새로운 장원영주가 취임한 후 개정된 최초의 법정이었다. 그 법정의 목적은 장원의 차지인들에게 그들 보유지와 지대 및 부역에 대하여 확인하고 승인하기 위한 것이었다. 이 내용은 법정문서에 기록되었다. 조사법정도 비슷한 이유로 개정된 법정으로 장원에 대한 공식적인 조사를 위하여 개정되었다. 이 경우 일반적으로 한 명이나 그 이상의 조사관들이 참여하였다. 이 법정에서는 차지인들이 무엇을 보유하고 무엇을 부담하고 있는가에 대하여 차지인 자신들의 진술을 기록하였다. 그러나 재산에 대하여 조사를 하지는 않았고, 실측조사는 더더욱 이루어지지 않았다.

두 종류의 법정 모두에서 차지인은 권리증서(deed)나 법정기록의 등본 제작이 요구되었는데, 그것에 의하여 그들의 보유권이 주장되고 인정되었다. 그런데 이 같은 법정에 대한 선례를 중세에서도 찾을 수 있다. 예컨대 1320년대 Crowland Abbey 소속으로 Cambridgeshire에 위치한 Oakington 장원의 법정기록에는 새로운 수도원장의 첫 해에는 맨 끝에 '예농의 승인에 대하여 영주와 대화하기 위하여'라는 메모가 붙이있다. 그리고 Oxfordshire의 Cuxham에서 한 장원의 회기는 거의 전적으로 장원관습기록부(manorial custumal)를 모으기 위한 것이었다.[15)]

그렇지만 승인법정과 조사법정은 거의 16세기에나 공식적인 지위를 획득한 것 같은데, 그 시기는 잉글랜드에서 영지조사관(surveyors)의 전문성이 뚜렷이 드러난 시기였다. 그런데 16세기에 이미 승인법정과 조사법정 사이의 차이가 가끔 흐려졌고, 19세기까지 승인법정은 사라진 것 같다. 그래서 조사법정의 한 모델은 집사 자신이 법정에 제출된 임대지와 등본지를 검사하고, 보유에 대한 초록을 작성하고, 표 형태로 분리된 조사서를 작성하여 각각의 차지인이 무엇을 어떤 조건으로 보유했는가를 보

15) Page, *The Estates of Crowland Abbey*, p. 356; *Manorial Record of Cuxham*, pp. 656-61.

이고, 영주에게 매년 수익과 사망세(heriot)의 가치를 제시했다는 것을 보여주고 있다. 그러나 일부 장원조사서는 훨씬 정교하다. 1590년 Warwickshire의 Budbrooke에서 보여주는 문서는 집사와 배심원들에게 '점검되고 조사되어' 100장 이상으로 구성된 수서본의 토지대장(terrier)이었다. 장원 내에서 누가 토지를 보유했는가에 대한 증거는 자세한 기록에도 불구하고 잘못 이해할 수 있는데, 전차(subtenancy)에 대한 언급이 없는 경우 특히 그랬다.[16]

(3) 사적 법정

사적 장원민사법정(the private court baron) 역시 17세기말까지 발견되고 있다. 이는 특별히 급한 업무처리를 위하여 오직 소수의 청원자만이 법정에 출석하는 즉석 회합이었다. 중세에 이미 형성된 것으로, 당시에 가끔 열리는 법정회기 중간에 발생한 문제들을 장원영주에 의해서 사적으로 처리된 법정이었다. 그런데 이 업무는 장원법정 밖에서 비공식적으로 처리될 수도 있었다. 1923년의 한 기록은 '내가 Newcastle-under-Lyme 장원의 집사 사무실에서 간 일이 있는데, 그때 한 등본보유자가 그의 보유권을 승인받기 위하여 왔다. 그에게 가늘고 긴 나뭇조각을 주었고, 집사가 학교의 포인터 같은 막대를 그에게 내밀었다. 그 막대 끝을 청구인이 잠시 잡고 나서 보유권의 승인문제가 완결되었다'라고 적고 있다.[17] 실로 19세기에 이르기까지 장원민

16) E. Kerridge, *Agrarian Problems in the Sixteenth Century and After* (Allen & Unwin: London, 1969), pp. 48-53; C.J. Harrison, "Elizabethan Village Surveys: a Comment", *Agricultural History Review*, XXVII (1979), pp. 82-9.

사법정에 속하는 업무들을 처리하기 위한 장원법정이 자주 열리지 않거나 아예 열리지 않았기 때문에 변호사(solicitors) 사무실 혹은 영지관리 사무실에서 사적으로 처리되었다.

장원형사법정과 장원민사법정 외에도 일부지역에서는 중세부터 잔존하는 두 종류의 사적 법정이 존재했다. 영지법정과 한드레드법정이 그것이었다. 매우 소수이기는 하나 영지법정(honour court)이 계속 존재했는데, 실제로 왕실의 수중에 있던 Suffolk의 Clare의 영지법정이 18세기 내내 개정되었다. 또 정상적인 한드레드법정 이외에 매우 소수이기는 하나 사적 권리 하에 놓인 한드레드법정이 여전히 존재하고 있었다. 이 경우 한드레드법정이 영지소유주의 장원법정에서 독점적인 권리로 개정되었다. 또는 한드레드법정이 장원법정과 합동으로 개정되기도 했다. 1819년 Jacob의 complete Court-Keeper는 여전히 장원형사법정과 장원민사법정과 함께 개회되는 한드레드법정을 위한 소송절차와 모델의 기록을 포함하고 있다.

(4) 개정 빈도와 법정주재

장원법정의 개정 빈도수는 적어도 중세시대만큼 다양했다. 17세기 Wakefield에서 장원민사법정은 매 3주마다 열렸다. 장원형사법정은 일 년에 2회 이상 열리지 않았으며, 일부 장원에서는 장원민사법정 역시 오직 이 두 경우에만 열렸다. 그러나 장원형사법정과 장원민사법정 모두 여전히 더 간간이 열릴 수 있

---

17) C. Swynnerton, "Some Early Court Rolls of the Manors of Stonehouse, King's Stanley, Worcestershire, and Achards", *Transactions of the Bristol and Gloucestershire Archaeological Society*, xlv (1923), p. 213. *Manorial Records*, p. 62 재인용.

었다. 실제로 16세기 중엽 Essex의 Fingringhoe에서는 양 형태의 법정이 일 년에 단 한 차례만 열렸으며, 18세기초에 Devon의 Wryland에서는 이보다도 더 드물게 열렸다. 18세기말에 Acomb 장원에서 장원민사법정과 장원형사법정은 일년에 2~4회정도 열렸다. 장원법정을 사용하지 않았다 하여 법정개정권이 폐지된 것은 아니었는데, 가끔은 긴 간격을 두고 법정이 다시 열리는 경우를 볼 수 있다.

법정을 주재하는 관리는 여전히 집사였다. 비록 대영지의 경우 명예직이나 한직으로서 중요한 인사가 맡았지만, 실제적인 업무는 대리인에 의해서 행해졌다. 어떤 경우에는 집사가 종종 업무를 분담하는 대리인으로 지명되었으며, 법정은 그들 두 명 가운데 하나에 의해서 주재될 수 있었다. 예컨대 18세기말 Acomb 장원의 경우 집사는 William Thompson, gent.이었고, 대리인은 John Watson, gent.이었다. 그런데 1799년 12월 9일 법정은 직전과 직후 법정인 1799년 11월 1일 법정과 1800년 5월 9일 법정과는 달리, 집사가 아닌 대리인 John Watson이 주재하여 법정 제목이 "Court Baron and Customary Court of Marmaduke Robinson and Henry Dealtry, held Monday, 9 Dec. 1799 before John Watson, gent., deputy steward"[18]로 표기되어 있다.

---

18) *Acomb Court Rolls*, pp. 383-84.

4. 법정문서

(1) 기록과 참고자료

장원법정의 판결 기록에 대한 집성은 집사나 집사 대행의 의무였는데, 그들은 16~17의 경우는 말할 것도 없고 14세기에도 자주 서기의 도움 없이 실질적으로 법정을 운영하였다. 그런데 기록이 항상 만족스럽지는 못했다. 18세기초 Hertfordshire의 Hitchin 장원의 집사는 기록을 남기지 않았다. 그래서 후임자에 의하면 법정기록이 존재하지 않아 장원업무에 큰 혼란을 초래하였다.[19] 장원기록을 집사가 관리하는 것 역시 어려움의 원인이 될 수 있었다. 1577년 Buckinghamshire의 Great Crawley 장원의 새 장원영주는 이전 영주의 집사가 그가 보유하던 장원법정 기록과 지대목록을 잘라 조각내거나 흠을 내거나 다른 사람에게 줘버렸다고 불평하고 있다.[20] 거의 같은 시기 런던 주교는 다음과 같이 주장하였다. Middlesex의 여러 장원의 전임 주교의 대리 집사인 Hugh Stewkley가 부적절하게 법정기록들과 다른 기록들을 보관하였는데, 그 일부를 봉투에 봉인하여 주교의 관리들과 장원관리인들, 파머들, 그리고 교구위원들에게 주었다. 그런데 그것은 그곳의 관습에 따른 것이라고 대답하였다는 것이다.[21] 그렇지만 전체적으로 보아 장원법정기록들은 특정 장원이나 영지의 관습에 따라 조심스럽게 편집되고 조심스럽게

---

19) R.L. Hine, *The History of Hitchin* (London, 1927), vol. 1, p. 62.

20) A.C. Chibnall, *Beyond Sherington* (London, 1979), p. 35.

21) *Court Rolls of the Bishop of London's Manor of Hornsey 1603-1701*, ed., William M. Marcham (London, 1929), pp. xvii-xviii.

보존되었다.

장원법정에서 작성된 기록에는 장원법정문서 작성에 참고한 자료들도 있었다. 법정기록에 대한 메모들로 종이에 작성된 것들이었다. 이들은 법정자체에서 만들어진 기록이기는 하나 기껏해야 법정기록의 초고였던 것으로 보인다. 이를 기초로 소송과정의 정식 기록인 장원법정문서가 후에 작성되었다. 이들 예비적인 초고나 메모들이 존재하는 것은 드믄 것은 아니다. 비록 중세 이후 가장 일반적으로 존재하는 장원법정기록은 정서된 장원법정문서들이지만, 우리들은 중세시대 기록들 보다 훨씬 수가 많고 다양한 보조 기록들(subsidiary records)을 볼 수 있다.

(2) 기록의 형태와 편람

법정에서 작성된 초고들은 정상적으로는 종이에 작성되었는데, 때로는 17세기와 18세기에 Hampshire의 Crondall에서처럼 책의 형태였고, 때로는 17세기 Wakefield에서처럼 두루마리 형태로 되어 있었다.[22] Jacob은 1713년에서 1819년까지 계속되는 *Complete Court-keeper*의 판본에서 초고를 법정의 의사록(minnute book)이라 불렀다. 장원법정의 기록에 대해 집사가 정서본을 만들고, 등본보유자들을 위해서 법정기록에 대한 적절한 등본을 만들면, 그는 초고의 마지막에 선을 긋고 '두루마리, 등본 작성'이라고 기재했다.[23]

완성된 정서본의 전형은 중세시대와 마찬가지로 양피지 두루마리 형태이다. 일반적으로 하나의 두루마리는 하나의 법정을

---

22) *Court Rolls of the Manor of Wakefield, 1539-40*, p. xxii.

23) *Manorial Records*, p. 64.

기록한 문서였으나, 때로는 초기처럼 새로운 양피지에서 시작하지 않고 후속의 법정기록이 뒤따랐다. 중세의 일부 영지에서는 법정기록이 두루마리가 아닌 책 형태였다. 변화의 시기는 다양하나, 시간이 흐름에 따라 책 형태가 더 일반적인 관습이 되어갔다. 그런데 법정기록의 초안이 책으로 작성되었다 해서 정서본 역시 꼭 책으로 작성되었던 것은 아니었다. 일부에서는 초안은 종이책에 작성되었으나, 정서본은 양피지 두루마리에 작성되었다.

장원법정의 진행에 대한 인쇄된 편람에는 여러 형태의 항목에 대한 선례와 더불어 여러 종류의 법정에 대한 표본을 제시하고 있다. 실행에서 상당한 다양성이 있었으나, 원칙에서는 중세의 선례와 전통, 그리고 법정업무의 순서를 따르고 있다. 즉, 왼쪽 여백에 장원의 이름이 기재된 제목이 맨 처음 상단에 기재되고, 다음에 궐석자와 배심원의 명단이 되었다. 장원관리의 선출과 벌금산정인의 이름은 맨 마지막에 기재되었다. 이 같은 순서가 일반적으로 표준화된 형태이다. 다음은 Acomb 장원법정문서의 일반적인 기록 방식이다.

제목
궐석승인(Essoins)
법정소송 후 궐석자(Default of Suit of Court)
배심원단(Jurors/ Jury)
평결(Verdict)
고소(Complaints)
고발(Presentments)
위반시 벌금(Penalties)

관리선출(Election of Officers)
당 법정의 총수익(Total Profit of this Court)

집사가 등본보유자를 위해서 초안에서 작성하는 법정기록 등본 역시 초기의 선례를 따르고 있다. 즉, 법정의 제목, 법정기록에 포함된 항목의 메모, 그리고 마지막에 집사의 사인이나 때로는 장원영주의 인장 순이었다. 법정기록의 등본은 정상적으로 양피지에 작성되었으며, 내용은 행정기록에 제한된 것이 아니라 개별 등본보유자의 권리에 관련된 보유지의 전대나 복귀 승인 같은 항목들을 기재할 수 있었다.

(3) 언어

16세기 중엽에는 관습과 내규, 그리고 때로는 개별 조례들이 통상 영어로 작성되었던데 비하여, 법정기록은 라틴어로 작성되었다. 그러나 1650년대와 Commonwealth 동안에 대부분의 법정문서가 영어로 작성되기 시작하였다. 1733년부터는 모든 법정기록이 영어로만 작성되었는데, 이유는 영어가 모든 법적 문서의 언어가 되어야 한다는 1731년의 법률 때문이었다. Acomb 장원의 경우 1575년 4월 25일 법정문서 가운데 Penalties 항목이 영어로 작성되었다. 1578년 4월 23일 법정문서에는 Presentments 항목과 Penalties 항목이 영어로 작성되었고, 1578년 10월 15일 법정문서는 Election of Officers 항목도 영어로 작성되었다.[24)]

법정기록의 등본은 법정기록 자체와 마찬가지로 같은 언어로 작성되었으며, 일반적으로 초고도 만찬가지였다. 17세기 중엽

24) *Acomb Court Rolls*, pp. 55, 63, 65.

이후 다른 장원법정기록들도 대부분 영어로 작성되었는데, 가끔은 법률 라틴어 구절이 동반되었다. 예컨대 1640년 Wakefield 법정기록에 기재된 'omney neney'(all well) 같은 표현이다.[25]

25) *Court Rolls of the Manor of Wakefield, 1539-40*, p. xxii, 156.

4장 장원법정문서의 연구

1. 초기의 연구

영국의 역사연구에 장원법정문서가 연구되기 시작한 것은 19세기 후반의 일이다. 그러나 이들 문서가 본격적으로 분석되어 영국의 중세 촌락사회연구에 중요한 기여를 한 것은 1960~1970년대부터였다. 당시의 역사가들은 장원법정문서를 양적으로 분석하여 역사연구에 기여한 것은 최근의 성과라고 주장하였다. 그 이전에는 장원과 농민들의 법적 지위에 더 관심이 많았고, 촌락공동체와 농민들에 대한 사료로서 장원법정문서의 분석은 등한시했다고 주장하였다. J. A. Raftis, E. B. Dewindt, E. Britton 등이 대표적인 인물들이다.[1] 그러나 그 같은 주장이

---

1) J.A. Raftis, *Tenure and Mobilty: Studies in the Social History of the Medieval English Village* (Toronto, 1964), pp. 11-13; E.B. Dewindt, *Land and People in Holywell-cum-Needingworth: Structures of Tenure and Pattern of Social Organization in an East Midland Village*, 1252-1457 (Toronto, 1971), pp. 1-3; E. Britton, *The Community of the Vill: A Study in the History of the Family and Village Life in Fourteenth-Century England* (Toronto, 1977), pp. 1-4.

장원법정문서의 연구에 대한 연대기를 정확하게 제시한 것은 아니다. 1996년 Zvi Razi와 Richard Smith가 Raftis, Dewindt, Britton 등의 주장을 비판하면서 사료로서 장원법정문서의 연구가 좀 더 다양했다는 점을 제시하고 있다.[2)]

(1) 19세기 후반

모든 연구자들이 주지하듯이 장원법정문서가 역사적 사료로서 중요성이 인식되기 시작한 것은 19세기 후반에 들어서이다. 당시 고조되던 사회경제사에 대한 흥미가 자연히 장원법정문서에 대한 관심으로 이어졌던 것이다. 그 결과 1852년에 George Scrope에 의해 장원법정문서에 기반을 둔 연구서가 최초로 출판되었다.[3)] 그렇지만 장원법정문서에 대한 흥미가 크게 고조된 것은 1880년대부터였으며, 이 때부터 장원법정문서에 대한 연구가 크게 늘어나게 되었다. 특히 F. Seebohm, P. Vinogradoff, F.W. Maitland같은 초기의 연구자들이 역사적 사료로서 장원법정문서가 갖고 있는 잠재적 가치를 인식하고 적극적으로 연구하기 시작하였다.

Frederic Seebohm은 장원법정문서를 중세 촌락사회연구에 거시적으로 이용한 최초의 역사가였다. 1883년 St. Albans Abby 영지의 Winslow 장원에 대한 연구는 개방경지의 농경, 관습보유 구조, 예농의 의무, 흑사병으로 인한 보유자의 교체 등을 분

2) Zvi Razi and Richard Smith, "The Historiography of Manorial Court Rolls", *Medieval Society and the Manor Court*, ed. Zvi Razi and Richard Smith, pp. 1-35. 필자의 본 장의 내용은 이 논문에서 크게 도움을 받았다.

3) G.P. Scrope, *History of the Manor and Barony of Castle Comb, in the County of Wiltshire* (London, 1852).

석하여, Winslow 장원법정문서가 노르만정복에서 흑사병까지 영국의 농업제도를 반영한다고 밝히고 있다.4)

Paul Vinogradoff는 1892년 저서에서 Seebohm의 주장을 반박하고 있다. 영국 농민의 신분이 처음부터 부자유스러웠던 것이 아니라, 12세기 후반에 예농화가 크게 진전되었다는 것이다. 그러므로 부자유농민의 노동력에 의해 직영지가 경작되는 13세기의 장원조직은 비교적 최근에 발전한 모습을 보여준다는 것이다.5)

Frederic Maitland 역시 Vinogradoff처럼 장원법정문서가 역사적 사료로서 중요하다고 인식하였고, 장원법정문서를 편집하여 출판하였다.6) Maitland는 13세기 후반～14세기 초에 장원법정이 발전했음을 인지하였고, 장원법정에서 행해진 소송절차와 관습을 예시하고 설명하였다.

이상에서와 같이 Seebohm, 특히 Vinogradoff와 Maitland가 장원법정문서가 중세영국촌락사회 연구에 중요한 사료라는 사실을 처음으로 잘 보여주었다. 이를 통하여 농업제도, 영주제도, 농민보유와 법적 신분, 마을 공동체, 토지분배와 촌락사회에서의 권력, 토지시장, 상속관습과 가족, 농노제에 기초한 장원제도의 붕괴 등을 연구할 수 있는 길을 연 것이다.

---

4) F. Seebohm, *The English Village Community* (Cambridge U. P. 1926; original: London, 1883), pp. 32-80.

5) P. Vinogradoff, *Villainage in England*, pp. 218-20, 397-409.

6) *Selected Pleas*; F.W. Maitland and W.P. Baildon ed. *The Court Baron: Preceeding of Pleading in Manorial and Other Local Courts* (Seldon Soc. 4, 1891).

(2) 20세기 전반

1900년대에 들어서 William Page가 장원법정문서와 회계문서의 통계적 분석을 통하여 부역의 금납화(commutation) 연대기를 추적하였다. Page는 흑사병 이후에 금납화가 급격히 그리고 광범위하게 이루어진 것으로 밝혔다. 또 그 같은 금납화가 농노제에 기초한 장원제 해체의 원인이 되었다고 분석하였다.[7] F.G. Davenport는 1400~1565년 Norfolk의 Forncett 장원을 분석하여 농민들이 예농신분의 거부, 남자 상속인의 단절, 예농의 상속 거부로 15세기와 16세기 전반을 통하여 예농이 사라졌다고 주장하였다. 또 사망과 이주, 농민간의 빈번한 토지거래로 토지보유자의 손이 바뀌었고, 15세기초부터 개별 차지인들이 인클로저를 시작하였다고 밝히고 있다.[8] Davenport는 장원법정문서를 조직적으로 통계적으로 분석한 최초의 역사가로 평가받고 있으며, 동시에 장원법정문서를 인구변화를 위해 사용한 최초의 역사가로도 평가받고 있다.[9]

1912년 16세기 영국의 농업문제에 대한 저서에서 R.H. Tawney는 농민들의 토지시장(peasant land market)이 13세기부터 16세기에 이르기까지 영국 농촌사회 발전의 주요 요인이었다고 주장하였다. Tawney는 발간된 소수의 장원법정문서를 이용하여 연구하였으나, 그의 연구는 장기간에 걸친 영국 농민들의 토지거래 성격과 과정, 그리고 그 결과에 대한 유일한 분석

---

7) T.W. Page, *The End of Villainage in England* (New York, 1900).

8) F.G. Davenport, *The Economic Development of a Norfolk Manor* (Cambridge, 1906).

9) Zvi Razi and Richard Smith, "The Historiography of Manorial Court Rolls", pp. 8-9.

이었다. 특히 흑사병 이후 인구급감과 농노제에 기초한 장원제의 해체로 인하여 촌락사회의 양극화가 가속화되었다고 분석하였다. 그 과정에서 공한지의 차지, 직영지의 임대 등으로 부농이 등장하였고, 심화되는 토지시장으로 가문과 토지와의 결합을 약화시켰다고 분석하였다.[10] 토니가 매우 최근까지 처음으로 그리고 유일하게 중세 영국의 역사를 연구하기 위하여 1500년의 경계를 넘어 16세기를 분석한 사회경제사가였다.[11] 그러나 그의 학문적 영향은 뒤늦게 2차 세계대전 이후 Rodney Hilton과 Micheal Postan을 통하여 이어졌다.[12]

2. 20세기 중반 이후의 연구

(1) 1950~60년대

장원법정문서를 통한 1950년대와 1960년대의 주요한 연구분야는 농업조직, 경지제도, 농민상습관습이었다. 이 분야의 두드러진 선구적 업적은 1941년 미국 Harvard 대학의 G.C. Homans의 연구였다.[13] Homans의 연구방법은 많은 법정문서 시리즈에

---

10) R.H. Tawney, *The Agrarian Problem of the Sixteenth Century* (London, 1912).

11) A. Macfarlane, *The Origins of English Individualism* (Oxford, 1978); T.H. Aston and C.H.E. Philphin, eds. *The Brenner Debate* (Cambridge, 1985), pp. 10-60.

12) R.H. Hilton, *The Economic Development of Some Leicestershire Estate in the Fourteenth and Fifteenth Centuries* (Oxford, 1947), pp. 1-3, 94-105; M.M. Postan, “The Charters of the Villeins”, in M.M. Postan, eds. *Essays on Medieval Agriculture and General Problems of Medieval Economy* (Cambridge, 1973), pp. 114-17.

서 추출된 사례로부터의 일화적 연구였다. Homans는 영국의 중세를 근본적으로 정적인 사회로 보고, 중세 영국을 장자상속제와 강한 농촌공동체가 유지되는 Midland 혹은 Champion England 지역과 분할 상속과 느슨한 촌락공동체가 우세한 나머지 지역으로 양분하여 설명하였다. Homans의 연구는 1960년대 가족사와 가구구조를 연구한 J. Thirsk, H.E. Hallam, P. Laslett에 영향을 미쳤다.[14]

장원법정문서를 광범위하게 사용하여 가족과 토지, 그리고 상속관습에 대해 집중적으로 연구한 학자는 1960년대의 Ros Faith였다. Faith는 영국 중세사회를 정적인 사회로 보았던 Homans의 견해를 비판하고 동시에 중세 농민상속관습의 지리적 설명을 수정하였다.[15]

한편 Warren Ault는 장원의 자치규약을 조사하여 농촌공동체에 대하여 연구하고, 또 농업관습과 규제에 대한 영주의 사법권을 연구하여 후속 연구자들에게 영향을 주었다.[16] Homans와

---

13) G.C. Homans, *English Villagers in the Thirteenth Century* (Cambridge, Mass. 1941; 2nd edn, New York, 1960).

14) J. Thirsk, "The Family", *Past and Present*, no. 27 (1964), pp. 116-122; H.E. Hallam, "Some Thirteenth Century Censuses", *Economic History Review* 2nd ser. 36 (1957-58), pp. 340-361; P. Laslett and R. Wall, eds., *Household and Family in Past Times* (Cambridge, 1972), pp. 16-21.

15) R.J. Faith, "Peasant Families and Inheritance Customs in Medieval England", *Agricultural History Review*, 14(1966), pp. 77-95; "Peasant Land Market in Berkshire During the Later Middle Ages" (Leicestershire University Ph.D. thesis, 1962) in *The Peasant Land Market in Medieval England*, ch. III, 'Berkshire: Fourteenth and Fifteenth Centuries', ed. P.D.A. Harvey (Clarendon: Oxford, 1984), pp. 107-78.

16) W.O. Ault, "By-Laws of Gleaning and the Problem of Harvest", *Economic History Review*, 2nd ser. 14(1961), pp. 210-217; *Open Field*

Ault 등의 연구로부터 가장 큰 영향을 받은 학자는 Toronto의 중세사가 J.A. Raftis다. Raftis와 그의 제자들은 1960대와 1970대에 장원법정문서를 광범위하게 이용하여 중세 영국의 농촌사회를 연구하였다. 이들은 특히 흑사병 이후의 농촌사회 변화를 강조하고 있는데, 인구감소와 공한지의 발생으로 인한 농민들의 이주가 중세적 농촌공동체를 약화시킨 주요 요인으로 분석하고 있다.[17)]

한편 영국에서 중세사회에 대한 연구는 장원법정문서보다 장원회계문서를 주로 사용한 M. Postan의 연구가 영향을 미쳤다. 그렇다고 그가 장원법정문서를 무시했던 것은 아니며, 토지거래에 관한 논저에서는 법정문서의 기록을 주요 사료로 삼았다.[18)] 1960년대 장원법정문서를 사용하여 중세 영국의 촌락사회에 대한 가장 광범위한 재구성을 한 학자는 P.D.A. Harvey로,

---

Farming in Medieval England: A Study of Village By-Laws (London, 1972).

17) J.A. Raftis, *Tenure and Mobilty; Warboys: Two Hundred Years in the Life of an English Medieval Village* (Toronto, 1974); E.B. Dewindt, *Land and People in Holywell-cum-Needingworth*; Edward Britton, *The Community of the Vill*; E.B. Dewindt, ed., *The Court Rolls of Ramsey, Hepmangrove and Bury 1268-1600* (Toronto, 1990); S. Olson, "Family Linkages and the Structure of the Local Elite in the Medieval and Early Modern Village", *Medieval Prosopography*, 13(1992), pp. 53-82.

18) M.M. Postan, *Essays on Medieval Agriculture and General Problems of the Medieval Economy*. 농민들의 토지거래에 대한 핵심 사료로 장원법정문서를 사용한 논저는 "The Charters of the Villeins"이다. 이 논저는 다음 사료의 서문에 실려 있다. *Carte Nativorum: A Peterborough Abbey Cartulary of the Fourteenth Century,* eds., C.N.L. Brooke and M.M. Postan (Northamptonshire Record Society, 20: Oxford, 1960).

그는 장원법정문서를 통하여 중세 Oxfordshire의 Cuxham 장원 공동체에 대하여 학술적으로 가장 중요한 연구성과를 내었다.[19] 그럼에도 J.Z. Titow는 장원법정문서가 기록된 항목들의 성격상 시리즈가 완벽하지 않으면 완벽한 사례를 재구성할 수 없어, 종국에는 소송사례들을 따르게 된다고 생각하였다. 그래서 법정문서의 정보는 통계처리 될 수 없고, 시간의 흐름에 따라 어떤 중요한 변화가 타나났는가는 인상에 의존할 수밖에 없다고 주장하였다.[20]

(2) 버밍엄과 케임브리지 대학

장원법정문서를 기반으로 하는 영국 중세사에 대한 연구는 1970년대와 1980년대를 기점으로 영국의 Birmingham 대학과 Cambridge 대학을 중심으로 활발히 전개되기 시작하였다. 이들 대학에서는 법정문서 자료를 전산화하여 통계적으로 접근하기 시작하여 다수의 성과를 내고 있다.

Birmingham 대학에서는 장원법정문서를 통한 13세기 West Midland에 대한 R.H. Hilton의 고전적 논저를 비롯하여 R.K. Field의 농민문화와 물질생활에 관한 연구, Christopher Dyer에 의한 중세의 경제와 사회에 대한 여러 양상의 연구, 그리고 Jean Birrell의 농민 장인(peasant craftman)에 대한 선구적인 연구가 진행되었다.[21] 그 후 Dyer는 장원법정문서를 분석하여 1381년

19) P.D.A. Harvey, *A medieval Oxfordshire Village: Cuxham 1240-1400.*

20) J.Z. *Titow, English Rural Soiety 1200-1350* (London: George Allen and Unwin, 1969), pp. 31-32.

21) R.H. Hilton, *A Medieval Society: The West Midlands at the End of the Thirteenth Century* (London, 1966) ; R.K. Field, "Worcestershire Peasant

의 농민반란과 관련된 농민들의 행동분석에 성공하였고, 또 농민들의 생활수준, 식단, 물질문화 등을 연구하였다. 아울러 장원법정문서의 증거와 고고학적 데이터를 통합하는 것을 고무하였다.[22] 이 점에서 Birmingham 대학에서 시도한 연구들은 가장 광범위한 주제를 포괄한다고 말할 수 있다. 특히 이들은 예농제와 영주권에 대한 저항에 진지한 관심을 기울였는데, Zvi Razi, Chris Dyer, Peter Franklin의 연구들이 그 예를 보여주고 있다. 또 장원법정문서를 이용하여 중세 기술의 변화, 특히 방아와 운송에 대한 주제를 연구하고 있다.[23]

1980년대와 1990년대를 통하여 예농신분의 성격에 관한 흥미있는 논쟁이 학술지 Past & Present에서 진행되었는데, 장원법정문서의 증거에 크게 의존하고 있다. 이 논쟁의 핵심은 혼인세(merchet)의 결정요인에 초점이 맞추어져 있으며, 주요 참여자들은 법정문서의 증거를 일화적으로 사용하고 있다.[24]

Buildings, Household Goods and Farming Equipment in the Later Middle Ages", *Medieval Archaeology*, vol. 9 (1965), pp. 105-145; C. Dyer, "A Redistribution of Incomes in Fifteenth-Century England?", *Past and Present*, no. 39 (1968), pp. 11-33; J.R. Birrell. "Peasant Craftmen in the Medieval Forest", *Agricultural History Review* 17 (1969), pp. 91-107.

22) C. Dyer, *Lords and Peasants in a Changing Society*; C. Dyer, *Standards of Living in the Later Middle Ages: Social Change in England c. 1200-1520* (Cambridge University Press, 1989). ; C. Dyer, *Everyday Life in Medieval England* (The Hambledon Press: London, 1994).

23) J. Langdon, *Horses, Oxen and Technological Innovation: The Use of Draught Animals in English Farming from 1066 to 1500* (Cambridge U. P. 1986).

24) E. Searle, "Seignorial Control of Women's Marriage: The Antecedent and Funtion of Mershet in England", *Past and Present,* no. 82 (1979),

Cambridge 대학에서는 장원법정문서를 통하여 Alan Baker, Edward Miller, Harold Fox와 Bruce Campbell 등이 인클로저, 경지제도, 상속문제, 토지시장 등을 연구하였고, Richard Smith가 역사지리 연구를 개척하였다.[25] Birmingham 대학의 연구자들이 주로 연구한 지역은 Midland 지역이었고, Cambridge 대학의 연구자들이 주로 연구한 지역은 동부 지역이었다. 그런데 Zvi Razi가 미들랜드와 이스트 앙글리아의 장원법정문서를 이용하여 가족 유형들 사이의 유사성과 대조성을 진지하게 분석하고 있다. 이를 통하여 Zvi Razi는 버밍엄과 케임브리지의 다양한 아이디어를 연결하며 다양한 중세사회에 대한 해석을 조화하는데 도움을 주고 있다.[26]

이들 양 대학을 중심으로 한 연구는 모두 Toronto 학파의 저

---

pp. 3-34; P.A. Bran and P.R. Hyam, "Seignorial Control of Women's Marriage", *Past and Present*, no. 99 (1983), pp. 122-133; R.J. Faith, "Seignorial Control of Women's Marriage", *Past and Present*, no. 99 (1983), pp. 133-148; T. North, "Legerwite in the Thirteenth and Fourteenth Centuries", *Past and Present,* no. 111 (1986), pp. 3-16; R.M. Smith, "Further 'Models" of Medieval Marriage: Landlord, Serfs and Priests in Rural England, c. 1290-1370", C. Amado and G. Lobrichon, eds. *Melanges Georges Duby* (Paris, 1995), pp. 85-99.

25) A.R.H. Baker, "Open Fields and Partible Inheritance on a Kent Manor", *Economic History Review*, 2nd ser. 17(1964), pp 1-23; A.R.H. Baker and R. A. Butlin eds., *Studies of Field System in the British Isles* (Cambridge, 1973); E. Miller and J. Hatcher, *Medieval England*; H.S.A. Fox, "The Chronology of Enclosure and Economic Development in Medieval Devon", *Economic History Review* 2nd ser. 28(1975), pp. 181-202; Richard M. Smith, *Land, Kinship and Life-Cycle* (Cambridge U. P. 1984).

26) Zvi Razi, "The Myth of the Immutable English Family", *Past and Present*, no. 140 (1993), pp. 3-44.

작에서 영향을 받았는데, 특히 Raftis의 초기 연구로 거의 전적으로 법정문서에 의존한 *Tenure and Mobility*에 의해서 자극을 받았다. 이유는 토지보유와 유동성의 핵심문제를 심도 있게 다루었고, 또 Homans의 연구를 진전시켰다는 점에서였다. 이들은 법정문서에 크게 의존하며 영주권의 성격, 예농제, 관습보유권의 발전, 토지시장, 농민의 분화과정 등의 문제들에 다수의 연구성과를 내고 있다. 물론 이들 문제의 연구가 장원법정문서만으로는 완전하지 못하며, 장원법정문서에 전적으로 의존하는 것은 당시 사회에 대해 왜곡된 인상을 낳을 수 있다는 점도 잘 인식하고 있다.

실제로 1970년대 말에 이르러 Toronto 학파의 방법론이 중세사가와 근대사가에 모두에 의하여 비판되었는데, 촌락의 재구성에 한 종류의 기록, 즉 장원법정문서에 과도하게 의존했다는 점과 중세말의 법정문서가 1270경~1380의 '고전기' 법정문서에 비하여 촌락사회의 문제를 광범위하게 포괄하지 못한다는 점에서였다.[27]

이 시기 촌락에 초점 맞춘 Zvi Razi의 연구는 Worcestershire의 Halesowen 장원에 대한 인구사적 재구성이며, Barbara Harvey와 Christopher Dyer의 Westminster Abbey와 Bishop of Worcester 영지에 대한 각각의 연구는 장원법정문서에 의존하여 영주권의 성격, 관습보유권의 발전, 토지시장, 농민가의 변화하는 성격에

---

27) Z. Razi, "The Toronto School's Reconstructions of Medieval Peasant Society: A Critical View", *Past and Present*, no. 85 (1978), pp. 141-157; J. M. Bennett, "The Tie that Binds: Peasant Marriage and Families in Late Medieval England", *Journal of Interdisciplinary History*, 15 (1984), pp. 111-129.

대한 주제를 다루고 있다. 그런가 하면 Cecily Howell의 연구는 13세기초에서 17세기말까지 한 공동체에 대한 분석으로, 장원법정문서를 광범위하게 이용하나 전적으로 의존하지는 않은 연구이다.[28] 장원법정문서를 통하여 농민들의 토지거래 양상을 분석한 논문집이 Paul Harvey에 의하여 출간되었고, Richard Smith는 중세 농가의 성격, 가문과 토지의 결박, 토지시장 성격 등을 다루는 논문집을 편집하였다.[29]

(3) 1980~90년대

1980년대 이후 장원법정문서의 분석을 통하여 장원법정제도, 관습법의 성격, 관습법과 보통법의 관계, 장원법정과 상위법정 사이의 연계 등에 대한 연구가 새로이 시작되었다. 이 같은 문제들은 19세기말 Maitland와 Vinogradoff가 몰두했던 연구 주제들이었으나 그동안 소외되었던 문제들이다. 또 인구문제 연구 등에서 장원법정기록의 분석을 둘러싼 복잡하고 많은 논쟁을 통하여 법률적인 문제들은 더 진지하게 검토하도록 자극하고 있다. Zvi Razi와 Richard Smith가 편집한 논문집에서 Harold Fox는 중세 공동체에서 노동의 형태와 이용에 대해 연구하였는데, 이 분야 대한 선구적인 연구논문이다. Phillip Schofield는 중

---

28) Zvi Razi, *Life, Marriage and Death in a Medieval Parish: Economy, Society and Demography in Halesowen 1270-1400* (Cambridge U. P. 1979); B.F. Harvey, *Westminster Abbey and its Estates in the Middle Ages* (Oxford, 1977); C. Dyer, *Lords and Peasants in a Changing Society*; C. Howell, *Land, Family and Inheritance in Transition: Kibworth Harcourt, 1280-1700* (Cambridge University Press, 1983).

29) P.D.A. Harvey, ed. *The Peasant Land Market in Medieval England*; Richard M. Smith, *Land, Kinship and Life-Cycle*.

세 공동체에서 십호조점검의 작동에 대한 자세한 묘사와 조직적 분석을 제시한다. Ralph Evans와 Peter Franklin은 법정문서를 통하여 영주권의 성격, 영지경영, 영주권에 대한 농민의 반항을 연구한 예를 제시하고 있다.[30)]

Zvi Razi의 혁신적인 인구사적 연구 이후에 Rodney Hilton에 의해서 Zvi Razi식의 인구분석을 위한 법정문서 시리즈에 대한 조사가 Social Science Research Council (현 Economic and Social Research Council)의 지원으로 이루어졌다.[31)] 그런데 그 결과는 Razi식의 연구가 가능한 완전한 시리즈가 거의 없는 것으로 밝혀졌다. 그렇지만 다수의 자료가 농민들의 사회적 행위를 밝혀줄 사료로서 결정적으로 중요하다는 점은 분명하다. 이는 영국 중세사회에 대한 여러 주제들에 대한 연구에 더욱 흥미와 관심을 기울이게 할 것이다. 실제로 이 같은 추세는 적어도 1990년대 이후 더욱 명확해지고 있다.

---

30) Zvi Razi and Richard Smith, eds., *Medieval Society and The Manor Court.*

31) Judith Cripps, Rodney Hilton, and Janet Williamson, "A Survey of Medieval Manorial Court Rolls in England", in Zvi Razi and Richard Smith, ed. *Medieval Society and The Manor Court* (Oxford, 1996).

5장 Methley 장원법정

Methley 장원은 잉글랜드의 북부지역인 요크셔에 위치한 장원으로, 노르만 정복시에 Ilbert de Lacy의 소유로 되었다가 13세기말에 de Methley家에 양도되었다. 그 후 1350~1400년 사이에 Waterton家에 양도되었고, 1488년에는 Dymoke家로, 1590년에는 Savile家로 주인이 바뀌었다. 주민의 수는 1352~53년의 경우 1 bovate(약 15에이커 정도)의 토지를 보유한 관습지보유농이 53가구였으며, 1379년 인두세 납부인은 66인, 1524년 보조세 납부인은 24인으로 기록되어 있다. 장원법정기록은 1331년부터 1590년까지 수집되어 발간되었다.[1)]

1. 장원민사법정

(1) 토지거래

15세기 Methley 장원의 장원법정문서는 장원민사법정과 장원

---

1) "Appendix to Methley Manor Rolls", in *The History of Methley*, ed., H. S. Darbyshire and G. D. Lumb (Leed, 1937), pp. 131~243 (이하 *Methley Court Rolls*로 표기).

형사법정을 통하여 장원주민들이 어떻게 통제되었는가를 잘 보여주는 하나의 좋은 사례이다. 이미 살펴본 바와 같이 장원민사법정은 토지보유권과 관련된 내용들이 처리되는 법정으로, 이 법정에서 시행되는 법은 외부에서 부여된 것이 아니라 Methley 장원 자체에 의해서 형성된 것이다. 장원민사법정에서는 관습에 따라 장원 주민들의 삶의 근거가 되는 토지보유권을 심리하여 그들의 삶에 지대한 영향을 미쳤다. 토지보유자가 사망하면 '반납과 승인'의 원칙에 의하여 사망세와 토지보유세가 납부되어야 했다. 매매 등으로 양도되는 경우에도 마찬가지였다.

Methley 장원의 경우 허가 없이 토지를 거래하여 벌금이 부과된 경우가 14세기 중엽부터 16세기말까지 다수 존재하는데, 특히 흑사병 후인 1370년대와 1380년대, 그리고 1570년대 이후가 더 심하였다. 장원법정은 그 같은 불법거래에 대하여 강력한 규제의지를 되풀이하여 표명하고 있다. 예컨대 불법거래가 심하던 1374년 4월 20일 장원법정은 불법토지거래자에 대한 다음과 같은 규제절차가 장원의 관습임을 천명하고 있다. 불법거래자는 장원관리인에 의하여 장원법정에 소환되는데, 만약 그가 '첫 번째 법정에 출두하지 않으면 토지가 영주에 압류되고(seized), 두 번째 법정에 출두하지 않으면 몰수되며(distrained), 세 번째 법정에도 출두하지 않으면 그가 잉글랜드 내에 있고 감옥에 투옥되지 않은 상태라면 토지에 대한 권리가 영구히 박탈된다'.[2)]

(2) 장원 밖 거주

장원관습은 토지보유와 관련된 다른 관습적 의무도 강요하였

2) *Methley Court Rolls*, p. 151.

다. 예컨대 장원 영역의 외부에 거주하는 경우나 딸의 결혼 등은 사전에 법정의 허락을 받아야 했다. Methley 장원의 경우 1391년 3월 27일 법정은 1 bovate의 보유자인 예농 John Cause와 그의 처 Agnes가 장원 밖에 거주하여 그의 토지가 몰수되고, John de Shirbone이 토지보유세 5s.을 지불하고 새로운 토지보유자가 되었음을 기록하고 있다.[3] 1413년 10월 13일의 법정은 노동자 John Bingley가 노동을 거부하고 영주권 밖으로 나가 기소하였고, 1465년 7월 4일 법정은 Richard Norman과 예농의 딸인 Ellen Preist가 허가 없이 영주권 밖에서 오래 체류하여 기소하고 있다. 특히 1522년 11월 5일의 법정은 William Collet에게 앞으로 영주권 내로 돌아오지 않으면 소환시마다 6s. 8d.의 벌금을 물리겠다고 선언하고 있다.[4] 결혼의 경우도 마찬가지였다. 1421년 4월 28일 법정은 예농인 Thomas Norman의 딸 Margaret이 Richard Wilson과 결혼하기 위하여 사전에 결혼세를 납부하지 않아 벌금을 물리고 있다.[5]

(3) 자치규약

장원에 거주하는 자유농민 역시 민사법정의 통제를 받았다. 이들이 관습지를 보유한 예농들과 동일하게 통제되지는 않았으나, 법정에 출석할 의무가 있었으며 토지사용에 대한 광범위한 사항들에서 통제를 받았다. 특히 방목지, 목초지 및 추수 후의 경작지에 대한 공동 사용권, 공동지에 대한 방목 가축의 수, 이

3) *Methley Court Rolls*, p. 160.

4) *Methley Court Rolls*, pp. 171, 173, 182.

5) *Methley Court Rolls*, p. 196.

삭줍기, 파종지의 침해 등에 대하여는 관습농민들과 동일한 규제를 받았다. 그 같은 사항들에 대하여 장원의 거주민들은 합의된 관습을 기록하여 공식화하기도 했다.[6] 장원의 관습은 장원 주민들의 합의에 의하여 새로이 제정되기도 했는데, 이것이 장원의 자치규약이었다. 장원의 자치규약은 영주에 의해서보다는 공동체의 구성원들에 의해서 제정된 것으로, 초기의 것으로는 1250년경까지 거슬러 오른다.[7]

Methley 장원의 경우 자치규약에 대한 언급은 1379년 5월 29일의 장원법정문서에 처음 등장한다. 당시의 법정은 "주민들이 공동경작지 주변에 울타리를 만드는 사항에 대한 자치규약의 준수를 서약하였다"고 기록하고 있다.[8] 1472년 11월 15일의 장원법정은 "모든 소작인들이 주민들의 합의에 의하여 만들어진 (원문공백) 에 복종하여야한다"고 기록되어 있으며, 장원의 자치규약 관리인 6인이 선출되어 선서하고 있다.[9] 그 후 1519년 7월 13일의 장원법정문서는 "4인의 자치규약 관리인의 권위와 그들에 의해 만들어진 자치규약이 준수되어야 한다"라고 기록되어 있으며, 1535년 8월 6일 법정과 1537년 4월 3일 법정은 각각 소작인들에게 주민들의 합의(men's plebiscite)에 의하여 제정

---

6) Archbishop of Canterbury 영지 같은 일부 장원에서는 관습집(custumals)에 그같은 사항들을 기록하고 있으나 *(Custumals of the Sussex manors of the Archbishop of Canterbury)*, 일반적으로 장원법정문서의 내용 속에 산재되어 있다.

7) W.O. Ault, "Some Early Village By-Laws", *English Historical Review*, Vol. XVIII(1930), pp. 208-231.

8) *Methley Court Rolls*, p. 155.

9) *Methley Court Rolls*, pp. 284, 196.

된 장원 자치규약의 준수를 명하고 있다.[10)]

(4) 장원관리

장원의 관습과 규율은 장원관리들에 의하여 강제되고 통제되었다. 장원의 관리는 영주에 의하여 지명되거나 또는 선발되는 경우 모두 장원법정에서 이루어졌다. Methley 장원의 경우 장원의 관리직은 매년 장원법정에서 선출되었다. 예컨대 1362년의 장원법정에서는 William Pran이, 1366년에는 John del More가, 1368년에는 Henry Preist가, 그리고 1506년 11월 27일에는 Robert Carlton이 장원관리인으로 선출되었음을 기록하고 있다.[11)]

그런데 14세기 중엽 이후 장원관리인 등 장원의 관리직이 적어도 일부 부유한 농민들에게는 매력이 없는 직책이었던 것으로 보인다. 흑사병 이후 부역이 폐지되거나 금납화되고, 추가로 많은 토지를 경작하여 부농으로 성장할 수 있는 사회경제적 환경 속에서 농민대표직의 수행이 부유한 농민들에게는 득보다는 의무가 많은 큰 부담이었을 것이기 때문이다. 실제로 Methley 장원의 경우 14세기 후반과 16세기 후반에 장원의 농민대표직을 거부하여 벌금을 물고 있다. 예컨대 1366년 Adam Broun은 피선된 장원관리인직을 면하기 위하여 3s. 4d.의 벌금을 물고 있으며, 1368년 William Pran은 6s. 8d.의 벌금을 물고 있다. 또 1550년 1월 4일의 법정은 장원관리인 Robert Nalson에게 "관리직책의 임기 동안에 법정에서 복무하라"는 명령을 내리고, 불이

---

10) *Methley Court Rolls*, pp. 202-203.

11) *Methley Court Rolls*, pp. 138, 142, 144, 192.

행시 20s.의 벌금 부과를 명하고 있다.[12] 당시 Methley 장원의 장원관리인에 선출된 사람들 가운데 일부가 그 직책의 수행을 거부했다는 증거는 1560년 2월 29일의 법정에서도 드러나고 있다. 당시의 법정은 '농민대표를 성 미가엘 축일에 선출하고 그 직을 다음 법정부터 수행한다는 사항이 합의되었다'고 기술하고 있는데,[13] 이는 당시 장원관리인으로 선출된 농민이 그 직책의 수행을 거부했던 사실을 나타내는 것으로 보인다.

장원의 관리직은 중세 이래 장원 내에서 부유한 농민들의 몫이었다. 13~14세기 옥스퍼드셔의 Cuxham 장원촌락의 경우 장원관리인은 부농인 1 bovte의 토지보유자였다.[14] 15세기 중엽 Battle 수도원령의 배심원단을 비롯한 관리들 역시 부유한 주민들이었다.[15] Methley 장원의 경우도 예외가 아니었다. 특히 농민대표직인 장원관리인은 재산자격이 엄격히 규정되어 있었다. 1400년 6월 17일의 법정은 Methley 장원의 장원관리인 자격을 1 oxgang 이상의 토지보유자로 규정하고 있다.[16] 장원관리인은 영지관리인(bailiff)의 명에 의하여 영주와 장원농민 사이에서 주로 토지경작과 관련된 업무를 수행하였다. 대신 이들은 부역과 지대를 면제받았다.[17] 장원관리인, 배심원, 경관, 교구위원,

---

12) *Methley Court Rolls*, pp. 142, 144, 210.

13) *Methley Court Rolls*, p. 214.

14) P.D.A. Harvey, *A Medieval Oxfordshire Village*, pp. 62-73. 장원관리직에 피선될 수 있는 자격에 대하여는 다음 글을 참고할 것. G.C. Homans, "The Rural Sociology of Medieval England", *Past and Present*, no. 4 (1953), pp.38-9; Zvi Razi, "Family, Land and Village Community in Later Medieval England", *Past and Present*, no. 93 (1981), pp. 14-5.

15) E. Searle, *Lordship and Community*, p. 433.

16) *Methley Court Rolls*, p. 164.

빈민감독관 등 장원의 관리들이 부유한 농민들로 구성되어 공동체의 빈민을 감시하고 통제했던 현상은 16~17세기에는 더욱 두드러진 특징으로 나타나고 있다.[18]

2. 장원형사법정

(1) 업무

장원형사법정은 앞에서 살펴본 바와 같이 주로 'the view of frankpledge'로 불리었다. Methley 장원의 경우는 'Leet or View of Frakplede'로 표기되어 있다.[19] 이 법정은 대체로 년 2회 Easter와 Michaelmas에 개최되어 장원촌락인들의 십인조그룹의 성원에 대한 사항을 점검하고, 촌락공동체의 규약 위반에 대한 사건을 포함하여 형사처벌 사건들을 다루었다. 그리고 십인조장이나 십일세 징수인, 에일주 감식인, 경관 등의 관리를 선출했다.[20] Methley 장원의 경우 1590년 4월 27일에 개정된 장원법정에서 에일주 감식인을 비롯하여 민사업무를 처리하는 여러 장원관리의 선출 내용을 잘 보여주고 있다. 당시 법정은 2인의 에일주 감식인(ale tasters), 4인의 수로감독인(supervisors of ditches),

---

17) 장원의 영주 대리인인 bailiff의 경우는 대체로 장원 외부의 자유인 출신으로, Methley 장원의 경우에는 1499년에 연 20s.을 받았다. 그에 비하여 장원영주의 집사로 장원재판을 주재하던 steward는 연 30s. 4d.를 받았다. *Methley Court Rolls*, p. 191.

18) N. Heard, T*udor Economy and Society* (London, 1992), p.119; J.A. Sharpe, *Early Modern England*, p. 92.

19) *Methley Court Rolls*, p. 239.

20) *Searle, Lordship and Community*, pp. 407-17.

2인의 벌금산정인(affeerers), 4인의 공동지감독인(supervisor of commons), 2인의 가축감독인(pindars)을 선발하고 있다.[21]

장원형사법정은 장원공동체 내의 여러 범법행위를 규제하고 심판하여 주민들을 통제하였다. 장원의 민사법정과 형사법정은 이론상으로는 분명히 구분할 수 있으나, 15세기에 들어서 실제로 법정이 열리는 장원공동체에서는 양자의 구분이 불분명하였다. 장원형사법정이 별도로 열리지 않고 민사법정에 수반되었기 때문인데, 실제로 Methley 장원에서처럼 소송사건의 심리내용들이 양자의 구분 없이 기록되고 있다. 장원민사법정이 더 자주 개정되기는 했으나, 15세기에 이르면 장원민사법정도 13세기~14세기처럼 매 3주마다 개정되지는 않았다.

(2) 고발과 내용

장원형사법정에서 처리되는 작은 범죄들은 장원의 부유한 농민들로 구성되는 배심원단과 장원관리들에 의해 고발되었다. 배심원들은 고발된 위반에 대한 교정과 개인들 사이의 분쟁 조정을 포함하여 피고발인의 유·무죄를 결정하였다. 유죄의 경우 법정에서 벌금형이 부과되었다. 장원형사법정에 기소되는 위반들은 주로 공동체 스스로가 규제하는 자치규약 사항들이었다. 도랑치기 소홀, 울타리보수 소홀, 도로보수 소홀, 가축단속 소홀, 거름더미 방치 등이 그런 것들이었다.[22] 그런가 하면 그보다는 더 분명히 범죄적인 사건들도 있었다. 몰래 나무 베기나 훔치기, 몰래 이삭줍기 등의 작은 절도나 좀도둑질이 그것이었

---

21) *Methley Court Rolls*, p. 227.

22) M.K. McIntosh, *Autonomy and Community*, pp. 251-52.

고, 주조위반, 욕설이나 폭행 등도 있었다. 특히 사회질서와 치안을 위협하는 폭력과 유혈을 동반하는 싸움과 폭행, 규정을 위반한 술의 제조와 판매, 불법놀이, 외부인의 무단 숙박 등이 규제대상이었다. 이들 공동체의 질서와 치안을 해치는 위반행위에 대하여 장원의 경관과 에일주 감식인 등은 항시 감시활동을 했고 위반자는 장원형사법정에 고발하여 벌금을 물렸다. 또 16세기 이후에는 간혹 중앙정부에서 규제하는 위반사항의 기소도 포함되어 있었는데, 대표적인 것이 정주법을 위반한 부랑자에 대한 고발이었다.23)

(3) 새로운 문제들

그런데 당시 부농 출신의 배심원단이나 장원관리들에 의한 고발은 공동체의 규율과 사회질서 유지라는 지배계층의 이념이 반영된 것이었다.24) 농촌공동체 내에서 부농층에 의한 빈민층의 감시와 통제는 15-16세기에 이미 잘 알려진 현상이었다. 남동부에 위치한 Havering 장원의 경우 15세기 후엽에 외부인의 불법체류, 불법놀이, 음주, 성적 비행 등과 같은 '새로운 문제들'에 봉착하였다. 이 같은 문제들에 대처하기 위해 Havering 공동체의 지도자들은 특히 하층민과 외부인의 행위와 놀이문화, 그리고 도덕성을 감시하고 통제하였다.25)

---

23) J.A. Sharpe, *Crime in Early Modern England 1550-1750*, p. 26.

24) K. Wrightson and D. Levin, *Poverty and Piety in an English Village: Terling, 1525-1700* (London, 1979), ch. 7; J.S. Cockburn, ed., *Crime in England 1500-1800* (London, 1977), pp. 53, 90-109; Sharpe, *Early Modern England*, pp. 93-103.

25) McIntosh, *Autonomy and Community*, pp. 255-61.

요크셔에 위치한 Methle 장원 역시 이 같은 '새로운 문제들'에 직면하고 있었다. 15세기 후엽의 '새로운 문제들'은 잉글랜드 동남부 지역 일부에만 국한된 현상이 아니었던 것이다.[26)]당시 Methley 장원촌락에도 하층민들의 음주와 불법놀이, 외부인의 불법체류, 장원관리에 대한 반항, 절도, 심지어는 성적 비행 등의 사건들이 발생했고, 이를 당시의 부농들은 공동체의 규율과 질서유지의 차원으로 대응하였다.

(4) 불법체류자 통제

Methley 장원의 관리들이 외부인의 불법체류에 대하여 민감하게 반응하며 강력히 규제하려 했던 것은 특히 지리적 유동성이 활발해진 15세기 후반부터였다. Methley 장원의 기록에서 외부인의 불법체류에 대한 기록은 1386년 7월 27일의 법정기록에서 처음 나타난다. 당시 배심원들은 John Pram과 John Branbie가 장원의 관습보다 오래 머물며 떠나지 않아 이들을 장원법정에 고발하여 각각 4d.의 벌금을 물리고 있다.[27)]당시에 장원관습은 명시되어 있지는 않았으나, "어떤 부랑자도 2일 이상 머물게 해서는 안 된다"라는 1507년 1월 20일의 장원법정기록으로 보아,[28)]외부인은 Methley 장원에 2일 이상 머물 수 없었던 것으로 보인다.

---

26) McIntosh는 이 같은 15세기 후반의 현상이 잉글랜드 동남부 일부에 국한된 현상이었다고 주장한다. M.K. McIntosh, "Local Change and Community Control in England, 1465-1500", *The Huntington Library Quarterly*, vol. 49 (1986), pp. 219-42.

27) *Methley Court Rolls*, p. 159.

28) *Methley Court Rolls*, p. 192.

이 후 Methley 장원의 불법체류자에 대한 기록은 15세기 60년대까지 나타나지 않는다. 그에 비하여 15세기 70년대부터는 불법체류자에 대한 추방과 처벌, 그리고 불법체류 금지명령이 계속되고 있다. Methley 장원법정은 1472년, 1486년, 1490년, 1491년, 1496년, 1507년, 1508년, 1524년 등 계속해서 외부인의 불법체류를 금하는 명령을 내리고 있다. 특히 1486년 7월에 개정된 법정은 "주민 누구든지 어떤 외부인도 받아들여서는 안 된다"라고 명하고 있으며, 위반시 20파운드의 벌금부과를 명시하고 있다.[29] 또 1491년 10월의 법정은 자치규약에 의하여 "마을 사람 누구도 허가 없이 외부인을 받아들여서는 안 되며, 위반시 장원의 관습에 의거 토지를 몰수할 것"을 밝히고 있다.[30]

16세기 후반 이후 거듭되는 외부인의 불법체류 금지명령은 당시에 외부인의 불법체류가 빈번했다는 것을 반증하고 있다. 그런데 위반시 20파운드의 벌금이나 토지몰수 같은 처벌을 하겠다는 법정명령은 사후의 제재보다는 빈번해지는 불법체류를 예방하는데 더 큰 목적이 있었던 것으로 보인다. 그것은 위반자에 대한 처벌이 법정명령처럼 20파운드나 토지몰수가 아니었다는 점에서도 확인할 수 있다. 외부인을 불법으로 체류시켜 부과된 벌금은 실제로는 1472년의 경우는 12d., 1507년과 1524년의 경우는 6s. 8d.였다.[31]

---

29) *Methley Court Rolls*, p. 187.

30) *Methley Court Rolls*, p. 188.

31) *Methley Court Rolls*, pp. 184, 192, 197.

(5) 음주와 비행

불법체류자는 대부분 부랑자나 노동자, 또는 범죄도피자나 불법 게임을 하는 자로 의심이 되는 자들이었다. 따라서 공동체의 지도자들에게 이들은 공동체의 질서유지를 위한 감시 대상자들이었다. 실제로 이들 불법체류자는 Battle 수도원의 예에서 보듯 종종 폭력과 범죄를 일으켰다.[32] 이들 불법체류자들이 폭력적인 싸움보다 더 큰 문제가 되었던 것은 불법적인 음주와 불법놀이, 그리고 성적 비행이었다.

Methley 장원의 경우 불법주조에 대한 기록은 14세기부터 16세기동안 다수 존재하고 있다. 이들 기록은 주로 규정된 술의 제조와 판매 위반으로 고발된 것이다. 그런데 불법음주와 음주시간 규제에 대한 내용은 15세기부터 기록되고 있다. 이에 대한 최초의 기록은 1412년 4월 19일의 법정으로, 당시 법정은 차지인들이 축일이 아닌 경우 1주일에 1번 이상 술집을 출입하는 경우 4d.의 벌금에 처하고, 밤 11시 넘어서 출입하는 경우 역시 4d.의 벌금에 처하겠다고 공포하고 있다. 실제로 같은 해 11월 28일 Robert Gige가 법정명령을 어기며 술집을 출입하여 4d.의 벌금을 선고받았다.[33]

그런데 20여년이 지난 1435년에는 술 판매 시간을 더욱 엄격히 규제하고 있다. 당시 법정은 술의 판매 시간을 오전 7시부터 밤 11시까지로 규정하고, 이를 위반하는 술집주인에게는 6s. 8d.

---

32) Havering 장원의 경우 1450~55년에는 폭행 사건의 9%만이 외부인에 의하여 촉발된 것이었으나, 1464~69년 사이에는 34%로 증가하였다. McIntosh, *Autonomy and Community*, pp. 252-53.

33) *Methley Court Rolls*, p. 170.

의 벌금을 물리겠다고 공포하고 있다.[34] 그럼에도 15세기 후반에는 법정명령을 어기고 불법적인 시간에 음주를 한 위반자들이 많았던 것으로 보인다. 그 같은 사실은 1465년 7월 4일에 개정된 법정의 기록이 말해주고 있는데, 당시 배심원들이 수시로 불법시간에 음주한 위반자들을 고발하지 않아서 각각 4d.씩의 벌금을 물고 있기 때문이다.[35]

당시의 촌락공동체인들은 빈민층의 휴식시간 행위에 대해서 걱정했고, 돈 내기로 이어지는 게임을 하거나 밤에 돌아다니는 노동자들에 눈살을 찌푸렸다. 또 알지 못하는 외부인에게 숙식을 제공하는 사람들을 싫어했다. 술집과 여관이 특히 질서를 위협하는 것으로 인식되었다. 그곳이 가난한 불법체류자들의 집합처였고, 음주장소였으며, 또 불법놀이 장소였다. 더구나 술집과 여관은 종종 의심스런 행동을 하는 남자에 의해서 경영되었고, 성적비행을 저지르는 것으로 의심되는 여자하인들을 고용하였다. 거기가 공동체에서 일어나는 하층민과 불법체류자의 위법적이고 난잡한 행동의 중심지였다.[36]

(6) 규율 강화

당시 이 같은 새로운 문제에 대처해야 하던 장원형사법정은 법정의 권위를 강화했다. 장원의 규율을 다시 확인하거나 다시 규정하여 공포하고 이를 근거로 위반자들을 고발하고 처벌하였다. 이 같은 명령들은 진술의 형태로 기록되어 있는데, 그것은

34) *Methley Court Rolls*, p. 175.

35) *Methley Court Rolls*, p. 182.

36) McIntosh, "Local Change and Community Control in England", p. 230.

위반자에게 벌금 등의 형벌을 부가하면서 특정 행위를 금하였다. 예컨대 1476년 10월 26일의 Methley 법정은 "누구도 불법놀이를 하지 마라"고 명하며, 위반시 3s. 4d.의 벌금에 처하겠다고 공포하고 있다. 1502년 11월 3일의 법정은 주조자에게 "어떤 불법 게임을 하거나 불법 놀이자도 숙박시키지 마라"고 명하며, 위반시 3s. 4d.의 벌금에 처하겠다고 공포하고 있다.37) 이 같은 자치규율은 과거에도 사용되었지만 15세기 후반에 들어 두드러지게 나타나고 있다.38)

자치규율은 특정한 법률이 없는 지역의 문제들을 다루는데 이상적이었다. 전통적인 중세의 처벌인 몇 d.의 벌금은 가난한 주민들과 일시 체류자인 외부인들에게는 대단히 무거운 벌금이었다. 또 많은 지역에서 형사법정은 차꼬나 칼(pillory)을 사용하게 되었는데, 이는 대중의 조소와 더불어 신체적 구금이 병행되는 것이었다.39) 호송차(tumbrels)나 형벌의자(cucking stools)도 더 빈번히 사용되었는데, 일반적으로 악담으로 고발된 여자들에게 사용되었다. 가장 추악한 위반자인 성적 비행자들에 대해서는 공동체에서 축출하였다.40)

(7) 불법놀이

Methley 장원법정은 불법놀이에 단호히 대처하였다. 불법놀

---

37) *Methley Court Rolls*, pp. 185, 191.

38) Searle, *Lordship and Community*, pp. 415-17; Dyer, *Lords and Peasants*, pp. 358-59; McIntosh, *Autonomy and Community*, ch. 6.

39) Searle, *Lordship and Community*, pp. 409-14; McIntosh, *Autonomy and Community*, ch. 6.

40) Dyer, *Lords and Peasants*, p. 359.

이로 규정된 공놀이, 구주희 놀이, 카드게임과 주사위놀이 등에 대한 금지법은 1365년 에드워드 3세와 1388년 리처드 2세에 의하여 공포되었고, 1409년 헨리 4세에 의하여 다시 확인되었다.[41] Methley 장원의 경우 이들 놀이에 대한 금지명령이 14세기 동안에는 1372년과 1375년 단 두 차례만 언급되고 있다. 그 가운데 최초로 언급된 1372년의 경우 불법놀이꾼의 숙박이나 불법놀이에 참여하는 경우 모두 3s. 4d.의 벌금에 처하겠다고 공포하고 있다.[42]

불법게임과 불법놀이에 대한 규제 역시 15세기 중엽 이후 급증하였는데, 15세기 이후 16세기 중반까지 모두 10 차례 기록되어 있다. 그 가운데 특히 술집과 연관된 경우가 3 차례나 언급되고 있는데, 1502년과 1519년, 그리고 1559년의 기록이다. 이들 기록 가운데 1519년 7월 13일에 개정된 법정기록은 불법 놀이꾼의 벌금 3s. 4d.에 비해 술집주인은 6s. 8d.로 두 배의 벌금에 처할 것을 밝히고 있다.[43]

남동부 지역의 다른 장원에서의 연구에 의하면 이들 불법게임을 하는 자는 15세기 중엽부터 하인과 노동자로 기록되기 시작하였다.[44] 또 이 시기 술집과 여관에서의 비행에 대한 불평도 급격히 증가했고, 어느 경우에는 개혁을 하지 않은 여관주인을 추방하여 처벌하고 있다.[45]

---

41) 불법놀이에 대한 일련의 금지법에 대한 사항은 다음을 참고할 것. *Methley Court Rolls*, p. 149 주 5.

42) *Methley Court Rolls*, pp. 149, 152.

43) *Methley Court Rolls*, pp. 191, 196, 213.

44) J.A. Raftis, *A Small Town in Late Medieval England* (Toronto, 1982), p. 440; Dyer, *Lords and Peasants*, pp. 358-59.

(8) 성적 일탈

이 시기 공동체의 지도자들에 의한 빈자들의 통제 가운데 가장 특징적인 것은 하층민들의 성적 행위가 장원법정에 의해 감시되고 통제되었다는 것이다. Methley 장원의 경우 15세기 중엽 이전에는 이에 대한 기록이 나타나지 않는다. 성적 부정행위에 대한 기록은 1459년 5월 25일의 법정기록에서 최초로 나타나는데, 당시 법정은 "누구도 간통이나 방탕으로 명예가 더럽혀진 여자를 집에 들이거나 또는 토지를 지대를 받고 임대해서는 안 된다"라고 명하고 있으며, 위반시 6s. 8d.의 벌금에 처할 것을 공포하고 있다. 1462년 5월 31일의 법정에서는 이를 어긴 Richard Grene이 6s. 8d.의 벌금을 선고받았다.46) 그 후 1465년 7월 4일의 법정은 배심원들이 "결혼하지 않고 임신한" Alice Williamson과 그 밖의 "평판이 나쁜 여자들"을 고발하지 않아 각각 3d.의 벌금을 물고 있다.47) 이는 실제의 성적 비행사건이 법정기록에 나타난 것보다도 더 많았다는 것을 시사하는 것으로 볼 수 있다. 실제로 1502년 2월 8일의 법정에서는 사통한 네 쌍의 남녀가 고발되어 그 가운데 4명이 추방명령을 받고 있어, 당시의 성적 비행사건이 상당히 많았다는 것을 말해주고 있다.48)

남동부 지방의 다른 장원에서의 연구 역시 Methley에서의 현황과 비슷하다. 연구결과들은 1460년대 이전에는 성적 위반이 드물게 언급되었던 반면에 15세기 후엽에는 첨예한 관심사가

45) McIntosh, *Autonomy and Community*, ch. 6; Searle, *Lordship and Community*, p. 409.

46) *Methley Court Rolls*, pp. 180-81.

47) *Methley Court Rolls*, p. 182.

48) *Methley Court Rolls*, p. 191.

되었음을 보여주고 있다. 여자와 이따금 남자들이 "나쁜 평판과 의심을 받는 자"로 고발되었고, 또는 "몸뚱이를 함부로 놀리는 자"로 고발되었다.[49] 이들은 일부는 매춘부, 뚜쟁이, 포주이며, 나머지는 단순히 사적인 간음이나 간통과 관련이 있었다.[50]

(9) 규율과 질서

공동체에서의 질서와 도덕적으로 올바른 행위를 강요하는 장원형사법정의 역할은 매우 흥미롭다. 빈민들의 사생활에 대한 이 같은 공개적인 감시와 통제는 공동체에 자리 잡은 사람들과 외부인 사이의 분리와 더불어 부자와 빈자 사이의 커져 가는 괴리에서 결과된 것이다. 계층분화는 무엇보다도 경제적인 분화의 결과일 것이나, 교육과 지역 권력에의 접근 기회에 의해서도 뒷받침되었을 것이다. 배심원들은 공동체에 견고하게 자리 잡은 부유한 사람들보다는 무능한 빈민들과 외부인들에 의한 불법과 비행을 더 쉽게 고발했을 것으로 보인다. 이들의 고발은 공동체 지도자들의 규율과 질서에 대한 생각을 반영하고 있으며, 또 McIntosh의 말대로 "범죄를 향한 것만큼이나 개인을 향하고 있었다."[51]

이 시기 배심원들이 보여주는 청교주의적 반응 역시 흥미롭다. 15세기 후반에 장원형사법정에서 처리된 일부 범죄는 전통적으로 교회에 의해서 규제되었던 사건들이었다. 그렇지만 당시의 지역 공동체 지도자들의 관심은 종교적인 도덕성 그 자체

49) Searle, *Lordship and Community*, pp. 409-15.

50) McIntosh, "Local Change and Community Control in England", p. 232.

51) McIntosh, "Local Change and Community Control in England", p. 233.

가 아니라 공동체의 규율과 질서였던 것으로 보인다. 이 같은 설명은 왜 15세기후반에 보였던 긴장이 16세기 전반에 곧 좀 더 완화된 태도로 바뀌었는가를 설명한다. 매킨토시에 의하면 불법게임과 성적 비행에 대한 고발이 대부분의 법정에서 15세기 후엽 그들이 처음 나타난 후 1세대 정도 지나면 사라지고 있다.[52] 그 같은 이유는 새롭고 위협적인 것으로 보이는 문제들에 대한 공동체 지도자들의 안심 때문으로 설명되고 있다. 공동체의 지도자들이 '새로운 위협'으로 생각하던 하층민들의 행위에 익숙해지자 그들의 행위에 대한 공포적인 의구심이 약화되었으며, 또 공동체의 지도자들이 그들의 생활방식을 유지할 수 있다고 깨닫게 되자 하층민들의 불법적인 게임이나 성적 부정에 대해 관대해졌다는 것이다.[53]

Methley 장원촌락의 경우에도 비슷한 추세를 보이고 있다. 여기서 우리는 16세기말~17세기초에 다시 강화되는 공동체 내의 빈민에 대한 감시와 통제현상을 동일한 맥락에서 설명할 수 있을 것이다. 당시 급격히 진행되던 인구증가와 빈부의 양극화, 그리고 질서와 안정을 추구하는 국가 이념의 전파 등에 따라 젠틀맨과 요먼, 그리고 소수의 부유한 농부들로 구성된 촌락공동체의 지도자들이 빈민과 부랑자들을 법과 질서의 차원에서 감시하고 통제했던 것으로 보인다.[54]

---

52) McIntosh, "Local Change and Community Control in England", p. 233.

53) McIntosh, *Autonomy and Community*, pp. 260-61.

54) L.R. Poos, *A Rural Society after the Black Death: Essex 1350-1525* (Cambridge, 1991); 16~17세기 장원형사법정, 분기재판과 순회재판을 통하여 하층민을 통제했던 구체적인 내용은 다음 글을 참고할 것. 김호연, <근대초 영국 촌락사회의 갈등과 통제>, [울산사학] 제 8집 (1999), pp. 63-99.

6장 Acomb 장원의 통제

Acomb 장원은 현재의 요크시 경계부근에 위치했으며, 16세기 당시에는 Acomb와 Holgate 두 마을을 포함하고 있었다. 둠스데이북 작성 당시에 요크 대주교령에 속하는 영지로 직영지가 14와 1/2 carucates, 8 ploughs로 기록되어 있다. 1228년 대주교 Walter Gray가 이 영지를 York Minster에 양도하여 1547년까지 York Minster가 보유하였다. 1547년에서 1623년 사이에는 왕에게 귀속되었다가 다시 요크 대주교령이 되었다. 1855년에 Mr. Francis Barlow가 구입하였으나 1925년에 영주권이 절멸되었다. Acomb 장원은 1774년 의회법에 의하여 인클로즈되었다.

1544년부터 1846년까지 존재하는 Acomb 장원법정문서는 Yorkshire Archaeological Society에 의하여 1969년과 1978년에 2권으로 출간되었다. (*Court Rolls of the Manor of Acomb, 2 vols*, ed. Harold Richardson)

1. 고발 현황

(1) 유형

Acomb 장원법정에서 다루어진 사건들은 형사적인 위반사항들이 대부분이다. 즉, 개인 사이의 싸움, 상해 사건, 그리고 개인의 재산침해 등 개인 사이의 분쟁과 장원관리에 대한 명령불복종, 관리의 의무태만, 담치기소홀, 수로 및 도로청소소홀 등 개인이나 관리의 의무태만 등이다. 또 욕설, 불법적인 술판매, 부랑자숙식, 불법놀이, 불법사냥, 공동우리 침입, 공동지의 가축수 규제위반, 불법벌목, 불법 연료 및 사료채취, 공동권침해, 돼지관리소홀 등 지역민들이 지켜야하는 규정에 대한 위반을 주요 사건으로 다루고 있다.

1550년에서 1659년까지 120년 동안[1] Acomb 장원법정에 고발된 사건들을 분류해보면 77번 열렸던 법정에 611건이 고발되었다. 이들은 개인분쟁, 의무태만, 규정위반의 세 부류로 분류해보면, 싸움, 상해, 개인의 재산침해 같은 개인 분쟁이 151건으로 전체의 약 4분의 1인 24.7%를 차지하고 있다. 그에 비해 명령불복이나 관리의 의무 태만, 담치기 소홀 등 의무태만은 95건으로 15.6%를 점하고 있다. 반면에 불법 술판매, 부랑자 숙식, 불법놀이, 욕설 등 공동체의 규정위반이 365건으로 전체 고발 건수의 59.7%를 차지하여 매우 큰 비중을 차지하고 있다. 이들을 분석한 결과는 <표 6-1>과 같이 정리된다.

---

1) *Acomb Court Rolls* 의 p. 146의 1624년 8월 27일 법정기록과 p. 147의 1650년 4월 18일 법정기록 사이의 법정문서는 존재하지 않는다.

〈표 6-1〉 1550-1659년 Acomb 장원의 고발 현황

연대 \ 내용	개인 분쟁	의무 태만	규정 위반	합계	(%)	법정수	평균
1550년대	30	5	20	55	(9.0%)	10	5.5
1560년대	6	4	10	20	(3.3%)	6	3.3
1570년대	26	8	45	79	(12.9%)	16	4.9
1580년대	10	5	37	52	(8.5%)	9	5.8
1590년대	12	1	41	54	(8.8%)	7	7.7
1600년대	9	3	50	62	(10.1%)	6	10.3
1610년대	10	15	36	61	(10.0%)	4	15.3
1620년대	38	41	106	185	(30.3%)	10	18.5
1650년대	2	6	7	15	(2.5%)	4	3.8
1660년대	8	7	13	28	(4.6%)	5	5.6
합계	151	95	365	611	(100%)	77	7.9
(%)	(24.7%)	(15.6%)	(59.7%)	(100%)			

* 개인분쟁: 싸움, 상해, 개인 재산침해.
* 의무태만: 명령불복, 관리의 의무태만, 담치기소홀, 수로 및 도로청소소홀.
* 규정위반: 욕설, 불법적인 술판매, 부랑자숙식, 불법놀이, 불법사냥, 공동우리침입, 방목 가축 수 규제위반, 불법벌목, 불법 연료 및 사료채취, 공동권침해, 돼지관리 소홀 등.
* 재산침해, 방목 가축 수 규제위반, 공동권침해 등의 사항은 장원민사법정의 소관이나 장원주민들의 통제라는 관점에서 본서에서는 같이 묶어 취급하였다.

(2) 추이

Acomb 장원의 법정문서는 촌락공동체에서 고발되었던 개인분쟁이나 의무태만 그리고 규정위반의 경우, 1550년대에서부터 1570년대에 이르기까지 대체로 매 법정 당 5건 내외로 큰 변동을 보이지 않고 있다. 그러나 그 같은 고발건수가 1580년대부터 증가하기 시작하여 1600년대에 10.3건, 1610년대에 15.3건, 1620년대에 18.5건으로 절정에 달하고 있다. 1630년대와 1640년대는 기록의 부재로 알 수 없으나, 그 후 1650년대와 1660년대에는 3.8건과 5.6건으로 16세기 중엽의 수준으로 되돌아가고

있다.

고발건수가 이 같은 추세를 보이는 것은 당시의 인구증가 및 흉작에 동반되던 물가동향과 밀접한 연관이 있다. 케임브리지 그룹의 연구자들이 교구기록의 데이터를 통하여 밝혀낸 근대초 영국의 인구동향은 <표 6-2>와 같다.[2]) 이에 따르면 1550년대 영국의 인구는 매우 급격하게 증가하고 있었다. 1522~25년 영국의 인구는 보조세 조사(Subsidy Rolls)에 근거하면 약 230만이었다. 그러나 교구기록부에 근거한 케임브리지 그룹의 분석에 의하면, 1541에는 277만 4천명, 1601에는 411만명, 1656년에는 528만 1천명이었다. 이때가 당시 인구의 절정기였고, 다음 1세기 동안에는 지속적으로 정체 내지 감소하였다. 그리하여 영국의 인구는 1701년에 이르러 505만 8천명으로 줄었고, 1741년에 이르러서야 겨우 557만 6천명으로 상승하였다.

〈표 6-2〉 16-18세기 영국의 인구 동향

연도	인구	연도	인구
1541년	2,774,000	1631년	4,893,000
1551년	3,011,000	1641년	5,092,000
1561년	2,985,000	1651년	5,228,000
1571년	3,271,000	1661년	5,141,000
1581년	3,598,000	1671년	4,983,000
1591년	3,899,000	1681년	4,930,000
1601년	4,100,000	1691년	4,931,000
1611년	4,416,000	1701년	5,058,000
1621년	4,693,000	1741년	5,576,000

* 출처: Wrigley and Schofield, *Population History of England 1541-1871*, pp. 208~09.

---

2) E.A. Wrigley & R.S. Schofield, *The Population History of England l54l-l87l: a Reconstruction* (Arnold, 198l).

이 같은 인구변동은 장단기 원인으로 분석되고 있다. 단기적으로는 수확과 질병 요인이 중요했다. 인구증가를 위협하던 사망의 위기는 수확실패 및 기아, 그리고 질병에 의해서였는데, 두 원인은 각각 독립적으로 작용할 수 있었다. 예컨대 1594~97년의 경우, 컴브리아, 웨스트몰랜드, 더럼과 요크셔 일부에서의 광범위한 사망률의 주된 원인은 계속되는 4년간의 흉작에 뒤이은 기아였다. 유행병에 의한 높은 사망의 예는 16세기말 런던을 들 수 있는데, 당시 질병의 주였던 임파선종 흑사병은 곡가가 낮을 때 인구를 유린하였다.[3] 비슷하게 17세기말~18세기초의 사망위기는 농업생산력이 수요를 능가할 때 나타났는데, 이는 사망의 주요 원인이 티푸스, 천연두, 인플렌자 같은 질병이었다는 것을 제시하고 있다. 그러나 대부분의 사망 위기는 흉작 후 영양결핍으로 저항력이 약화된 상태의 인구에 다격을 기한 질병으로 나타났는데, 예컨대 1550년대 말의 심각한 사망률은 인플렌자 유행병이 흉작과 일치했을 때 나타났다.[4]

인구변동에 대한 장기적인 요인은 사망률과 출생률의 변화였다. 최근까지 인구변동에 대한 장기적인 요인은 주로 사망률의 변화로 설명해 왔는데, 출생률이 사망률보다는 덜 변덕스럽다는 이유에서였다. 그런데 케임브리지 그룹의 결론은 사망률의 변화는 장기간의 인구변화에 대한 부분적인 설명일 뿐이며, 출생률의 변화 역시 중요하다는 것이다. 출생률의 변동은 두 요소

3) A.B. Appleby, "Grain prices and subsistence crises in England and France 1590-1740", *Journal of Economic History*, xxxiv (1979).

4) P. Slack, *The Impact of Plague in Tudor and Stuart England* (Routledge, 1985); F. J. Fisher, "Influenza and inflation in Tudor England", *Ecnomic History Review*, vol. xviii (1965), pp. 126-27.

에 영향을 받았다. 즉, 여성의 결혼연령과 결혼한 인구의 비율이다. 케임브리지 그룹의 연구에 의하면 1650이전 시기가 이후 시기보다 여성들의 결혼연령이 낮았고 결혼하지 않은 인구의 비율도 낮았다. 당시에는 피임지식이 낮았고 혼외 성교가 드물었기 때문에, 두 요소의 작은 변화로도 출생률에는 큰 영향을 미칠 수 있었다. 실제로 출생률은 16세기에 상승하였다가 17세기 동안 하락하였고, 18세기초에 다시 조금 상승하였다. 18세기초에는 초혼 연령과 결혼한 사람의 비율 모두가 조금 낮아졌던 때였다.

그러면 왜 초혼연령과 결혼한 사람들의 비율이 위에서처럼 변동하였는가? 제시된 하나의 답은 당시의 경제적 조건에 반응하였다는 것이다. 예컨대 체임버스의 분석에 의하면 결혼과 출산은 일반인들이 생각하는 것보다 경제적 기회에 더 빨리 그리고 더 큰 정도로 적응해 왔다는 것이다.[5] 체임버스의 견해가 옳다면 17세기 낮아졌던 출생률은 당시의 생활수준 때문에 적은 자녀를 두어 스스로를 보호하려는 당시대 부모들의 태도 때문이었을 것이다.

이 같은 인구증가에 따라 중세동안 안정기에 접어들었던 영국의 물가가 16세기초에 끝이 났다. 이후 물가상승이 뒤따랐는데, 특히 1520년대부터 1550년대까지 급속한 물가 상승이 이어졌다. 즉, 1527~29년, 1549~51년, 1554~56년의 흉작의 영향으로 이 기간 동안 농산물가격이 200%이상 급등하였다. 무엇보다도1550년에 곡물가 급등하여 1540년대에 비하여 86%나 상승하였다. 다음 1560~1580년대에는 비교적 서서히 물가가 상승한 시기였다. 물가가 다시 급등한 시기는 1590대에 들어서였다.

5) Chambers, *Population, Economy and Society in Pre-Industrial England*, p. 65.

특히 1594~97년의 심각한 흉작은 곡물가격을 크게 상승시켜, 1590년대의 곡가는 1580년대에 비하여 30%나 상승하였다. 17세기초에 다시 느려진 물가상승은 1630년대와 1646~50년의 흉작의 영향으로 다시 가파른 상승세를 보이고 있다. 그러나 그 후 약 1세기 동안의 모든 물가는 오히려 조금씩 하락하는 추세를 보이고 있다. 광범위한 자료를 이용하여 Peter Bowden이 제시한 물가동향은 다음 <표 6-3>과 같다.

〈표 6-3〉 1450-1649년 영국의 물가 동향

연도	곡물가격 지수	가축가격 지수	총농산물가 지수	공산품 가지수	농산물/공산품
1450-59	98	97	96	99	97
1490-99	97	99	99	97	102
1500-09	112	111	106	98	108
1510-19	115	117	118	102	116
1520-29	154	138	132	110	120
1530-39	161	143	139	110	126
1540-49	187	185	169	127	133
1550-59	348	259	270	186	145
1560-69	316	281	282	218	129
1570-79	370	336	313	223	140
1580-89	454	352	357	230	155
1590-99	590	414	451	238	189
1600-09	560	451	463	256	181
1610-19	655	507	540	274	197
1620-29	642	524	535	264	203
1630-39	790	630	643	281	226
1640-49	786	667	644	306	210

* 출처: *Agrarian History of England and Wales, IV, 1500-1640*, p. 862.
* 지수: 1450-99년=100
* 곡물: 밀, 보리, 호밀, 완두콩
* 가축: 소, 말, 양, 돼지, 가금류
* 공산품: 직물, 양초, 기름, 목탄, 석탄, 기와, 벽돌, 납, 땜납, 욋가지

인구증가와 특히 흉작에 따르는 곡가의 상승은 가난한 농민들의 삶을 더욱 힘들게 만들었다. 이들은 공동지, 방목지, 목초지에서 한두 마리의 돼지를 더 기르거나 건초 한 더미, 밀 이삭 하나라도 더 구해야 생존이 가능했다. 또 수확과 탈곡시기에 임금을 벌기위해서 이웃 마을들을 전전하는 동시에 술집을 겸하는 여관에 머물 수밖에 없었다. 자연히 이들 생존을 위한 하층민의 활동은 장원공동체의 질서와 규율을 위협하게 되었고, 장원공동체의 부농들은 하층민들의 활동을 감시하고 고발하게 되었다.

따라서 흉작과 곡가상승이 심했던 16세기말에서 17세기초에 촌락공동체인들의 규정위반에 대한 고발건수가 절정에 달했던 것은 Acomb 장원촌락에서만 나타났던 특이한 현상이 아니었다. J. A. Sharpe와 Palliser에 의하면 그 같은 현상은 당시 농경지역에서 나타났던 일반적인 현상이었다.[6] 실제로 에식스의 Terling 마을의 경우에도 고발건수가 1590년대부터 급격히 증가하기 시작하여 1607~20년에 절정에 달한 후, 1660년대 이후에는 1590년대 이전의 수준으로 되돌아가고 있다.[7] J. S. Cockburn에 의하면 에식스와 하트퍼드셔, 그리고 서식스의 경우 역시 1560년부터 1600년까지 고발건수가 계속 증가하다가 17세기초에 낮아지고 있다.[8]

---

6) D.M. Palliser, *Age of Elizabeth; England under the later Tudors, 1547-1603* (Longman: London, 1992), pp. 365-66; J.A. Sharpe, *Early Modern England*, p. 113.

7) Wrightson and Levine, *Poverty and Piety in an English Village*, pp. 113, 117~18.

8) J.S. Cockburn, ed. *Crime in England 1550-1800,* p. 53.

2. 고발 이유

(1) 양극화

그러면 16세기말과 17세기초에 농민들의 의무소홀과 규정위반에 대한 고발이 가장 빈번했던 이유는 무엇인가? 그 같은 현상은 농민사회가 앞서 언급한 바와 같이 흉작과 더불어 빈·부로 양극화가 심화된 것이 가장 큰 원인으로 분석되고 있다. 16세기말과 17세기초에 영국의 촌락농민들은 빈·부로 급격히 양극화되는 과정을 겪고 있다. 당시 영국의 촌락 농민들이 빈·부로 양극화되었던 현상은 그들이 보유했던 토지와 동산의 변화를 살펴보면 무엇보다도 잘 알 수가 있다.

L. Stone에 의하면 16세기와 17세기에 사회적인 유동과 더불어 농촌사회가 커다란 극화의 길을 걸었다. 즉, 요먼이나 대규모 토지경작자들은 번성한 반면 소농들은 몰락하여 토지 없는 노동자와 빈민들의 수가 늘어났다. Stone에 의하면 그 같은 움직임은 17세기초에 가장 두드러졌다.[9] 에섹스에의 Earls Colne을 대상으로 한 사례연구에 의하면 1550~1750년 사이에 거래된 토지의 거의 70% 이상이 한번에 20에이커 이상이었다. 또 그 기간 347회의 빈번한 거래를 통하여 1550년에 토지를 소유했던 장원농민들의 가보유지(家保有地)가 1600년에는 53.1%, 1650년에는 13.1%, 1700년에는 7.1%, 그리고 1750년에는 2.3%만이 같은 농가에 남게 되었다.[10] 이 같은 빈번하고 비교적 큰 규모의

---

9) L. Stone, "Social Mobility in England, 1500-1700", *Past and Present*, no. 33 (1966), p. 33.

10) H.R. French and R.W. Hoyle, "English Individualism refuted-and

토지거래 속에서 한편에서는 가보유지를 상실하여 농업노동자로 전락하는 계층이 속출하고 다른 한편에서는 부유한 yeoman들이 성장했던 것이다.

P. Bowden의 계산에 의하면 husbandman으로 불리는 소농들의 삶은 매우 불확실한 것이었다. 그에 의하면, 소농들은 30에이커의 경지로부터 42파운드 10실링 가치의 밀과 보리를 생산할 수 있었다. 여기서 씨앗, 지대, 거름, 황소먹이, 이자, 농기구와 가축에 대한 감가상각비 23파운드 15실링 9데나리우스를 제외하면 일년 순이익은 14파운드 9실링 3데나리우스였다. 6인의 한 가족을 부양하기 위하여 매년 평균 비용 11파운드 5실링을 빼면 소농민은 일년에 3~5파운드를 남길 수 있었는데, 이는 수확에 실패하면 쉽게 사라질 수 있는 적은 이득이었다.[11]

케임브리지셔의 Chippenham 장원촌락의 소농들도 그 같은 어려움에 봉착했을 것으로 보인다. M. Spufford에 의하면, 치프넘 장원촌락의 경우는 1560년과 1636년 사이에 소파머인 husbandmen이 사라지고 농민사회가 빈·부로 크게 양극화되고 있다. Spufford는 그 같은 양극화의 과정에서 1590년대의 흉작이 특히 중요한 계기가 되었다고 생각하는데, Spufford가 제시하는 양극화의 과정은 1560년과 1636년 사이에 극적으로 진행되었다. 이 시기에 15~30 a.를 보유한 생존보유농들이 완전히 사라지고 장원촌락이 <표 6-4>처럼 90 a. 이상의 요먼계층과 가

---

reassessment: the Land Market of Earls Colne (Essex), 1550-1750", *Economic History Review* (2003), pp. 608, 610, 612.

11) Peter Bowden, "Agricultural prices, farm profits and rents", in *Agrarian History of England and Wales, vol. iv: 1500-1640*. ed. J. Thirsk (Cambridge University Press, 1967), pp. 593-695.

난한 농업노동자로 크게 양분되고 있다.[12)]

〈표 6-4〉 1544-1712년 치프넘 농민들의 토지보유 변화

면적	250 이상	250 -120	120 -90	90 -60	60 -30	30 -15	15 미만	토지무	인원
1544년	0	0	2	5	13	4	21	(21)	66
1560년	0	2	1	6	6	6	8+	(24)	53+
1636년	0	3	3	2	5	0	11	(?)	24+
1712년	3	3	1	1	1	1	8	(31)	49

* 출처: Spufford, *Contrasting Communities*, pp. 65~85.
* + 표시: 표시된 농민 외에 인원 미상의 농민이 더 있음을 나타냄.
* 면적단위: 에이커

이들 가난한 농업노동자의 수가 정확히 어떠했는가는 알 수 없으나, A. Everitt에 의하면 임금노동 인구가 16세기초에 인구의 4분의 1 정도에서 17세기말에는 3분의 1정도로 증가하였다.[13)] R. Lachman에 의하면 그 비율은 더 빨리 증가하여 1540~59년에 11%에서 1600~10년에 35%로 증가하였고, 1620~40년에 40%, 1688년는 56%로 증가하였다.[14)] 여러 지역의 구체적인 개별 사례연구들은 지역적인 편차를 보이고 있으나 이들의 추산이 대체로 타당성이 있다는 것을 보여주고 있다. 예컨대

12) M. Spufford, *Contrasting Communities: English Villagers in the Sixteenth and Seventeenth Centuries* (Cambridge University Press, 1974), pp. 65-85.

13) A.M. Everitt, "Farm labourers", in *The Agrarian History of England and Wales, IV*, pp. 396-465.

14) R. Lachman, *From Manor to Market: Structural Change in England, 1536-1640* (Wisconsin University Press, 1987), p. 17.

D. G. Hey에 의하면 북부 쉬랍셔의 Myddle 마을의 경우, 1570년경부터 1600년경까지 노동인구가 전체인구의 23.4%로 4분의 1에 가까웠고, 1640년에서 1660년 사이에는 전체의 3분의 1에 가까운 31.2%로 증가하였다. Hey는 이 비율이 다른 숲 지역보다는 낮으나 영국 전체의 노동인구 비율과 비슷한 것으로 보고 있다.[15] Wrightson과 Levine의 분석에 의하면 에섹스의 Terling 마을의 경우 1524-25년의 보조세 산정(subsidy assessment)과 1671년 벽난로세(Hearth Tax) 산정 사이에 가구수가 76가구에서 122가구로 증가하였다. 그런데 그 사이에 노동인구인 노동자와 오두막농은 21가구인 27.6%에서 62가구인 50.8%로 크게 증가하였다.[16]

이 같은 노동인구의 증가는 특히 들녘공동체에서 두드러졌는데, 이 지역에서는 이미 논의한 바와 같이 대규모 농장의 성장과 더불어 임금노동자 역시 증가하였다. 이 같은 노동인구의 증가로 당대인이었던 그레고리 킹은 17세기말 경 노동인구가 인구의 절반에 가까웠던 것으로 계산하였다. 1688년 그레고리 킹의 계산에 의하면, 노동자와 하인, 오두막농과 빈민 등 노동인구는 257만 5천명으로 전체인구 550만명의 거의 절반인 46.8%에 이르고 있다.[17]

그런데 이들 노동인구는 16세기 인구증가와 물가상승으로 가장 취약한 사회계층으로 전락하였다. 15세기는 정체된 인구와

---

15) D. Hey, *An English Rural Community: Myddle under the Tudor and Stuarts* (Leicester University Press, 1974), p. 169.

16) Wrightson & Levine, *Poverty and Piety in an English Village*, pp. 34-5.

17) Peter Laslett, *The World We Have Lost: further explored* (Charles Scribner's Sons: N. Y., 1984), pp. 81 ~ 2의 <표 1> 참고.

물가 덕분에 Rogers의 말대로 '영국 노동자의 황금시기'였을 것이다.[18] 그러나 인구가 증가하고 물가가 상승하기 시작하자 황금시기는 의심할 바 없이 끝이 났다. E.H. Phelps Brown과 S.V. Hopkins의 조사에 근거한 Thirsk의 임금구매력 백분율을 살펴보면, <표 6-5>에서처럼 농업노동자와 건축노동자 모두 16세기가 진행되는 동안 꾸준히 하락하고 있다. 농업노동자와 건축노동자의 실질임금에 해당하는 임금구매력은 1450~99년을 100으로 보았을 때, 1460~69년에 각각 100을 기록하고 있다. 그런

〈표 6-5〉 1450-1650년 영국 노동자의 임금구매력

연도	화폐임금률	농업노동자 생활비	임금구매력	건축노동자 임금구매력
1450-9	101	96	105	104
1490-9	101	97	104	103
1500-9	101	104	97	96
1510-9	101	114	89	88
1520-9	106	133	80	76
1530-9	110	138	80	68
1540-9	118	167	71	70
1550-9	160	271	59	51
1560-9	177	269	66	62
1570-9	207	298	69	64
1580-9	203	354	57	57
1590-9	219	443	49	47
1600-9	219	439	50	46
1610-9	228	514	44	39
1620-9	253	511	50	39
1630-9	287	609	47	-
1640-9	304	609	50	49

* 출처: *Agrarian History of England and Wales, volume IV 1500-1640*, p. 865 table 16.
* 1450-1499년 = 100

18) J.E. Thorold Rogers, *A History of Agriculture and Prices in England, 8 vols*, (Clarendon Press, 1866-1902).

데 50년 뒤엔 1510~19년에는 각각 89와 88로 하락하였고, 100년 뒤인 1560~69년에는 66과 62로 하락하였다. 그 후 50년 뒤인 1610~19년에는 다시 각각 44와 39로 하락하여 최저에 달하고 있는데, 이 시기가 실질임금의 하락에 의한 노동자들의 고통이 가장 극심하였을 것으로 추정된다.

P. Bowden 역시 거의 동일한 시기인 1620년대와 1630년대, 그리고 1640년대가 아마도 지난 시기를 통하여 가장 최악의 시기였을 것으로 생각하고 있다.[19] 이처럼 어려운 시기를 맞아 당시 노동자와 하인들이 생존수단을 위해 길거리로 내몰렸던 것이다. 당시 가난한 이민자의 다수는 경제적 궁핍 때문에 들녘 지역에서 숲 지역으로 또는 촌락 지역에서 도시 지역으로 생존수단을 찾아 이동할 수밖에 없었다는 것은 거의 의심할 바 없다.

이들 방랑하는 무리들을 무기력하고 게으르며 무리를 지어 촌락을 배회하며 사회질서를 위협한다는 당대인들의 묘사가 전적으로 잘못된 것은 아닐 것이나, 이들이 조직적인 부랑집단은 아니었다. 엘리자베스 시대에 18개 주에서 체포된 1,100명 이상의 부랑자에 대한 기록과 1598년과 1638년 사이에 솔즈버리 시 당국, 그리고 1630년과 1640년 사이에 콜체스터 시 당국에 의하여 제공된 허가증의 대부분은 조직적인 남자 부랑자 집단이 아닌, 남자와 여자들로 구성된 소 빈민집단이었고, 그들은 종종 10대말과 20대초로 홀로 방황하는 경우였다.[20]

---

19) Bowden, "Agricultural prices, farm profits and rents", p. 621.

20) A.L. Beier, "Vagrants and the social order in Elizabethan England", *Past and Present*, no. 64 (1974); A.L. Beier, *Masterless Men: the Vagrancy Problem in Britain l560-l640* (Methuen, l985); P. Slack, "Vagrants and vagrancy in England l598-l664", *Ecnomic History Review*, vol. xxviii

요컨대 이들 농업노동자들은 그들 일생의 대부분을 일당을 받는 날품팔이로 생존을 이어갔으며, 상시 고용을 보장받지 못했다. 농한기의 계절적인 실업이 이들 그룹의 생존을 크게 위협했으며, 흉작시에는 거의 파멸적인 영향을 미쳤다.

(2) 지배계층의 이념

그런데 이 같은 농민사회의 분화는 단순히 경제적인 차원에만 머문 것이 아니었다. 농민사회가 빈·부로 양극화됨에 따라 양계층은 경제적인 이해관계를 달리하게 되었을 뿐만 아니라, 사회적인 가치관도 달라져 서로 대립하기 시작한 것이다.

16~17세기가 진행되는 동안에 부농들은 차츰 지배계층의 가치관에 동화되어갔고, 동시에 젠틀맨이나 부유한 수공업자와 더불어 지역정부의 관리직을 거의 독점하게 되었다. 요먼과 요먼에 버금가는 소수의 부유한 농부들이 교구위원, 빈민감독관, 교구의 경관, 배심원 등의 관리직을 차지했던 반면에, 가난한 농민들은 그 같은 직책에서 거의 완전히 배제되었다.[21] 그에 따라 부유한 농민들이 농민사회를 지배하게 되었고, 가난한 농민들의 경제활동은 물론 사회행위에 대해서도 간섭하고 규제하기 시작하였다. Sharpe의 주장처럼 가난한 농민들의 사소한 위반에 대해서도 농촌사회의 지배계층으로 부상한 부농들은 매우 민감하게 반응하기 시작한 것이다.[22]

(1974).

21) Sharpe, *Early Modern England*, p. 92; Ningle Heard, *Tudor Economy and Society*, 119.

22) J.A. Sharpe에 의하면 1550-1650년 사이에 영국인들은 하층민들의 사소한 위반에도 매우 민감하여, Victoria 시대인들이 '범죄계층(criminal

이 시기에 영주의 대리인, 촌락 경관, 교구위원, 빈민감독관 등 장원이나 교구의 관리들이 가난한 농민들의 규율과 법률위반에 대하여 더욱 빈번히 고발했던 것은 사회의 질서유지와 규율에 대한 복종이라는 지배계층의 이념이 투영된 것이다. 16세기 후반 이후 성·속의 지배자들은 모두 사회 내의 질서와 복종을 요구하고 있었다. Asa Briggs에 의하면, 이때가 영국 역사상 사회의 계서에 대한 견해가 가장 견고하게 유지되었고, 또 확실하게 표현되었던 시대였다.23)

당대인들은 모든 사람들이 사회적인 질서에 따라 지배자에 순응하는 것을 당연한 것으로 여겼다. 질서와 복종은 세속지배자들 뿐만 아니라 교회에 의해서도 강조되고 또 끊임없이 설교되었다. 그 같은 사회의 관념은 특히 16세기 후반 이후에 절대적 상대적으로 팽창하던 사회의 하층민들을 억압하고 규제하는 수단으로 활용되었다. 지배계층은 부유한 농민들이 그들의 가치관에 동화되어감에 따라, 장원과 교구의 관리직을 맡으며 촌락의 지배계층으로 성장하는 이들 부농들을 말 안 듣는 대중에게 질서와 규율을 강제할 수 있는 믿을만한 계층으로 기대하기 시작하였다.24)

이제 농촌사회는 촌락민들의 합의에 의해서 운영되던 공동체에서 벗어나, 지배계층에 동화된 부농에 의해서 지배되는 사회

---

class)'에 대하여 가졌던 인식과 매우 흡사한 인식이 있었다는 것을 보여주고 있다. Sharpe, *Early Modern England*, p. 113.

23) Asa Briggs, *A Social History of England* (Weidenfeld and Nicolson: London, 1983), pp. 106-08.

24) Heard, *Tudor Economy and Society*, pp. 117-19; Briggs, *A Social History of England*, pp. 106-08.

로 변모하게 된 것이다. 16세기말~17세기초 촌락과 장원에서 빈농들이 다수 고발되기 시작한 것은 그 같은 사회변화를 반영하는 것이다.

3. 경제적 이해의 대립

(1) 현황

이미 언급한 바와 같이 근대초 영국의 농촌사회가 빈·부로 양극화되면서 경제적인 이해관계의 대립뿐만 아니라 사회적인 가치관의 대립도 격화되었다. 그 같은 사실은 촌락공동체인들의 규정위반에 대한 내용을 세분하여 분석해 보면 구체적으로 확인힐 수 있다. 다음 <표 6-6>은 Acomb 장원 농민들의 사회·경제적인 갈등의 내용을 세분하여 정리한 것이다.

〈표 6-6〉 1550-1669년 Acomb 장원농민의 사회·경제적 위반

연대 / 내용	재산 침해	가축수 규제	연료 사료	불법놀이 술판매	부랑자 숙식	명령 불복	욕설	합계/%
1550년대	17	0	4	4	1	0	0	26/ 8.1
1560년대	0	0	6	2	0	0	0	8/ 2.5
1570년대	5	0	16	8	0	0	0	29/ 9.0
1580년대	7	0	2	8	3	0	13	33/10.3
1590년대	15	1	2	3	5	0	1	27/ 8.4
1600년대	9	7	16	4	6	0	0	42/13.1
1610년대	16	0	1	2	4	0	1	24/ 7.5
1620년대	40	6	10	18	12	10	19	115/35.8
1650년대	3	0	1	0	0	0	0	4/ 1.2
1660년대	13	0	0	0	0	0	0	13/ 4.1
합 계	125	14	58	49	31	10	34	321/100
(%)	(38.9)	(4.4)	(18.1)	(15.3)	(9.6)	(3.1)	(10.6)	(100)

Acomb 장원농민들이 1550년대부터 1660대까지 재산침해, 가축수 규제 위반, 연료 및 사료 채취 위반, 불법놀이 및 불법적인 술 판매, 부랑자 숙식, 명령 불복, 욕설 등으로 벌금이 부과된 경우는 총 321건이다. 그 가운데 타인이나 공동지의 재산침해가 전체의 38.9%로 가장 큰 비중을 차지하고 있다. 다음으로는 공동지에서 연료와 사료 획득을 위반한 경우가 18.1%, 공동지에 사육할 수 있는 가축 수를 위반한 경우가 4.4%였다. 이들은 모두 촌락민들의 경제생활과 밀접한 연관이 있는 것으로, 전체 위반 건수의 60%를 상회하고 있다. 그렇기는 하나 불법놀이와 술 판매가 15.3%, 부랑자 숙식이 9.6%로 거의 4분의 1에 해당하고 있다. 이를 통하여 우리는 16세기후반에서 17세기 전반에 이르는 기간 동안에 Acomb 장원에서 이웃의 재산침해와 더불어 불법놀이와 술 판매, 부랑자 숙식이 매우 빈번히 발생했으며, 그에 대하여 장원법정이 매우 강력하게 규제하고 있었다는 것을 알 수 있다.

(2) 추이

위 표에서 알 수 있듯이 Acomb 장원농민들의 사회·경제적인 위반 건수는 특히 1549-51년, 1554-56년, 1594-97년의 흉작과 그 여파로 곡가가 크게 상승하고 촌락 농민들의 생활이 궁핍해졌던 1550년대와 1590년대와 1600년대, 그리고 1620년대에 크게 증가된 것을 알 수 있다. 재산침해, 가축수 규제 위반, 연료 및 사료채취 위반의 경제활동과 관련된 위반의 경우, 이들 197건 가운데 127건이 이 네 시기에 일어나 65%정도를 차지하고 있다. 특히 1620년대에 56건(28.4%)으로 절정에 달하였다.

장원법정에 고발된 위반들이 1590년대 이후 크게 늘기 시작하여 1620년대에 절정에 달했던 상황은 <표 6-1> 법정 당 고발 건수를 통해서 확인할 수 있다. 그 같은 상황은 흉작이 심했던 시기에 생존을 위해 이웃의 곡물을 침해하는 등 작은 위반이 빈번했다는 것을 말해주는 것이다. 이는 흉작시기에 빈농들이 생존을 위해 일자리를 찾아 이리저리 움직였던 역사적 현상을 반영하는 것이다.25)

불법놀이와 술판매 위반, 부랑자 숙식도 마찬가지다. 이들 사항도 흉작이 심했던 1550년대, 1590년대와 1600년대, 그리고 1620년대에 80건 가운데 53건의 고발이 이루어져 66% 이상을 점하고 있다. 특히 1620년대에 30건(37.5%)의 고발이 이루어져 절정에 달하고 있다. 이 역시 흉작시에 하층 농민들의 계절적 이동, 숙박 및 음주 현상을 반영하는 것이다. 특히 이들 두 사항은 이미 살펴본 바와 같이 국가의 법과 질서유지라는 이념과 공동체의 규율과 질서유지라는 이념이 중첩되는 사항이었다. 또 당시 장원공동체 지배계층의 이념을 대변하는 사항이기도 하였다.

4. 가치관의 대립

(1) 질서 유지

우리들은 <표 6-6>를 통하여 영국의 장원 촌락민들이 16세기

25) W.G. Hoskins, "Harvest fluctuations and English economic history 1480-1619", *Agricultural History Review*, vol. xii (1964); "Harvest fluctuations and English economic history 1620-1759", *Agricultural History Review*, vol. xvi (1968).

말에서 17세기초 사이에 경제적인 이해관계뿐만 아니라, 사회적인 가치관에서도 대립과 갈등이 격화되었던 모습을 구체적으로 확인할 수 있다. 불법놀이와 불법적인 술 판매, 부랑자로 생각되었던 외부인에게 불법적인 숙식제공, 장원관리의 명령에 대한 불복종 등이 그 같은 사실을 보여주고 있다. 당시 영국 당국은 늘어나는 하층민들을 사회문제로 접근하기보다는 사회질서의 유지 차원에서 접근하였다.

그 결과 하층민들의 유랑은 물론, 야간 음주나 모여서 카드놀이나 볼링 같은 놀이를 금하였다. Acomb 장원 역시 부랑자의 숙식을 금하였다. 1555년 5월 6일의 법정은 "장원의 주민은 누구도 부랑자를 집에 받아들이지 말 것"[26]을 명하고 있다. 그 후에도 "경관의 허가 없는 부랑자의 숙박 금지"[27]를 거듭 밝히고 있으나, 부랑자에 숙식을 제공하여 고발된 경우는 빈·부의 격차가 커지고 흉작이 심해졌던 1580년대 시작되어, 1580년대에 3건, 1590년대에 5건, 1600년대에 6건, 1610년대에 4건, 1620년대에 12건으로 늘어가는 추세를 보이고 있다.

(2) 불법놀이와 음주

하층민들의 불법놀이에 대하여 Acomb 장원도 16세기 중엽부터 강력히 규제하기 시작하였다. 1553년 10월 24일 Acomb 장원의 형사법정은 장원 내에 고용된 모든 일꾼들의 카드놀이와 볼링놀이를 금하고 있다.[28] 그 후 하층민들의 놀이에 대하여 장원

---

26) *Court Rolls of Acomb*, p. 9.

27) 예를 들면 1619년 10월 21일의 법정과 1622년 4월 22일의 법정은 그 같은 점을 명확히 밝히고 있다. *Court Rolls of Acomb*, pp. 127, 135.

경관의 고발과 장원법정의 규제에도 불구하고 불법으로 규정된 하층민들의 놀이는 쉽게 근절되지 않았다.

중앙과 지방 차원에서 가장 강력히 단속하고자 했던 것은 술의 주조와 판매 그리고 음주행위였다. Acomb 장원 역시 술의 주조와 판매를 규제하고 음주행위를 통제하여 하층민들의 비행을 억제하고자 했다. 예컨대 1569년 4월 19일의 법정은 규정을 위반한 3인에게 술의 주조와 판매에 대한 규정을 엄수할 것을 명하고 있으며, 1558년 3월 3일의 법정은 에일 감식인에게 의무를 성실히 수행할 것을 명하고 있다.[29]

당시 장원의 지배자들은 아예 저녁 늦은 시간에 모이는 것 자체를 금하고 있다. 이 같은 사실들은 당시 농민사회의 지배계층이 하층민에 대하여 가졌던 시각을 잘 드러내는 것이다. 그들은 "무질서한 술집"에서 "법에 어긋난 게임"을 하는 "게으르고 불경건한 자들"로 "사회를 불안하게 하는 자들"[30]이었던 것이다. 1552년 술의 주조·판매에 대한 허가법(The Licencing Act)이 통과된 이후 불법적인 주조·판매와 음주행위에 대한 단속이 치안판사의 주요한 업무가 된 것도 지배계층의 그 같은 생각을 반영하고 있는 것이었다.[31]

---

28) *Court Rolls of Acomb*, p. 5.

29) *Court Rolls of Acomb*, pp. 30, 18.

30) Briggs, *A Social History of England*, p. 108; Palliser, *Age of Elizabeth*, pp. 356-57; Wrightson and Levine, *Poverty and Piety in an English Village*, pp. 136-37.

31) Wrightson and Levine, *Poverty and Piety in an English Village*, p. 135.

(3) 하층민의 반발

부농과 빈농 사이에 경제적인 이해관계가 대립되고 사회적인 가치관이 달라져가자 빈농들은 젠틀맨들뿐만 아니라, 지배계층에 동화된 요먼 등 부농들에 대하여도 적의를 드러내기 시작하였다.[32] Acomb 장원의 경우, 하층민들은 자신들의 경제적·사회적 활동에 제약을 가하는 부농들로 대표되는 장원관리들에 대하여 반발하였다. 길거리나 들판을 배회하는 가축을 압류하던 배회가축 관리인과 싸우고 가축을 불법으로 찾아가는 행위[33], 담장 관리책임자에 욕하는 행위, 경관의 명령을 거부하는 행위 등이 1620년대에 나타나 10건이나 기록되어 있다. 더 나아가 빈농들은 점점 더 장원법정에 출석하지 않고,[34] 법정에서 부과한

---

32) 젠틀맨에 대한 반감은 1566년 Colchester의 직조공의 불만과 1596년 옥스퍼드셔와 1643년 Northamptonshire의 소요에서 잘 드러나고 있다. 당시 반란을 꿈꾸던 지도자들은 한결같이 젠틀맨과 부자들에 대한 적의를 표출하고 있다. 자세한 내용은 다음을 참조할 것. P. Slack, ed., *Rebellion, Popular Protest and the Social Order in Early Modern England* (Cambridge University Press, 1984); R.B. Manning, *Village Revolts: Social Protest and Popular Disturbances in England, 1509-1640* (Clarendon Press: London, 1988).

33) 관리를 잘못하여 들판이나 길거리를 배회하는 가축은 마을의 공동우리에 가두고 되찾을 시에는 벌금을 부과하였다. 그러나 되찾아가지 않을 경우에는 1년 1일 후에 영주에게 귀속되었다. 1558년 3월 3일 Acome 장원이 법정은 "배회하는 양은 1년 1일 후에 영주에게 귀속된다"고 규정하고 있다. *Court Rolls of Acomb*, p. 19.

34) 1590년대에는 법정 불참자가 평균 10인 미만이었으나, 1520년대에는 거의 20인에 육박하였다. 예컨대 1597년 10월 5일의 법정에는 8인, 1598년 4월 19일의 법정에는 3인, 1598년 10월 17일의 법정에는 7인, 1599년 10월 3일의 법정에는 10인이었다. 그에 비하여 1622년 4월 22일에는 16인, 1622년 6월 6일에는 15인, 1622년 10월 20일에는 24인, 1624년 4월 19일에는 16인이었다. 이들의 대부분은 빈농이나 노동자

벌금을 거부하거나 또는 법정의 배심원들을 욕하는 등[35] 장원 법정의 판결자체에도 반발하는 모습을 보이고 있다.

경제적인 분열과 사회적인 분열로 인하여 16세기말에서 17세기초 사이에 영국의 농촌사회는 빈·부 양 계층의 농민들이 공동체의 일원으로 서로 화합할 수 없는 상태에 이르렀음을 보여주는 것이다.

들이었다. *Court Rolls of Acomb*, pp. 91, 94, 96, 98, 135-37, 139-40.

35) 예컨대 1622년 4월 22일의 법정에서 Robert Shadlock은 지난 법정에서 배심원이었던 Guy Thompson이 자신에게 불리한 판결을 내렸다고 욕설을 퍼부어 12d.의 벌금을 물고 있다. *Court Rolls of Acomb*, p. 135.

7장 영지조사서

1. 존재와 작성

중세시대의 영지조사서(영지대장: survey)는 재산에 대해 기록된 대장을 말한다. 지도(map), 배치도(plan)는 영지조사관의 임무가 아니다. 16세기 이전에 영지조사서에 관련된 지도는 1440-41년 Norfolk의 Shouldham, 1500경 Warwickshire의 Tanworth-in-Arden의 2건뿐이다. 이들 모두 최종 영지조사서의 일부가 아닌 노트나 초고에 포함된 것들이다.[1)]

대부분의 영지조사서는 오래 지속되고 존속되어 영지관리들에게 1세대나 그 이상 참조용으로 사용되었다. 그래서 권리증서대장(cartulary)이나 등기부(register)에 필사(筆寫)되었다. 초기의 것은 12세기부터 존재하나, 자주 혹은 정기적으로 영지조사서가 작성되기 시작한 것은 14-15세기에서였다.[2)]

이 같은 영지조사서는 일반적으로 영지의 관리들이 아닌 위

---

1) *Local Maps and Plans from Medieval England*, ed. R.A. Skleton and P.D.A. Harvey (Oxford, 1984), pp. 17-18, 195-201, 317-28.

2) *Manorial Records*, p. 15.

원회에서 작성된 것으로 생각된다. 이들 위원들은 지역의 차지인 등으로 영지에 대하여 정보를 제공할 수 있던 사람들로 구성되었다. 중세 이후 영지조사에 가끔은 차지인의 관습이 기록되어 있기는 하지만 법정에서 통상적으로 작성되었는지는 알 수가 없다.

현재의 연구자들은 영지조사서에 등장하는 측정단위가 정확하지 않아 해석에 어려움을 겪고 있다. 특히 14세기 Duchy of Cornwall 영지에서처럼 acre(acra)의 문제에서 어려움이 있다. J. Hatcher에 의하면 Cornish acre는 40~60 법정 에이커(statute acres)를 포함하는 개념이다.[3] 그러나 acre는 일반적으로는 다음과 같은 3가지의 의미가 있다.[4]

(1) 관습 에이커

관습 에이커(customary acres)란 장원기록에서 경포 에이커(field acre) 또는 (들판에) 놓여진 대로의 에이커(acre as it lies)라는 의미이다. 곡물경작지 들판에서 지조(strip)는 셀리온(selion, selio)[5]에 기초한다. 지조는 이경(Ploughing) 행위에 의하여 종종 다소간 두둑이 형성되는 데, 특별한 면적으로 구성되는 것은 아니다. 보통 특정 들판이나 들판의 일부분에서 1 acre라 불리는 토지편(토지 조각)은 하나, 둘, 또는 그 이상의 selion으로 구성될 수 있다. 때로는 혼란스럽게도 작은 지조가 1/2 acre, 아주 작은

---

3) J. Hatcher, *Rural Economy and Society in the Duchy of Cornwall 1300-1500* (Cambridge, 1970), p. 18 참고.

4) *Manorial Records*, p. 16.

5) sellion은 개방경지에서 두 고랑사이에 놓인 이랑이나 좁은 지조를 구성하는 불확정 면적의 토지편(조각)을 말한다.

것은 1/4 acre 또는 1 rood로 불린다. 그러나 이것은 측정된 어떤 특정한 면적을 의미하지는 않는다.

(2) 측정 에이커

측정 에이커(measured acre)란 종종 40 perches x 4perches 넓이의 토지면적을 말한다. 이는 160 퍼치제곱의 어떤 모양도 가능하다. 12~13세기초의 문헌에는 3 perches, 5 perches 폭의 측정 acre 즉, 120, 200 퍼치제곱의 측정 acre가 있으나, 이는 지역적인 것이고 정상에서 벗어난 것이다. 1 perch는 16과 1/2 feet의 길이로, 이에 근거한 것이 근대의 법정 acre이다. 그러나 지역 perch는 15~20 feet로 다양하다. 특히 같은 영지조사서에서조차도 삼림 지역에서는 경작지 지역에서 보다 긴 perch를 사용하였다.

(3) 세제 에이커

세제 에이커(fiscal acre)란 엄밀히 말하면 토지면적의 단위가 아닌 세금부과의 단위이다. hide와 carucate가 11세기 잉글랜드에서 세금부과를 위하여 사용된 개념이었다. 이들의 1/120을 1 acre라 불렀다. 그런데 hide와 carucate가 정해진 면적이 아니므로 세제 acre 역시 마찬가지이다. 예컨대 회계문서에 기록된 10 acre는 같은 장소의 실제의 5 acre보다 넓은 것 같다. 그러나 분명한 것은 세금을 2배 납부한다는 것이다. 그러나 12세기말까지 이 같은 세금 과세용 acre는 더 이상 사용하지 않게 되었다.

영지조사서의 기록은 가끔은 관습 acre인가 혹은 측정 acre인가를 나타내나, 일반적으로는 설명이 없다. 위의 세 종류 모두 1/2 acre, 1/4 acre(또는 1 rood)로 표시될 수 있다. 그런데 acre가 (평방) perch로 표시된다면, 이는 측정 acre이다. 그런데 만약 영지의 그룹에서 보유지 사이에 통일된 에이커리지가 추적된다면 이는 일반적으로 세제 acre이다.

bovate와 virgate의 단위도 면적이 불분명하다. 이들은 세제 acre처럼 모두 세금산정(tax assessment)을 위한 단위이다. bovate(또는 oxgang)은 1/8 carucate인데, 잉글랜드의 동부와 북부지역에서 주로 사용하는 면적 단위이다. virgate (또는 yardland)는 1/4 hide인데, 잉글랜드 나머지 지역 대부분에서 사용하는 사금산정의 단위이다.6)

이들 두 용어도 세제 acre처럼 세금산정의 역할이 중지된 이후에도 오랫동안 사용되었다. 실제로 장원법정문서의 토지거래 기록에는 oxgang과 yardland로 표시되는 토지단위가 17~18세기를 통하여 잔존하고 있다. 이들은 각각 특정 면적이 아닌 단순히 표준농민보유(a standard peasant holding)를 의미할 뿐이었다.7)

장원법정문서에서 흔히 나타나는 bovate와 virgate 역시 마찬가지였다. 이들 토지단위의 보유자는 동일 촌락에서는 동일한 지대와 부역을 부담하였다. 예컨대 1285년 Sussex의 Canterbury Cathedral Priory 영지에 속하는 Terryng 장원의 경우 관습기록부에 의하면, 1/2 virgate 보유자는 Christmas, Easter, Midsummer, Michaelmas에 각각 7과 1/2d.의 지대를 납부하여 일 년에 총

---

6) *Manorial Records*, p. 17.

7) Acomb 장원의 경우 oxgang은 단순히 표준농민보유지의 단위를 의미하였다.

30d.를 납부하였다. 반면에 1 virgate의 보유자는 15d.씩 총 60d.를 납부하였다. 1/2 virgate 보유자는 Richard son of Stephen le Mascon, Reynold son of le Kennel, Walter Michel 등 6인이었고, 1 virgate 보유자는 Agnes widow of Bugun, Adam Busch, Richard Carpentarius 등 10인이었다.8) 1296년 Goring 장원의 Extent에서도 마찬가지였다. 8인의 1/2 virgate 보유자의 지대와 부역을 다음과 같이 기록하고 있다.

> "Richard Golyas는 1/2virgare 보유자로서 일 년의 네 주요 기간에 같은 액수로 26s. 8d.의 지대를 납부한다. 그리고 그는 Lamas부터 Michaelmas까지 추수 부역을 해야 한다. Richard Purbyk는 1/2 virgate 보유자로서 위에서 언급한 Richard와 동일한 지대와 부역을 납부해야한다. Henry Dolyn 동일, Robert Purby 동일, William Rog 동일, William atte Stret 동일, William le Whyte 동일, John atte Stret 동일".9)

그러나 bovate와 virgate가 동일한 면적의 토지로 구성되었던 것은 아니었다. 때로는 작은 토지보유지가 1/2 virgate, 매우 작은 토지보유지가 1/4 virgate로 불렸다. 그렇지만 여기에는 어떤 종류의 측정된 면적의 개념이 포함되어 있지는 않았다. 한 장원촌락의 1/2 virgate가 다른 장원촌락의 1virgate보다 반드시 작을 필요는 없었다. 이들은 기술된 용어일 뿐 측정된 단위는 아니었기 때문이다.

정상적으로는 1 virgate는 30 세제 에이커, bovate는 15 세제

---

8) *Custumals of the Sussex Manor of the Archbishop of Canterbury*, p. 23.

9) *Custumals of the Manor of Laughton, Willingdon and Goring*, ed. A.E. Wilson (Sussex Record Society, 1961), p. 52. [f 32 r].

에이커이다. 그러나 일부 텍스트는 측정 에이커, 관습 에이커를 virgates와 hides, bovates와 carucates와 단일제도로 취급하려 시도하고 있다. 대표적으로 15세기 회계에 대한 한 논문에서 "4 virgate 토지는 1hide, 25 acre는 1 virgate, 40 perch 길이와 4 perch 넓이는 1 acre다"라고 말하는 것이 좋은 예이다.10)

2. 관습기록부

중세시대 장원의 농민 보유자들이 부담하는 지대와 부역에 대한 기록집이 존재하는데 이것이 관습기록부(custumal)이다. 이는 농민보유자 각자의 토지와 가옥을 보유한 조건인 관습적인 의무(custom)와 장원 차지인들의 명단으로 구성되어 있다. 관습기록부에 의하면 어느 장원에서나 보유조건에 따라 거의 일정한 관습적 의무를 부담하고 있다. 그 같은 조건을 표시하기 위하여 1인에 대한 보기를 상술하고 다른 사람을 같은 조건으로 보유한다고 기록하였다. 차이가 있는 경우에는 그것을 기록하였다. 앞서 언급한 Terryng 장원과 Goring 장원이 좋은 예이다. 물론 정형이 없어 각자를 기록한 곳도 있다.

1086년 둠스데이북은 왕령지에 대한 영지조사서로, 차지인의 의무에 대하여는 언급이 없다. 각 장원에 총 쟁기 팀(ploughteams)의 관계에서 직영지 면적, 차지인의 수와 그들이 같이 보유한 토지의 면적, 목초지(Meadow), 방목지(Pasture), 숲지(woods), 방아(mill) 등, 1066년 장원의 총 가치, 현재의 가치

10) *Walter of Henley and Other Treatises on Estate Management and Accounting*, D. Oschinsky (Clarendon: Oxford, 1971), p. 475.

를 기록하고 있다. 예컨대 Oxfordshire의 Bishopric of Winchester의 영지는 다음과 같이 기록되어 있다.

"Winchester 주교가 Witney를 보유하고 있다.
대주교 Stigand가 보유했던 것이다.
30 hides. 24 ploughs에 해당하는 토지.
현재 영주권 하에 5 ploughs, 9 slaves.
36 촌락민(villagers)과 11 소보유자(smallholders)가 20 ploughs 보유.
2 mills at 32s. 6d., 목초지 100 acres, 숲지 3 leagues[11] 길이 2 leagues 폭, 가축을 넣었을 때 가치 50s.
이전 1066년의 가치 £22, 현재 가치 £25."

"주교는 또한 Addenbury를 보유하고 있다.
과거와 현재 교회영지이다.
14와 1/2 hides. 20 ploughs 해당 토지,
현재 영주권 하에 4 ploughs, 9 slaves.
27 촌락민과 9 소보유자가 19 ploughs 보유.
2 mills at 30s., 목초지 36 acres 10s., 전체 3 leagues 와 3 furlongs 길이 1과 1/2 leagues 폭.
이전 1066년 가치 £12, 현재 £20."[12]

이후 일부 개별영지의 영주들이 둠스데이북에서 자료를 수집하여 영지조사서를 작성하였다. 둠스데이북에 기록된 쟁기 숫자의 관점에서 직영지 면적과 목초지, 방목지 등에 대한 목록이 장원에서의 영지조사서에 대한 아이디어를 제공하고 확산시켰

11) 1 league는 약 3마일의 길이이다.

12) *Domesday Oxfordshire*, ed. Clare Caldwell (Phillimore, Chichester, 1978), p. 155 a.

다. 이 같은 장원의 영지조사서에서 관습기록부가 작성되었다. 12세기에 작성된 영지조사서는 모두 10~11개 정도인데, 모두 대교회령지들로 1125년 Peterborough Abbey, 1183년 Bishopric of Durham 등이 대표적이다.[13)]

그 후 장원의 영지조사서는 급증하여 13세기말까지는 일반화되었다. 효과적인 장원경영을 위하여 재산에 대한 정확한 인지가 필요하였고, 그 같은 필요에서 토지가 실제로 측정되었다. 측정 에이커가 바로 그것으로, 1230년대에 장원회계문서에 처음 나타난 것으로 보인다. 이는 당시의 연속되는 영지경영에 대한 2 편의 논문에 나타난다. 1240~42년 Robert Grosseteste의 Rules에서는 영주에게 단순히 소작인의 토지와 직영지에 대한 영지조사서를 권고한다. 그러나 13세기 중엽이나 그 직후에 작성된 Comence le Office le Seneschal에서는 영지의 집사는 "그는 각 장원의 모든 직영지 토지가 적법한 사람에 의하여 측정되도록 준비해야한다. 그는 각 필드에 몇 acre가 있는지를 지역의 퍼치 단위로 알아야만 한다."라고 기술하고 있다.[14)]

관습기록부가 말하는 소작인의 지대와 부역에 대하여 모두 믿는 것은 경계해야한다. 이는 이론적인 의무를 나타내는 것이 목적이므로 실제와 반드시 일치하지는 않는다. 관습기록부는 토지보유에 대한 노동부역, 즉 주부역(week work), 밭갈이, 건초작업, 농번기 곡물베기의 특별부역(boon work)을 기록하고 있다. 그러나 장원회계는 그곳에서 통상적으로 차지인의 부역이

13) M.M. Postan, "The Chronology of Labour Services", in M.M. Postan, *Essays on Medieval Agriculture and General Problems of the Medieval Economy*, p. 93.

14) *Walter of Henley*, pp. 388-89, 264-65.

'금납되었음'(sold)을 보이고 있다.

부역이 실제로 행해지는 곳에서도 관습기록부의 표현에 주의해야 한다. 예컨대 '매주 2일씩 일해야 한다'는 표현은 대체로 차지인이 직접 그렇게 해야한다는 것이 아니라, 일할 사람을 제공해야 한다는 의미이다. 만약 차지인 자신이 나와서 일해야 할 경우에는 '그는 두 사람과 더불어 일해야 하며, 그들이 일을 잘 하는가를 감독해야 한다'는 식으로 명확히 표현하고 있다. 1296년 Sussex의 Willingdon 장원의 경우를 예를 들면 다음과 같다.

> "Thomas Dryu는 1 messuage, 7acres, 1 rood의 토지를 보유하고 있다. 그는 1일 동안 호미질을 해야 하는데, 그것은 1d.의 가치이다. 그는 1/2d. 가치의 식사를 가져와야하며, 그래서 일은 1/2d. 가치이다. 그리고 그는 1/2일 동안 다른 1명의 일꾼과 함께 건초를 널어말려야 하는데, 그것의 가치는 1/2 d.이다. 그리고 그는 1일 동안 다른 1명의 일꾼과 함께 건초를 걷어야만 하는데, 그것의 가치는 1d.이다. 그리고 그는 1일 동안 건초를 쌓아올릴 1명의 일꾼을 구해야 하는데, 그것은 1/2d.의 가치이다. 그리고 그는 추수시에 2일 동안 1명의 일꾼과 함께 곡물을 베어야하는데, 그것의 가치는 2d.이다. 그리고 그는 1일 동안 1명의 일꾼과 함께 영주의 곡물을 쌓아야하는데, 그것의 가치는 1/2d.이다. 그리고 그는 2일 동안 1명의 일꾼과 함께 수레에 거름을 실어날아야 하는데, 그것의 가치는 2d.이다. 그리고 그는 장원의 반경 5 leagues 내의 갈무리 작업을 해야 하는데, 그것의 가치는 1d.이다."15)

또 관습기록부에서 특정 계절에 생산물지대를 요구하는 경우에도 실제는 현금으로 대신 지불되기도 하였다. 만약 장원회계

---

15) *Custumals of the Manor of Laughton, Willingdon and Goring*, p. 35.

문서가 존재한다면 그곳의 관습기록부가 말하는 내용에 대하여 확인을 할 수 있다.

3. 직영지재산평가서

직영지재산평가서(Extent)란 이름 그대로 직영지의 재산가치에 대한 평가서를 말한다. 13세기 후반에 이전의 텍스를 평가한 Walter of Henry는 영주에게 적법하게 선서한 사람에 의하여 토지와 주택에 대한 extent를 만들라 권하고 있다. 그리고 우선 법정, 가든, 비둘기집, 텃밭이 매년 얼마의 가치가 있는가를 기록하고, 다음에 직영지 면적과 각 필드에 위치한 현황 및 매년의 가치를 기록한 다음 목초지 면적과 매년의 가치, 방목지 면적과 매년의 가치, 숲지의 가치와 매년의 가치를 기록하라고 권하고 있다.[16] 이처럼 Extent의 본질은 기재된 직영지의 모든 건물과 토지, 차지인의 모든 지대와 부역 및 생산물 지대에 가치가 표시되어 있다는 것이다. 표기된 가치들은 만약 임대된다면 매년 받을 수 있는 금액인 것이다.

Extent의 기원은 왕령지의 재산에 대한 영지조사서에 있다. 왕에게서 직접 토지를 하사받은 보유자가 사망한 후에 조사관들에 의해 작성되었던 *Inqusition Post Mortem*이 바로 그것이다.[17] 직영지재산평가서는 13세기 중반부터 급속히 확산되었는

---

16) *Walter of Henry*, pp. 312-13.

17) Inqusition Post Mortem의 예는 *A Calendar of Post Mortem Inqusition relating to the County of Sussex, 1 to 25 Elizabeth*, Abstracted and Translated by L.F. SalzMann (Sussex Record Society, 1903); *Notes of*

데, 일부 직영지재산평가서는 재산가치가 부가된 단순한 직영지 영지조사서(demesne survey)나 관습기록부에 불과하다. 그러나 대부분 정해진 형태를 따르는데, 대체로 장원청 그리고 이를 둘러싼 농장 건물들과 마당과 정원의 묘사로 시작한다. 다음은 직영지에 속한 매 경작지마다 서술되고 가치가 매겨진다. 2~3포제가 시행되는 곳에서는 토지는 각 경구(furlong)마다 분리하여 묘사되며, 각 경포(field)마다 총 면적과 가치가 제시된다. 여기서 서술되는 경구의 모든 경작지는 오직 직영지에 속한 토지만을 언급하며 차지인이 보유한 토지는 제외되어 있다. 경작지 다음은 직영지의 목초지, 방목지, 숲과 다른 부속물들이 차례로 묘사된다. Sussex의 Willingdon 장원의 경우를 예를 들면 다음과 같은 차례로 기술되어 있는데, 장원청에 대한 기술이 없이 토지 부분만 기록되어 있다.

Extent of the manor of Wylendon(willingdon)
1292년 11월 12일 작성. 작성자(Jop de Upeton 등 11인 이름 기재됨; 생략 저자), 이들은 모두 서약하였음.

(*장원청과 여기에 딸린 정원, 마당과 비둘기집: 각 항목의 매년 가치 및 총 가치에 대한 기록 없음; 저자)

임대된 직영지 토지
각각의 면적, 매년 가치

Post mortem Inquisitions taken in Sussex: 1 Henry 7 to 1649 and After, ed. F.W.T. Attree (The Sussex Record Society, vol. 14, 1912); *Leicestershire Medieval Village Notes, 6 vols.*, ed. George F. Farnham (Leicester, 1929-1933), passim.

총 면적

총 가치

직영지 경작지

각 필드의 면적과 매년 가치

총 면적

총 가치

방목지

각각의 방목지 면적과 매년 가치

총 면적

총 가치

목초지

각각의 목초지 면적과 매년 가치

총 면적

총 가치

물레방아

매년 가치

자유 차지인

각자의 토지 면적과 매년 지대.

매 3주마다 개정되는 장원법정에 소송해야할 의무.

관습 차지인

A(토지보유인)의 보유지 면적, 지대, 부역 상술.

사망시 heriot로 그의 가장 좋은 가축(his best beast) 납부.

미망인이 그대로 유지시 토지를 매년 지대와 같은 액수로 relief 납부로 평생 보유.

미망인 사망시 그녀 남편처럼 heriot 지불.

상속인이 매년 지대만큼의 relief 지불하고 토지 보유.

그(A)의 딸에게 영주 허가없이 marriage portion 금지.

그의 딸이 장원 외부인과 결혼시 매년 지대만큼의 결혼세 납부.

그의 딸이 장원 내부인과 결혼시 허가 없이 가능하고 결혼세 없음.

그의 말이나 망아지가 20s. 이상이면 허가없이 판매 금지.
그가 장원관리인에 선출되면 그 직을 맡아야 하고, 영주의 지대와 돈을 걷고 회계에서 책임을 져야함. 농장건물과 곡물창고를 유지해야함. 이들 항목의 회계를 유지해야 함. 모든 수입과 지출의 회계를 해야 함. 그의 직에 대한 의무면제는 6s. 8d.임. 등등.
그가 건초관리인에 선출되면 그 직을 맡아야 하고, 등등.
오두막농(시작부분에 손상이 심하여 판독 불가; *텍스트 표기)
각자의 보유지 면적과 지대, 부역.[18]

Willingdon에서처럼 직영지재산평가서는 차지인과 그들 부역에 대한 관습기록부로 끝을 맺는다. 차지인의 토지는 직영지의 토지처럼 각 경포(field)와 경구(furlong) 별로 자세히 서술되지 않고 보유지 면적 전체만을 서술한다. Willingdon의 경우 차지인의 지대와 부역, 그리고 심지어는 장원관리인이나 건초관리인 직책을 맡았을 경우 그 의무까지 상세히 기록되어 있다.

14세기 중엽이후 직영지재산평가서는 급격히 감소하였다. 영주들이 그들 직영지를 임대하게 되자, 직영지재산평가서의 가치평가가 별 도움이 되지 않게 되었기 때문이었다. 임대 가치가 시장상황에 따라 변화했던 것이다. 어쨌든 영주에 의한 직영지 경영이 쇠퇴하자 survey의 필요성이 위축되었을 것이다. 물론 사라진 것은 아니나, 14세기와 15세기에 나타난 survey의 특징은 직영지재산평가서가 아니라 토지대장(terriers)과 지대장부(rentals)의 형태이다.

---

18) *Custumals of the Manor of Laughton, Willingdon and Goring*, pp. 23-33.

4. 토지대장과 지대장부

(1) 토지대장

토지대장(terriers)은 경작지와 목초지를 장원의 지형적 배열에 따라 기술한 장부를 말한다. 직영지재산평가서는 사실상 가치평가가 부가되어 있는 토지대장인 셈이다. 단순한 직영지에 대한 토지대장은 이 형태를 따른다. 예컨대 1447～48년 Oxfordshire의 Cuxham 장원의 경우 세 개방경지(three open field)의 각 경포에서 직영지 토지가 차례로 나열되어 있고, 현지의 관습 에이커 수와 그들의 측정치 모두가 제시되고 있다. 이것은 각 경포의 모든 토지를 기술한 것이 아니라 직영지에 속한 지조들의 면적과 측정치만을 기술한 것이다.[19)]

토지대장은 직영지를 대상으로만 작성된 것이 아니다. 차지인이 보유한 토지에 대한 토지대장 역시 종종 찾아 볼 수 있다. 자유 차지인의 토지에 대한 토지대장에 해당하는 문서는 가끔 부동산 양도증서(conveyance)에 포함되어 있기도 하다. 예컨대 1270년경 Cambridge와 Chesterton에 위치한 2개의 40 a. 보유지에 대한 양도증서는 개별적인 토지에 대하여 매우 자세하게 기록되어 있고, 1443년 Lincolnshire의 Corby와 Swinstead에서는 74개의 지조에 대하여 길게 묘사되어 있다.[20)]

경우에 따라서는 직영지와 차지인 보유지의 모든 토지가 토지대장에 기록될 수도 있다. 이 경우는 각 경포의 지조에 따라 토지 면적과 보유자가 기록되어 있다. 이 경우는 토지대장에 기

---

19) *Cuxham Manorial Records*, pp. 12-115.

20) *Manorial Records*, p. 27.

록된 경작지 면적의 합이 장원 내의 모든 경작지 면적을 나타낸다. Sussex의 Medess 장원의 토지대장이 좋은 예이다.

① Forlang of Crotenden
Lord Roos 1/2 a.
Bolne 1/2 a.
Brown 1/2 a.
Flest 1/2 a.
Bolne 1/2 a. (held by Bartlot at Will)
Silton 1/2 a.
John Digge 1/2 a.
Bolne 1/2 a.
Lovell 1/2 a.
Jenard 1/2 a.
Burton 1/2 a.
Bolne 1/2 a. (lately Benyamyn's)
Lord Roos 1 a.
John Digge 3 r.
Lovell 1 r.
Lord Roos 1 r.
Aleyn Howell 1 r.
Bolne 1½ r.
John Digge 1/2 a.
Bolne 1 a.

② Del Furlang～㉙ Chapel Steyre upon Clyf: 생략(*저자).

㉚ Meadow in Southwyssh
John Dygge (건물이 가득 들어선 절벽 가의 작은 땅, held of Bolne).

R. Dygge 1 r. (held of Bolne).

Goff 1 r. (held of Bolne).

Lord Roos 1 r.

Bolne 1 r. (held by Mew).

Also 1 r. (lately Benyamyn).

Also 1/2 a.

Also 1 r. (held by Lok).

S. Jan 1 r.

Jenard 1/2 r.

Bergh 1/2 r.

Flete 1/2 r.

Silton 1 r.

Rowberd 1/2 r.

Lovel 1 r.

Benyamyn 1/2 a.

Bolne 1 a.

Lord Roos 1 r.

John Digge 1 r.

Bergh 1/2 r.

Flete 1/2 r.

Goff 1/2 r.

Granger 1/2 r.

Benyamyn 1/2 r.

Lovel 1 r.

Jenard 1/2 r.

Granger 1/2 r.

Bolne 1 a.

Benyamyn 1/2 a.

Silton 1 r.

S. Jan 1 r. (한때 John Taylour's, 다음 William Tut's, 현재 S. Lorkyn's, held of Bolne).

Bolne 3 r.
Also 1/2 r. (held by Mew).
Benyamyn 1/2 a.
Rowberd 1/ 2 r.
Bolne 1/2 r. (held by Chennour).
Also 1/2 r. (held by Mew).
Bolne 1/2 r. (held by Bartlot).[21)]

Medess 장원은 들판의 경작지 경포(field)에 29개로 나뉜 경구(furlong) 별로 기술되어 있으며, 경구 내의 각 지조의 보유자와 면적이 기록되어 있다. 30번째에는 목초지에 대한 보유자와 면적이다. 경작지 및 목초지 모두 대체로 하나의 지조는 1/2 a.가 주를 이루고 있고, 1 a. 지조나 1 r.의 지조, 목초지의 경우는 1/2 r.도 존재한다는 것을 보여주고 있다.

(2) 지대장부

지대장부(Rentals)는 차지인들 각자에게 부과된 지대(현금이나 생산물)의 총량이 표기된 장부이다. 중세의 현금지대는 반드시 같은 분할은 아니라도 1년에 4번의 의무였고, 생산물 지대는 보통 단일 경우에 지불했다. 이것이 지대장부를 쉽게 목록으로 정리할 수 있게 하였다. 예컨대 14세기 Sussex의 Bartholomew 가문이 보유한 Bolne 장원의 경우 지대를 지불하는 네 시기가 Christmas, Easter, Midsummer, Michaelmas였다.[22)]

지대장부는 다른 종류의 영지조사서와는 매우 다르다. 지대

21) *The Book of Bartholomew Bolney*, ed. Marie Clough (Sussex Record Society, vol, 63, 1964), pp. 18-23.
22) *The Book of Bartholomew Bolney*, pp. 3-4.

장부에는 각 차지인에 대하여 간단한 설명으로 끝난다. 즉 대체로 보유자의 이름, 보유지 크기와 매년 지대가 전부이다. 이는 1366년 Eynsham Abby 영지의 Woodeaton 장원에 대한 지대장부와 직영지재산평가서를 비교해볼 때 잘 알 수 있다.[23)]

그러나 대체로 15세기까지는 노동부역과 관습적 생산물지대의 제공이 전부 혹은 화폐지대로 바뀌어 차지인들의 의무는 매년 그들이 부담하는 화폐의 총량 외에는 언급할 것이 거의 없게 되었다. 앞에서 언급한 Bolne 장원도 마찬가지였다. 그래서 Christmas에 걷은 지대는 보유자 이름과 면적이 표시되지 않은 토지, 그리고 지대뿐으로, "John Garston, 1 messuage와 Westdenlond와 Bolne heath 사이의 토지에 대하여 14d."처럼 기록되어 있다.[24)]

Bolne 장원의 예는 매우 간소한 기록이고, 대체로는 보유지 면적이 표시되어 있다. 1473년 Yorkshire의 Bolton Priory 영지의 지대장부가 그 같은 모습을 잘 보여주고 있다. Hesiwode 장원의 예를 들면 다음과 같다.

> "Thomas Whitehill: 1 messuage 16 a.의 토지와 목초지 보유. 매년 9s. 6d.
>
> 위 Thomas: Stretebank라 불리는 현재 enclose된 토지 보유. 매년 6d.
>
> William Ellot: 1 mes. 8 a.의 토지와 목초지 보유. 매년 5s.
>
> Henry Chamber: 1 mes. 8 a .의 토지와 목초지 보유. 매년 5s.
>
> Robert Cruke: 1 mes. 8 a.의 토지와 목초지 보유. 매년 5s.

23) *Eynsham Cartulary*, ed. H.E. Salter, vol. ii. (The Oxford historical Society, 1908), pp.19-24.

24) *The Book of Bartholomew Bolney*, p. 3.

Richard Pety: 1 mes. 8 a.의 토지와 목초지 보유. 매년 5s.
위 Richard: Wilflat라 불리는 12 a. forland 보유. 매년 7s.
Isabel Coke: 1 mes. 12 a.의 토지와 목초지 보유. 매년 7s.
위 Isabel: Le Fall이라 불리는 황무지 한 뙈기 보유. 매년 2s.
총 지대 46s.[25)]
총 에이커 72 a.와 황무지 토편(parcels)."[26)]

위에서 언급한 바와 같이 중세의 영지조사서 형식의 문서 사이에 구분이 항상 분명했던 것은 아니다. 직영지 재산평가서, 관습기록부, 토지대장, 지대장부 사이에는 밀접한 연관이 있었으며, 어느 부분을 중점적으로 기록하느냐에 따라 문서의 이름이 달라질 수 있었다. 심지어는 중세말에 이르면 지대장부가 재정회계장부(financial account)와 구분할 수 없기도 하였다. 지대목록이 종종 영주가 장원에서 걷을 수 있는 수익의 전부나 대부분이 되었기 때문이었다.

---

25) 지대를 rent가 아닌 farms로 표시하여 "Total of farms there 46s."으로 기록함.

26) *Bolton Priory Rentals and Ministers' Accounts 1473-1539,* ed. Ian Kershaw (The Yorkshire Archaeological Society, vol. 132, 1970), p. 3.

8장 Acomb 장원법정문서

1. 1556년 10월 19일 십인조점검 겸 장원법정

Court with View of Frankpledge, Monday, 19 Oct. 3 & 4 Philip and Mary(1556).

1) 배심원단(Jury).

Peter Newarke, esq., Ric. Holgate, gent., Robt. Newton, Wm. Shercroft, Robt. Spacy, John Burdeux, Wm. Spynke, thos. Palezar, Wm. Tyson, John Gill, John Kirkby, Roger Skadloke, John Granger.

2) 고소(complaints).[1)]

① Thos. Westrawe가 Thos. Carter를 대상으로 7s. 8d.[2)] 가

---

1) 장원법정에 개인이 상대방을 빚, 폭력, 권리침해 등의 이유로 탄원하여 소송을 제기하는 것을 의미한다.

2) 중세시대의 화폐단위는 1파운드(£)가 120실링(Shilling), 1실링이 12펜스(pence)였다. 실링은 s.로, 펜스는 라틴어 데나리우스(denarius)의 약어 d.로 표기되었다. 실링은 1971년 폐지되었고, 현재는 1파운드=100펜스의 단위로 사용하고 있다.

치의 맥아보리 1/2쿼터를 요구하는 빚에 대하여 탄원하였는데(in a plea of debt), 그의 손실 13s. 4d.를 주장하였다. 피고소인은 빚을 부인하였고, 배심원단(homage)[3]에 처분을 맡겼다. 배심원단은 그가 빚졌다고 말하였다.

② Robt. Bolton이 Thos. Carter를 대상으로 사기로 탄원하였다. 피고소인은 이를 부인하였고, 배심원단에 처분을 맡겼다. 배심원단은 그가 유죄이며, 손해를 8d.로 산정하였다.

③ Robt. Hill이 Robt. Johnson을 대상으로 무단침입(trespass)으로 탄원하였는데, 피고소인이 2수레의 밀집을 가져가 파괴하여 6s. 8d.의 손실을 입혔다는 것이다. 피고소인은 이를 부인하였고, 배심원단에 처분을 맡겼다. 배심원단은 그가 유죄이며, 손해를 16d.로 산정하였다.

3) 고발(presentments).[4]

① Thos. Tankard, labr.가 Thos. Husband를 피흘리게 하여. 6s. 8d.

② Robt. Palezar가 길 잃은 가축 가두는 우리(pinfold) 부수어. 8d.

③ Robt. Husbands가 자치규약을 어기어. 8d.

---

3) Acomb의 법정문서에 배심원단이 Jury 혹은 Homage로 표현되었다. Homage의 중세적 의미는 장원법정에 충성을 서약한 사람들로, 배심원단을 의미한다. *The Shorter Oxford English Dictionary on Historical Principles*, p, 976; *Walsham Court Rolls, 1351-99*, p. 212 참고.

4) 장원법정에 배심원단 혹은 장원관리에 의해 기소되는 것을 의미한다.

4) 평결(verdict).[5]

① Ric. Stapleton. kt. (12d.), Wm. Ingleby, kt. (12d.), John Foster (4d.), (4d.), Wilfred Pyndar (4d.). 이들은 free tenants로 법정에 소송을 제기하고 궐석하여 기술한 바와 같이 벌금에 처함.

② Wm. Waston, ald. (4d.) Robt. Pacocke, ald. (4d.). 이들은 Tenants at will[6]로 법정에 소송을 제기했으나 궐석하여 기술한 바와 같이 벌금에 처함.

③ Thos. Beane가 Acome 내의 1 acre[7]의 토지, 즉 Hobbe Oak의 1/2 a., Whitclosse Side 다음의 1/2 a.를 Wm. Thakwray가 보유하도록 반납함(surrendered).[8] 보유세(fine)[9] 6s. 8d.

---

5) 배심원단에 의한 유무죄나 위반에 대한 벌금액수의 결정을 의미한다.

6) 영국의 16세기는 장원농민들의 신분이 변해가는 시기였다. 예전처럼 영주 직영지에 대한 부역의 의무가 있던 예농(Villein)이 존재했던 반면, 토지보유권이 등본에 의하여 강화된 등본보유자(copyholder)가 생겨났다. 그런가 하면 그에 대응하는 영주들은 등본보유권을 회피하고 영주의 자의에 의하여 보유조건을 결정하는 자의에 의한 차지인(tenant at will)도 생겨났다. 그런가 하면 전통적인 관습에 의한 차지인(customary tenant)들 역시 존재했다.

7) 이하 a.로 약하여 표기함. 1 acre의 면적은 40 perches x 4 perches의 면적을 말한다. 1 prech는 16과 1/2 feet로 502.92㎝이다. 3 feet가 1 yard이므로, 1 acre는 220 yards x 22 yards로도 표시된다. 그러므로 1 acre는 160 평방 퍼치, 혹은 4840 평방 야드다. 이는 1224.2평이다. (1 평은 36평방 자, 1자는 30.303cm이다) 1 acre는 4 roods이다.

8) surrender는 자진반납의 형식을 취하였다. 장원내의 토지거래는 명도(明渡) 시에 토지보유자가 영주에게 자진반납하고 영주는 다른 보유자의 보유를 승인하는 방식으로 이루어졌다.

9) entry fine을 의미함. 토지나 건물 등에 대한 소유권이 아닌 사용권만을 구입한 것으로, 글자 그대로 토지나 건물에 들어가 사용할 수 있는 권

④ 서기 Thos. Burdeux가 Acome 내의 토지 1/2 oxgang[10)]을 John Kirkby와 Wm. Tyson을 통하여 John Burdeux가 보유하도록 반납함. 보유세 5s.

⑤ 서기 Thos. Burdeux가 Acome 내의 토지 1/2 oxgang을 John Kirkby와 Wm. Tyson을 통하여 Wm. Burdeux가 보유하도록 반납함. 보유세 5s.

⑥ John Granger가 Ric. Holgate와 Robt. Spacy를 통하여 Acome 내의 1 cottage, West Yngs의 Jeilson Garth라 불리는 1 garden, Lodge Lez의 1/2 rood[11)]와 Mylne Sties의 1/2 r.를 Wm. Notyngham이 보유하도록 반납함. 보유세 10s.

⑦ Thos. Westrawe가 Ric. Holgate와 Robt. Newton을 통하여 Acome 내의 garden이 딸린 1 cottage를 John Burdeux가 보유하도록 반납함. 보유세 3s.

5) 위반시 벌금(Penalties).[12)]

① 영주권 밖에 사는 외부인 누구도 공동지에서 방목할 수

한에 대한 허가세이다. 즉, 보유허가세로 본문에서는 보유세로 약하여 표기하였다. 근대 사유재산권이 확립된 후의 상속세나 취득세와는 다른 개념이다.

10) 1 oxgang (또는 1 bovate)의 면적은 1/2 virgate (또는 1/2 yardland)이다. 1 virgate가 1/4 carucate (또는 1/4 hide)의 면적이므로, 1 oxgang의 면적은 1/8 carucate 또는 1/8 hide와 같다. 1 carucate (1 hide)의 면적이 120 세제 에이커이므로, 1 virgate의 면적은 30 세제 에이커, 1 oxgang의 면적은 15 세제 에이커이다.

11) 이하 r.로 약하여 표기함. 1 rood의 면적은 1/4 에이커로, 306.05평이다.

12) 장원의 내규, 자치규약 등을 어겼을 경우 주민들이 감수해야할 벌금이다. 장원 주민들의 행동지침에 대한 장원법정의 규정들이다.

없다. 위반시 가축당 6s. 8d.

② Acomb의 모든 거주자는 만성절(All Saints's Day, 11월 1일) 이전에 공동수로를 청소해야 한다. 위반시 3s. 4d.

③ Acomb의 거주자는 누구든 파종된 토지를 사용할 수 없다. 위반시 3s. 4d.

④ Acomb과 Holgatc의 모든 거주자는 만성절 이전에 자신의 모든 돼지에 종을 달아야 한다. 위반시 각각의 돼지 1두 당 3s. 4d.

⑤ Ric. Holgate, John Gill, Wm. Thakwray와 Robt Spacy는 위 일을 감독한다. 위반시 각각 3s. 4d.

⑥ Geo. Browne의 처와 Ric. Arthur의 처는 그들 이웃에 욕하지 말라. 위반시 3s. 4d.

⑦ Acomb의 거주자는 누구는 영지관리인이나 그의 대리인과 경관의 동의가 있는 경우를 제외하고는 어떤 외부인도 데리고 있을 수 없다. 위반시 10s. 0d.

⑧ Joan Wrightson은 그의 두 아들을 내보내야하며, 일 년에 각 분기마다 1번 외에는 그녀의 집에서 잠자는 것을 허용해서는 안 된다. 위반시 10s. 0d.

⑨ Holgate의 각 거주자는 Lawefield와 Mayne Yng 근처의 새로운 도랑에서 각자의 담당분을 수태고지 축제일(3월 25일) 이전에 수리해야 한다. 위반시 3s. 4d.

⑩ Holgate의 모든 거주자는 Cornefeilds 밖으로 그들의 돼지를 옮겨야한다. 위반시 4d.

⑪ Holgate의 Robt. Palezar는 그의 토지와 Wm. Tysone의 토지 사이의 울타리를 St. Martin 축일(11월 11일) 이전

에 수선해야하며, 인근의 수로를 청소해야 한다. 위반시 3s. 4d.

⑫ Holgate의 거주자 누구도 자신의 수로 외에서 가시금작화를 베어서는 안 된다. 위반시 12d.

6) 관리 선출(Election of Officers)

① 공동 가축관리인(common pinder): Geo. Skadloke (Acome).

② 지대 수취인(collector of rents): Roger Metcalf (Acome), Guy Cooke (Holgate).

③ 경관(constable): Wm. Thakwray (Acome), Robt. Husband (Holgate).

④ 에일주 감식인(ale tasters): Robt. Bolton과 John Cowper (Acome).

2. 1557년 5월 3일 십인조점검 겸 장원법정

Court with View of FrankpJedge, Tuesday, 3 May, 4 & 5 Philip and Mary(1557).

1) 궐석승인(Essoins).[13)]

Robt. Palezar by Thos. Palezar, Robt. Buttrie by Juhn Kirkby, Wm. Tysone by Wm. Newarke, John Gill by Wm. Newarke, Wm. Notyngham by Robt. Skadlok.

---

13) 장원법정에서 10인조 점검(View of Frakpledge)이 이루어졌으므로, 12세 이상의 장원 남자들은 장원법정에 출석할 의무가 있었다. essoin은 사정상 출석을 하지 못하는 경우, 법정에 의하여 궐석의 이유가 받아들여져서 궐석에 대한 벌금이 면제된 경우이다.

2) 배심원들(Jurors).

Ric. Holgate, John Gill, Thos. Palezar, Roger Skadloke, Robt. Spacy, John Kirkby, Wm. Thackwray, Guy Cooke, John Burdeux, Robt. Plowghman, Wm. Husband, Thos. Shipton, Ric. Read, Geo. Gill.

3) 고소(Complaint).

Wm. Spynk가 Peter Newarke, esq.를 대상으로 무단침입에 대한 탄원을 제기함.

4) 고발(Presentment).

① John Granger (4d), Thos. Cootes (4d), John Robynson (4d), Wm. Skadlok (1d), Robt. Gill (ld) and Reginald Burdeux (1d): 지난 법정에서 벌금이 부과되는 가시금작화 채취 금지 위반으로 벌금 부과.

② Roger Browne: Thos. Birkett의 피를 흘리게하여. 6s. 8d.

5) 평결(Verdict).

① Ric. Stapleton, kt. (4d), Wm. Ingleby, kt. (4d)/ the heirs of Wilfred Pynday (4d), John Forstar (4d), 이상 free tenants. Wm. Shercroft, John Skadloke and Robt. Gill, 이상 customary tenants.[14] 이들은 법정에 소송을 제기하고 궐

14) 1556년 10월 19일 법정에서 장원주민들이 free tenants와 tenants at will로 표기되었으나, 1557년 5월 3일 법정에서는 free tenants와 customary tenants로 표기하고 있다. 그런가 하면 1557년 10월 7일의 법정에서는

석함.

② Wm. Shercroft과 그의 처 Matilda가 Robt. Spacy와 Robt. Plowghman을 통하여 영지관리인인 Wm. Newarke 의 입회하에 Acome의 Thos. Vesey가 보유하고 있는 에스콰이어인 Peter Newarke의 토지 사이에 위치한 I oxgang 토지를 Peter Newarke이 보유하도록 반납함. 보유세 10s.

③ Wm. Shercroft와 그의 처 Matilda가 Thos. Vesey가 보유하고 있는 Acome의 창고 하나가 딸린 1 messuage[15)]와 Narrowe Oxgang으로 불리는 1 oxgang의 토지를 Geo. Swale이 보유하도록 반납함. 보유세 20s.

④ Wm. Shercroft와 그의 처 Matilda가 Thos. Vesey가 보유하고 있는 Acome의 1 oxgang의 토지를 Thos. Vesey가 보유하도록 반납함. 보유세 10s.

⑤ Wm. Holgate가 Acome의 1 messuage와 2 oxgang의 토지를 Wm. Skadlok와 그의 처 Isabel이 다음 St. Martin 축일(11월 11일)부터 21년 동안 사용하도록 반납함. 그들은 그(Wm. Holgate)에게 매년 20s.의 지대를 지불하고, 밀집과 모르타르로 건물들을 유지하며, 주요 목재를 제외한 모든 수선을 한다. 보유세 10s. (Marginal note:

---

free tenants와 tenants로 표기하고 있다. 이 예를 통하여 당시 장원의 자유 차지인을 제외하고는 tenants, tenants at will, customary tenants라는 표현을 혼용해서 같은 의미로 사용했다는 것을 알 수 있다. *Acomb Court Rolls*, pp. 16, 18, 19.

15) messuage는 토지와 부속건물을 포함하는 주택을 말한다. 이는 toft(가옥과 대지), croft(가옥에 딸린 텃밭), 창고 등 부속건물이 포함된 개념이다.

R[16]) 10s.

⑥ Robt. Newton이 Acome에서 Wm. Skadlok이 보유하고 있는 1 toft가 딸린 오두막(cottage), I 이이커(a.)의 토지와 Narrowe Oxgang으로 불리는 1 oxgang의 토지를 St. Martin 축일부터 21년간 Wm. Thakwray가 보유하도록 반납함. Wm. Thakwray는 밀집과 모르타르로 건물들을 유지하고 주요 목재를 제외한 모든 수선을 한다. 보유세 6s. 8d.

⑦ Acomb에서 1 messuage와 3 oxgangs의 토지를 9년간 보유하나 아직 기간이 끝나지 않은 Wm. Thakwray가 위 재산을 다음 겨울 St. Martin 축일부터 잔여권(remainder)을 Geo. Marshall이 보유하도록 반납함. 보유세 3s.4d.

6) 위반시 벌금(Penalties).

① Wm. Tyson은 Thos. Cartar와 그의 처 Marion이 고약한 마음을 가진(ill-disposed) 사람들이므로 St. Martin 축일 이전에 영주권 내에서 내보낼 것.[17] 위반시 40s. 0d.

② 에일주 감식인들이 그들 의무를 게을리 할 경우. 12d.

③ 영주와 법정에 의하여 세례자 성 요한의 탄생 축일(6월 24일) 이전에 모든 자와 저울을(all measures and weights)

---

16) R=received.

17) 당시 장원에서는 외부인의 거주와 숙박에 대하여 매우 민감하게 반응하고 있다. 당시 장원법정은 이들 '부랑자들'을 도독이나 전염병을 옮기는 자, 또는 장원의 질서를 해치는 자로 생각하여 추방명령을 내렸다. 장원 내의 부유한 농민들도 장원법정과 동일한 생각이었다. 본서 6장 참고.

점검하여 제공된 표준기준으로 봉인하여야 하며, 공동 비용으로 유지해야 한다고 명해짐. 위반시 읍에 벌금 부과. 5s. 0d.

④ 어떤 주조자도 봉인되지 않은 용기로 판매하지 말 것. 위반시 3s. 4d.

⑤ 공동지에서 파머는 잔디를 2마차 이상, 오두막농은 1마차 이상을 채취하지 말 것. 위반시 마차 당 2s. 0d.

⑥ 공동지에서 누구도 생나무 채취 금지. 위반시 마차 당 2d.

⑦ Acome과 Holgate의 모든 주민들은 성신강림 대축일(Whit Sunday) 이전에 그와 그의 이웃 토지 사이에 적절한 펜스를 만들 것. 위반시 12d.

⑧ Robt. Johnson은 그의 토지와 Hall Garth 토지 사이에 성신강림 대축일 이전에 충분한 펜스를 만들 것. 위반시 3s. 4d.

⑨ 배심원들은 적어도 8명 혹은 6명이 성령강림절 이전에 Hobbe Oakes의 지조들(strips)의 경계를 살피고 결정할 것. Thos. Shipton은 편리할 때 배심원들을 수행할 것.

⑩ 새끼를 데리고 헤매는 양이 영주권에 들어와 1년 1일을 머물렀다. 포고가 만들어졌고, 영지관리인에게 이를 압수하도록 명해짐.

7) 배심원단에 의한 평가액. 당 법정의 총 수익: £3 14s. 3d.

3. 1557년 10월 7일 십인조점검 겸 장원법정

Court with View of Frankpledge, Thursday, 7 Oct. 4 & 5 Philip and Mary(1557).

1) 궐석승인(Essoins).

① Wm. Spynke by. Robt. Buttry, Robt. Jackson by Tho. Vessey, John Richardson by Geo. Browne.

2) 배심원단(Jury).

Roger Metcalf, John Gill, John Kirkby, John Burdcux, Wm. Thakwray, Wm. Tysone, Robt. Buttry, Wm. Holgate, Robt. Plowghman, Thos. Palezar, Robt. Spacy, Roger Skadlok, Ric. Reade.

3) 고소(Complaint).

Wm. Mote가 Leo. Blithe를 대상으로 빚을 이유로 5s.을 요구하는 탄원을 제기함. 피고소인은 빚을 부인하고 배심원단의 처분에 맡김. 고소인도 마찬가지로 배심원단에 맡김. 고소건은 다음 법정까지 연기됨.

4) 평결(Verdict).

Wilfred Pyndar (2s), John Forster (4d), 이상 free tenµnts, Wm. Watson, ald. (no fine stated), Eliz. Place, widow, (4d), Wm. Husband (4d), Peter Skadlok (4d), 이상 tenants, 이들은 법정에 소송을 제기하였으나 궐석하여 상기 벌금을 부과함.

5) 고발(Presentments).

① Micklegate Bar가 없는 The Master of St. Thomas's Hospital과 Edw. Sandwith, customary tenants는 각각에게 법정소송에 대하여 4d.를 지불한다. 매년 부활절에 지불가능함.

② John Granger가 그의 집에서 수시로 불법 게임이 이루어지도록 함. 3s. 4d

③ John Granger와 Thos. Cotes와 Mrs. Robynson 세 사람의 아내들인 공동 주조자들이 에일주 감식인에게 그들의 새로운 에일주를 제출하지 않음. 각자 8d.

④ Thos. Shipton, John Nelson 처, Robt. Johnson과 Robt. Hill이 그들 정원의 펜스를 만들지 않음. 각자 12d.

⑤ Wm. Skadlok이 Knapton Cross에서 John Gin의 곡물을 침범하여 4마리의 말을 가둔 가축우리(pinfold)[18]를 부숨. 20d.

⑥ Geo. Browne, snr.와 Ric. Firth가 penalty에 반하여 가시금작화를 채취함. 각자 4d.

⑦ Wm. Thakwray, Robt. Plowghman, Roger Skadlok, Thos. Vessye가 명해진 바와 같이 Lodge Headland와 Kirk Roods Balk의 지조 쪽의 경계를 확정했으나, Hobbe Okes의 지조들에 대해서는 완전히 무시함. Kirkhows Headland는 그래야하는 것보다 더 넓게 남아있으며, 그들에 의하여 경계가 이루어지지 않음.

⑧ John Gill이 Robt. Spacy와 Wm. Thakwray를 통하여

18) 중세시대 길을 잃어 배회하는 가축을 가두는 우리를 의미한다.

Acomb에 위치한 1 oxgang의 토지를 21년간 Robt. Hill이 보유하도록 반납함. 매년 지대는 6s. 8d. 보유세 4s. (면제됨).

⑨ John Gill이 21년간 Robt. Hill이 보유하도록 반납하였다가 최근에 부동산권의 복귀(escheat)로 영주가 소유한 앞의 1 oxgang의 토지를 Robt. Hill이 21년간 사용하도록 영주가 승인함. 보유세 10s.

6) 위반시 벌금(Penalties).

① Acome과 Holgate의 모든 주민들은 그의 돼지에 다음 일요일 이전에 방울을 달아야 한다. 위반시 두당 4d. 이를 영주와 내규집행인들(bylawmen) 사이에 균등하게 나눈다.[19)]

② 내규집행인들은 돼지의 방울을 살펴야 한다. 위반시 매달 2s. 0d.

③ Acome과 Holgate 모든 주민들은 그들 수로를 만성절(All Sanits' day: 11월 1일) 이전에 청소해야 한다. 위반시 각각 3s. 4d.

④ Wm. Skadloke과 Robt. Hill은 만성절과 St. Peter ad Vincula 축일(8월 1일) 사이에 폐쇄된 Cornfielde 쪽의 그

---

19) 장원 주민들이 방목하여 기르는 모든 돼지들이 방목지를 벗어나면 바로 알 수 있도록 하는 조치로서, 법정이 열린 목요일부터 일요일 이전에 모든 방울달기 작업이 효율적으로 끝날 수 있도록 격려하고 감독하는 차원의 법정명령이다. 그를 위하여 정해진 기간에 방울을 달지 않은 돼지 두당 4d.의 벌금을 영주와 감독인들 사이에 분배한다는 것이다. 그러나 잘 집행이 이루어지지 않을 경우에는 내규집행인들이 ②번 항목처럼 책임에 대해서 벌금을 물었다.

들의 문을 유지해야 한다. 위반시 3s. 4d.

⑤ Wm. Thakwray는 크리스마스 이전에 말뚝을 그의 벽에서 45인치 옮겨라. 위반시 3s. 4d.

⑥ Robt. Johnson은 건초단을 가져가는 경절도(petty larceny)를 범하지 말라. 위반시 영주권역에서 즉시 추방한다.

⑦ Wm. Notyngham이 최근에 전에 주거건물 1채였던 곳에 2채를 건축했다. St. Andrew 추일(11월 30일) 이전에 전처럼 나머지 1채를 헛간으로 되돌려라.[20] 위반시 40s. 0d.

⑧ Holgate 남쪽 방면의 모든 주민들은 St. Martin 축일(11월 11일) 이전에 각각 그들 집앞에 도보를 내라. 위반시 3s. 4d.

⑨ 누구도 Braken Hill에서 가시금작화나 나무를 채취하지 못한다. 위반시 한 짐 당 4d.

⑩ 어떤 headland[21]도 기존에 만들어진 것 외에는 다른 것보다 넓어서는 안 된다. 위반시 3s. 4d.

⑪ 마찬가지로 누구도 다른 headland를 침범해서는 안 된다. 위반시 3s. 4d.

---

20) 이 시기가 영국 촌락에서 주거건축이 활발히 진행되던 시기였다. M.W. Barley, *The English Farmhouse and Cottage* (Routledge & Kegan Paul, 1961), ch. 2-3; Georges Edelen, ed. *The Description of England by William Harrison* (1587), (Cornell University Press, 1968), p. 238. 영주의 허락 없이 헛간을 주거용 건물로 건축한 이른바 불법 건축의 예로, 불이행시 벌금액수도 40s. 0d.로 매우 큰 금액이었다.

21) headland란 밭갈이 시에 밭이랑 끝에서 쟁기조(plough-team)가 돌아설 수 있는 갈아엎지 않은 토지를 말한다.

7) 관리선출(Election of Officers).

① 영주의 지대수취인(Collectors of the lord's rents): Robt. Sracy (Acome), Ric. Read (Holgate).

② 경관(Constable): Robt. Knaggs (Acome), John Burdeux (Holgate).

③ 에일주 감식인(Ale tasters): Geo. Swale와 Thos. Taylor.

8) 당 법정의 총 수익: (공란)

4. 1558년 10월 17일 십인조점검 겸 장원법정

Court with View of Frankplcdge, 17 Oct. 5 & 6 Philip and Mary (1558).

1) 궐석승인(Essoins).

Peter Newarke by Robt. Newarke, Wm. Srynke by Robt. Knaggsb Robt. Buttrie by Robt. Knaggs, John Richardson by Ric. Holgate, Thos. Palezar by Robt. Plowghman, Roht. Jakson by Thos. Vesey, Ric. Read by John Gill(sic), John Gill (sic) by John Hill.

2) 배심원단(Jury).

Ric. Holgate, gent., Roger Skadlok, Robt. Ploughman, Wm. Thakwray, Robt. Gill, Geo. Swale, John Gill, Thos. Vesey, John Burdeux, Geo. Gill. John Skadlock, John Kirkby, Wm Tyson.

3) 고소(Complaint).

① Wm. Thakwray가 Wm. Jakson을 대상으로 빚으로 5s.을 요구하는 탄원을 제기함. 피고소인은 이 빚을 부인하고 자신을 배심원단에 맡김. 원고도 동일. 배심원단은 피고소인이 그 돈을 빚지지 않았고 그러므로 원고는 벌금에 처한다고 말함. 등등.

4) 평결(Verdict).

① Ric. Stapleton, kt., Robt. Newton, gent., Wm. Inglehy, kt., 이상 free tenants. Wm. Watson, ald., Roht. Palezar and Guy Cooke 이상 customary tenants. 법정에 소송을 제기하고 궐석함. 벌금 각각 4d. 합계 2s.

5) 고발(Presentments).

① Thos. Cotes가 Robt. Johnson의 피를 흘리게 함. 6s. 8d

② Robt. Johnson이 Thos. Cotes을 대상으로 공공장소에서 싸움.[22] 3s. 4d (여백 노트: '피흘리게하면 10s.)

③ John Warde가 Fran. Gale, esq.의 숲에서 불법으로 채취한 잔가지를 판매함. 12d.

④ Robt. Buttrie가 Thos. Vescy를 대상으로 공공장소에서 싸움. 3s. 4d.

---

22) 장원 내에서 마을 사람끼리의 싸움(폭행)은 '왕의 평화'를 깬 형사사건으로 대체로 3s. 4d.의 벌금이 부과되었으나, 여기에 수반되어 어느 한편이든 피를 흘리면 이보다 훨씬 중한 위반으로 간주하여, 본문에 표기된 대로 10s.의 벌금을 부과하였다.

⑤ Robt. Buttrie에게 다음 법정에 출두하여 어떤 권리로 Acome 영주권에 속하는 Clifton Acres라 불리는 기슭에서 건초를 채취했는가에 답하라는 명령이 영지관리인에게 내려짐. 이는 관습적으로 가축관리인(pinder)이 하는 일이다.

⑥ John Warde가 1마차의 잔디를 더 채취함. 2s. 0d.

⑦ Robt. Palezar (4d), Robt. Husband (4d), Thos. Cartar (12d), Thos. Westrawe (6d), John Burdeux (2d), Geo. Gill (2d). 그들 돼지가 Cornfeilds에 들어가도록 방치함.

⑧ Wm. Husband가 John Gill과 Roger Skadlok을 통하여 Acome의 1 cottage와 창고, 2 gardens을 Wm. Jakson의 처인 Margaret Jakson에게 Wm. Husband의 사후 21년간 사용하도록 반납함. 만약 그 기간 안에 그녀가 사망하면 이 임대는 무효임.

6) 관리선출(Election of Officers).

① 경관(Constables): Robt. Gill (Acomb), Geo. Gill (Holgate).

② 법정관리인(Beadles): John Burdeux, Wm. Burdeux (Acomb), Robt. Pacock, ald (Holgate)

③ 에일주 감식인(ale tasters): Robt. Knaggs (Acomb), John Gelderd (Holgate).

7) 당 법정의 총수익: (공란).

5. 1567년 4월 17일 십인조점검 겸 장원법정

Court with View of Frankpledge, 17 April, 9 Elizabeth (1567).

1) 배심원단(Jury).

Peter Newark, esq., Roger Skadlok, Robt. Spacy, Geo. Marshall, John Burdeux, John Gill, Robt. Plowghman, Robt. Gill, Robt. Hill, John Granger, Adam Gill, Thos. Vessey, John Kirkby.

2) 고소(Complaints).

① Thos. Gibsondl, baker이 Thos. Rutt, weaver를 대상으로 8s.의 빚을 요구하는 탄원을 제기함. 피고소인이 그의 빚을 부인하지 않음. 손해가 배상됨.

② Roger Skadlock이 Joan Granger를 대상으로 그의 임금 6s. 4d.를 요구하는 탄원을 제기함. 피고소인이 그의 빚을 부인하지 않음. 그래서 등등.

3) 평결(Verdict).

① Ric. Stapleton, kt, (4d), John Forster (연기됨), John Weddell (8d), Wm. Thakwraye (연기됨), John Thakwraye (8d). 법정에 소송제기하고 궐석하여 상기의 벌금에 처함.

4) 고발(Presentments).

① Robt. Allanby(별칭 Holgate)가 조례에 위반되게 특정

Merestones을 옮김. l0s. 0d.

② Wm. Tankard가 Holgate의 Little Marrin을 대상으로 지난 법정에서 위반시 벌금이 부과된 수로청소를 하지 않아서. 2s. 0d.

③ Wm. Holgte가 Oxcroft로 출입문을 내지 않아서. 20d.

④ Lancelot Swale이 Robt. Gill과 John Spynk를 통하여 전에 Robt. Gill이 보유하던 1 oxgang의 토지를 John Atkinson이 보유하도록 반납하였다. 보유세 13s. 4d.

⑤ Peter Skadloke이 Geo. Marshall의 입회하에 Peter Newarke을 통하여 현재 Robt. Plowghman이 보유하고 Holgate의 Langlands라 불리는 Flat에 위치한 1 a.의 토지를 위 Robt.이 사용하도록 반납함. 보유세 2s.

⑥ Thos. Vessey가 Geo. Gill의 입회하에 Robt. Gill을 통하여 Acome Feildsdp 위치한 Ouse Acre라 불리는 1 a.의 토지를 Peter Gill이 보유하도록 반납함. 보유세 2s.

5) 위반시 벌금(Penalties).

① 누구도 Gravill Hills 끝에서 Dyke Hyrne Closse Nooke 사이의 가시금작화를 베지 못한다. 위반시 마차 당 10s. 짐 당 12d.

② Acome의 주민들은 공동우물을 청소할 것. 마을의 동쪽 끝과 서쪽 끝의 우물을 성신강림대축일(Whit Sunday) 이전에 청소하고 청소가 잘된 상태로 유지할 것. 서쪽 끝 우물의 청소감독자(viewer)는 Adam Gill이고, 동쪽 끝 우물의 청소감독자는 Wm. Jackson임. 결석 시 4d.

③ John Robynson과 Robt. Johnson은 St. John the Baptist 축일 (6월 24일) 이전에 그들의 대문 앞에 둑길(causeway)[23]을 만들어라. 위반시 3s. 4d.

④ Robt. Bisshop은 St. Peter and St. Paul 축일 (6월 29일) 이전에 불법인 reade hawkt oxe를 이동할 것. 위반시 10s. 0d.

⑤ Robt. Bisshop과 그의 처는 이웃들에게 욕하지 말 것.[24] 위반시 13s. old

6. 1567년 10월 13일 십인조점검 겸 장원법정

Court with View of Frankpledgc 13 Oct. 9 Elizabeth (1567).

1) Jury(배심원단).

Ric. Holgate, gent., Geo. Marshall, John Granger, Roger Skadlok, Robt. Spacy, Robt. Plowghman, John Gill, Roht. Notyngham, John Burdeux, Geo. Gill, Robt. Hill, Thos. Vessey, John Kirkby, Lancelot Swale.

2) 고소(Complaints).

① Wm. Tankard가 John Granger를 대상으로 그에게 판매한 양의 가격 19s.을 요구하는 탄원을 제기함. 피고소인

23) 저습지에 흙을 돋우어 만든 둑길을 의미한다.

24) 16세기 장원법정에서 내려진 금지명령의 가장 일반적인 사항 중의 하나가 욕설 금지이다. 주로 부인들이 그 대상이었다. 본서 5장, 6장 참고.

은 이를 부인하고 배심원단에 처분을 맡김. 배심원단은 그가 19s.을 빚졌다고 결정했고, 손해를 6d. 법정비용을 2d.로 산정함.

② John Carok이 Wm. Tankard를 대상으로 소송을 제기함, 이유는 그의 암말이 그의 의사에 반하여 교미를 하여 손해 10s. 피고소인은 이를 부인하고 배심원단에 처분을 맡김. 배심원단은 피고소인이 죄가 있다고 판단하고, 손해를 16d. 법정비용을 4d.로 산정함.

3) 평결(Verdict).

① Ric. Stapleton, kt., John Weddell, Wm. Thakwray가 법정에 소송을 제기하였으나 궐석함. 각각 8d.의 벌금에 처함.

② Thos. Sandwith, Thos. Palezar, Robt. Jakson, John Gill, Jun. of Hashawe가 법정에 소송을 제기하여 각자 4d.의 벌금에 처함.

4) 고발(Presentments).

① Geo. Gill이 Thos. Coates를 폭행하고 피를 흘리게 하여. l0s. 0d.

② Thos. Coates가 Geo. Gill의 피를 흘리게 하여. 6s. 8d.

③ Peter Skadlock가 공동우리를 부수고 거기에 갇힌 암말 1두를 가져가서. 3s. 4d.

④ John Spynke가 Geo. Marshall 입회하에 Peter Newark를 통하여 1 messuage, garden. barn, croft, 3 oxgangs 토지와 부속물을 Wm. Hill이 보유하도록 반납함. 보유세 40s.

⑤ Thos. Shipton이 Ric. Holgate를 통하여 Roger Skadlok의 입회하에 Acome에 그가 보유하고 있는 2 cottages, 1 built and 1 waste, 1 garden and barn을, Robt. Holgate가 보유하고 있는 1 cottage and garden을, Thos. Shipton이 보유하고 있는 1 oxgang의 토지를, 그리고 Acome의 4 Carrgats and 17 lands, Stamis Closse로 불리는 한 작은 close를 그의 처 Eliz. Shipton이 보유하도록 반납함. 보유세 30s.

⑥ Robt. Hill이 John Gill을 통하여 Robt. Spacy의 입회하에 Acome에 위치한 3과 1/2 roods의 토지를 John Granger가 보유하도록 반납하였다. 즉, Bitt next the Howe라 불리는 1/2 r. 1 Bitt, 길 다음의 1/2 r. 1 Kirke Rode, 1 Lamy Croft Rode, and 1 Narowe Henthorne, 1/2 r.[25] 보유세 3s. 4d.

⑦ Robt. Hill이 또한 John Granger와 Thos. Vessey를 통하여 Acome에 의치한 1 a.의 토지를 Wm. Vessey가 보유하도록 반납하였다. 즉, 1 Usburne Howe라 불리는 1/2 에이커 (Carresyde에 연이어 있는 1 Long Rode), 1 Skoole Brede라 불리는 1/2 r, 1 Knapton Gate Bitt라 불리는 1/2 r. 보유세 4s.

⑧ Wm. Comyn과 그의 처 Eliz. 그리고 Ric. Read의 미망인이 Roger Skadlok과 Thos. Vessey를 통하여 Holgate에

---

25) 1 rood는 1/4 에이커의 면적이다. 당시 농민들의 지조(strip)는 개방경지에 흩어져 위치했고, 1 에이커 지조, 1/2 에이커 지조, 1/4 에이커=1 루드 지조 등으로 다양하였다. 이들 지조에는 각각 고유한 이름이 붙어 있는 경우가 많았다. 본문 ⑥항에 표현된 이름들은 각각 1/2 r.이다.

위치한 최근 Robt. Knagg이 보유한 1 messuage, barn and garden, 1과 1/2 oxgang의 토지를 John Carok과 Robt. Carok이 St. Martin 축일 (11월 11일)부터 12년 동안 사용하도록 반납함. 보유세 I5s.

⑨ Thos. Vessey가 법정에서 1 a.의 토지 즉, 1 Kirk Rode, Melgate 위의 1 r. 1 Wrangland (1 r.), 1 Weatland (1 r.)를 Wm. Tanckard가 보유하도록 반납함. 보유세 4s.

5) 위반시 벌금(Penalties).

① Acome의 Geo. Gill은 이웃들에게 욕하거나 다투지 말 것. 위반시 5s. 0d.

② Acome에서 1 messuage의 거주자는 Acome More에서 가시금작화를 60단 채취할 수 있고, 각 오두막 거주자는 30단을 채취할 수 있으며 그 이상은 금지. 위반시 10s. 0d.

③ 누구도 공동지로부터 가시금작화를 채취하지 못함. 위반시 짐 당 12d.

④ Acome과 Holgate의 모든 주민들은 만성절(11월 1일) 이전에 그들 수로를 청소할 것. 위반시 2s. 0d.

⑤ Acome과 Holgate의 모든 주민들은 St. Martin 축일(11월 1일) 이전에 그들의 토지와 이웃 토지 사이에 적절한 펜스를 설치할 것. 위반시 12d.

⑥ Holgate Moor에서 가시금작화 채취 금지. 위반시 4d.

⑦ Acome과 Holgate의 모든 주민들은 만성절 이전에 그들 돼지에게 방울을 달 것. 위반시 두당 4d.

⑧ John Granger, Robt. Bolton, Robt. Ploughman, Lancelot

Swale은 Acome에서 돼지 방울달기, 펜스 만들기, 수로 청소하기를 감독한다.26) John Burdeux, Wm. Beane은 Holgate에서 감독한다. 위반시 4d.

⑨ John Gill과 Robt. Spacy는 감시금작화를 감독한다. 위반시 3s. 4d.

6) 관리선출(Election of Officers).

① 경관(Constables): Acome- Robt. Ploughman, Holgate- Robt. Holgate.

② 장원관리인(Reeves): Acome- Robt. Spacy, Holgate- John Carok.

③ 에일주 감식인(Ale tasters): Acome- Robt. Bolton, Adam Gill. Holgate- Robt. Knaggs.

7) 당 법정의 총수익: £6 3s. 0d.

---

26) 1567년 10월 13일 법정에서 보는 바와 같이 16세기 장원법정은 돼지 방울달기, 펜스 만들기, 수로청소하기, 가시금작화 채취 등의 일에 대한 명령과 더불어 거의 언제나 감독인을 지명하여 법정명령이 효율적으로 수행되도록 하였다.

7. 1568년 4월 26일 십인조점검 겸 장원법정

Court with View of Frankpledge 26 April 10 Eliz. (1568).

1) 배심원들(Jurors).

Peter Newark, esq., Geo. Marshall, Wm. Holgate, Robt. Spacy, Lancelot Swale, Robt. Hill, Wm. Hill, Roger Skadlok, Adam Gill, Robt. Ploughman, Thos. Vessey, John Burdeux, Geo. Skadlock, John Kirkby, Peter Skadlock.

2) 고소(Complaints).

① John Granger가 Geo. Gill, jnr.을 대상으로 빚 26s. 8d.를 요구하는 탄원을 제기함. 피고소인은 빚을 부인함. 배심원단은 위 고소인에 빚이 있다고 말하고 손해를 6d., 법정비용을 10d.로 산정함.

② John Granger가 Wm. Tanckard을 대상으로 weather라 불리는 6s. 가치의 양 1 두의 빚에 대한 탄원을 제기함.

③ Wm. Hill이 Lancelot Swale을 대상으로 그의 나무를 베어 5s.의 손해를 입었다고 불법침입을 탄원함. 피고소인이 그의 죄를 부인하고 자신을 homage에 맡김. 그들은 다음 법정까지 시간을 요청했고 그것이 승인됨.

④ Robt. Gill이 John Rawson을 대상으로 빚으로 3s. 2d.를 요구하는 탄원을 제기함. 피고소인은 자신이 2s. 6d.의 빚진 것을 부인하지 않음, 그러나 나머지는 빚지지 않았다고 말함. 당사자들이 합의에 이름.

⑤ John Kirkby, son and heir of Wm. Kirkby가 John Granger

와 그의 처 Eliz.를 대상으로 토지 즉, 이 법정의 사법권 내에 놓인 Acomb에 위치한 1 messuage와 1 a.의 토지에 대한 탄원을 제기함. 그는 보통법의 writ of Formedon in the Descender[27]에 의하여 계속하는 것에 항의하였고, 언급한 John Granger와 Eliz.를 대상으로 장원의 관습에 따라 다음 법정에서 소송이 취해지도록 추구함. 그래서 그들은 소환되었다, 등등.

3) 평결(Verdict).

Ric. Stapleton, kt. (l2d), Wm. Ingleby, kt. (12d), John Weddell (2s), Wm. Watson, aId. (4d). 이들은 법정에 소송을 제기하고 궐석하여 기술한 바와 같이 벌금에 처함.

4) 고발(Presentments).

① Holgate의 gent. Ric. Holgate의 차지인 Jas. Geldart of York, butcher가 그의 토지와 Geo. Gill의 토지 사이에 펜스를 만들지 않음. 12d.

② Robt. Bisshop이 Holgate Moor에서 가시금작화를 채취함. 4d.

③ Lancelot Swale과 그의 처 Eliz.가 Robt. Hill과 Robt. Gill을 통하여 Acome 내의 1 messuage, barn, 1 oxgang의 토

27) 이는 수반되는 재산요구를 위하여 예전에 사용되던 'a writ of right' 성격에 대한 법정명령서(영장)로, Edw. 13년 2차 Westminster 법에 의거 한사부동산을 요구하는 사람에게 허용되었다. 여기에는 3가지 종류가 있었다. ①Formedon in the Descender ②Formedon in the Remainder Formedon in the Reverter.

지를 John Atkynson이 오는 겨울 St. Martin 축일부터 (11월 11일) 9년 동안 매년 15s. 4d.의 지대로 사용하도록 반납함. 토지보유세 6s. 8d.

④ Lancelot Swale과 그의 처 Eliz.가 Robt. Spacy와 Robt. Gill을 통하여 Acome 내의 Thos. Vessey의 보유의 다른 garden을 통하여 자유롭게 드나들 수 있는 한 작은 barn, garden을 John Kirkby, jnr.가 the Nativity of St. John the Baptist 축일(6월 24일)부터 21년간 매년 지대 8d.와 재산의 수선으로 사용하도록 반납함.

⑤ Robt. Pacock, ald. of York이 Peter Newark, esq., Geo. Marshall, John Burdeux를 통하여 Holgate 내의 현재 Robt. Bisshop이 보유하고 있는 1 messuage와 2 oxgangs의 토지, 목초지, 부속물, 그리고 Holgate 내의 Valerie Darcy와 John Nixson이 보유한 2 cottages, 3 a.의 토지를 상인인 Wm. Robynson이 보유하도록 반납함. 보유세 53s. 4d.

⑥ Robt. Hill이 Peter Newark, esq.와 Geo. Marshall을 통하여 Acomb 내의 2개의 1/2 r. 토지, Barrel of Dyke라 불리는 John Granger의 토지 옆의 1/2 r. 그리고 Greate Land Nooke 내의 그리고 역시 John Granger의 토지 옆의 1/2 r.를 Thos. Rute가 보유하도록 반납함. 보유세 12d.

⑦ Bridget Skadlok, wife of Geo. Skadlok이 그녀의 마지막 병환에서 John Burdeux와 Peter Skadlock을 통하여 Holgat 내의 1 messuage, 1 oxgang 의 토지와 Acome 내의 Gale

Well 다음의 황폐화된 오두막과 거기 딸린 보속물을 Geo. Skadlok의 평생, 그리고 잔여권을 그의 딸인 Joan Skadlok이 사용하도록 반납함. 보유세 13s. 4d. 보유와 반환을 위하여 20s.

⑧ Robt. Spacy와 그의 처 Alice가 Roger Skadlok과 Robt. Gill을 통하여 Acome 내의 3 a.의 경작지, 즉 Appletree Stubbes 위의 1/2 a., Gallowehill 다음 Melgaes 위의 1 r., Kirke Roodes라 불리는 3 r., 2 small Hungry Bitts, 1 r., Hobmoore 내의 1 r., Lamy Crofts 위의 1/2 a., Langland Ends 위의 1 r., Bistie Hillon 너머 1/2 r., Loskowe Calf 위의 1/2 r.를 Adam Gill이 보유하도록 반납함. 보유세 12s.

⑨ Roger Metcalf, gent.이 Robt. Spacy와 Geo. Marshall을 통하여 Acomb 내의 Lancelot Swale이 점유하고 있는 1 messuage와 1 toft and 1 croft, 2 oxgangs의 토지를 언급한 Lancelot이 다음 St. Martin 축일(11월 11일)부터 23년 동안 사용하도록 반납함. 지대 매년 22s. 보유세 26s. 8d.

⑩ Thos. Vessey가 Robt. Gill과 Robt. Spacy를 통하여 Little Half Acre 내의 1/2 a.의 토지, Brade Marre 내의 1/2 a.의 토지를 Peter Gill이 보유하도록 반납함. 보유세 4s.

⑪ Robt. Carok과 John Carok은 Holgate에 위치한 1 messuage, barn and garden, 1 oxgangs 토지의 12년간 공동 차지인이며 현재도 지속되는 반면, 이는 Robt. Commyn와 그의 처 Eliz.의 반납에 의하여 Robt. Knaggs이 사용하고 있는

데, Robt. Carok이 출두하여 거기에 관한 그의 모든 이해관계를 Roger Skadlok과 Thos. Vessey를 통하여 John Carok이 보유하도록 반납함. 보유세 5s.

⑫ Wm. Hill이 Robt. Spacy와 Roger Skadlok을 통하여 Hyngyng Clyf 내의 1/2 a.의 토지와 Skorbutts 위의 1/2 a.의 토지를 Robt. Gill이 보유하도록 반납함. 보유세 4s.

6) 위반시 벌금(Penalties).

① Robt. Gill of Acome은 그의 두 마리 흡윤개선(mange)에 걸린 말을 밧줄로 매거나 또는 그의 토지에 격리할 것. 위반시 3s. 4d.

② Wm. Farebarne of Holgate는 1마리 흡윤개선에 걸린 말을 마찬가지로 조치할 것. 위반시 3s. 4d.

③ 모든 1 messuage 보유자는 황무지로부터 2 수레의 잔디를, 모든 cottager는 1 수레의 잔디를 채취하며, 그 이상은 금한다. 위반시 3s. 4d.

④ Geo. Marshall, Wm. Hill, Lancelot Swale, Thos. Vessey가 위에서 언급한 바와 같이 모든 주민들의 잔디 분배를 위한 감독인으로 지명됨. 위반시 각각 12d.

⑤ 모든 배심원들은 성신강림절 화요일 오후 2시에 Acome Church에 모일 것. 위반시 각각 12d.

⑥ 지난 법정에서 가시금작화에 대하여 부과한 벌금을 다음 법정까지 유지함.

7) 당 법정의 총 수익: £7 16s. 8d.

8. 1568년 10월 14일 십인조점검 겸 장원법정

Court with View of Frankpledge 14 Oct. 10 Eliz.(1568).

1) 배심원단(Jury).

Peter Newark, esq., Wm. Holgate, Roht. Spacy, Lancelot Swale, Roht. Hill, Thos. Vessey, Roger Skadlok, John Burdeux, Robt. Ploughman, John Kirkby, Robt. Gill, John Gill, Adam Gill, Peter Skadlok, Geo. Skadlok.

2) 평결(Verdict).

① Ric. Stapleton, kt. (l2d), Wm. IngJeby, kt. (12d), John Weddell (4d). free tenants로 법정에 소송을 제기하고 궐석하여 기술한 바와 같이 벌금에 처함. 소계: 2s. 4d.

② John Skadlock, Thos. Palezar, Robt. Jakson, Walter Gill, John Thakwray, tenants of the manor로 법정에 소를 제기하고 궐석하여 각자 4d.의 벌금에 처함. 소계: 20d.

3) 고발(Presentments).

① Wm. Wright of Rufforth가 Hy Bynks를 Holgate에서 피흘리게 함. 6s. 8d.

② Thos. Wright of Rufforth가 John Cogell를 Holgate에서 피흘리게 함. 6s. 8d.

③ John Cogell of Bikarton이 Holgate 경관인 Robt. Holgate를 피흘리게 함. 6s. 8d.

④ Geo. Marshall이 Robt Ploughman을 Acome에서 폭행 함.

3s. 4d.

⑤ John Granger가 Acome에서 1 messuage 보유자로서 황무지서 1 수레의 잔디를 더 받음. 3s. 4d.

⑥ Robt. Johnson of Acome이 마을의 관습을 어기고 잔디를 떼어감. 3s. 4d.

⑦ Wm. Hill이 John Gill과 John Granger를 통하여 Acome에 위치한 Kell Lands 위의 1 a., Wetelands 위의 1 r., Loskof Calfs 위의 1/2 r., Henthornes 위의 1/2 r., Appletreestubbs 위의 1/2 a., Kirke Roods 위의 1 r., Estlands Westlands 위의 1 r.. Hungry Bitts위의 1 r., Langlandends 위의 1/2 r., Bitt Over the Way 위의 1/2 r.를 Roht. Hill이 보유하도록 반납함. 보유세 12s.

⑧ 상인 Wm. Robinson이 Peter Newark, esq.와 John Burdeux를 통하여 Holgate에 위치한 최근에 Robt. Bissop이 보유한 1 messuage, barn, garden and 2 oxgangs의 토지와 Robt. Valery와 John Nikson이 보유한 2 cottages and 3 a.의 토지를 Robt. Ploughman과 Robt. Gill이 다음 겨울 St. Martin 축일(11월 11일)부터 21년간 년 지대 £4로 사용하도록 반납하였다. 그들은 주요 목재를 제외하고 모두 수선해야 한다. 보유세 26s. 8d.

⑨ Wm. Tanckard가 Roger Skadlok과 Robt. Ploughman을 통하여 Acome의 1 a.의 경작지, 즉 Wetelands 위의 1 r., Wranglands 위의 1 r., Kirke Roods 내의 1 r., 그리고 Melgate라 불리는 1 r.를 Wm. Vessey가 보유하도록 반납함. 보유세 4s.

⑩ Ric. Thomlyn과 그의 처 Isabel, Wm. Skadlock의 미망인이 Peter Newark, esq.와 Roger Skadlok을 통하여 Acome 내의 1 messuage, barn, garden과 1 oxgang의 토지를 아직 끝나지 않은 21년의 잔여권 - 이는 최근에 Wm. Skadlock이 Wm. Holgat의 반납에 의하여 보유한 것임 -을 Robt. Hill이 보유하도록 반납함. 보유세 10s.

⑪ John Gill, Geo. Gill과 그의 처 Eliz.가 1/2 a.인 Brode Milstie을 Wm. Hill이 보유하도록 반납함. 보유세 2s.

⑫ Wm. Hill이 Acome의 Hobmoore Feild에 위치한 1/2 a.인 2개의 Eastlands Westlands를 John Gill의 평생 동안, 그리고 잔여권을 Geo. Gill과 그의 처 Eliz.가 보유하도록 반납함. 보유세 12d. 보유와 반납을 위해 2s.

4) 위반시 벌금(Penalties).

① John Thakwray, Wm. Tanckard, Robt. Ploughman, John Granger는 Newebrigge ends와 Larks Syke에서 그들이 만든 구덩이를 만성절(11월 1일) 이전에 채울 것. 위반시 각각 12d.

② Acome과 Holgate의 모든 주민들은 다음 일요일 이전에 그들의 돼지에 종을 달 것. 위반시 두 당 4d.

③ John Gill과 Robt. Hill은 다음 주 월요일 이전에 돼지에 종 다는 것을 감독할 것. 위반시 12d.

④ Acome과 Holgate의 모든 주민은 그들의 공동 수로를 만성절 이전에 청소할 것. 위반시 3s. 4d.

⑤ Acome의 동쪽 끝 주민들은 만성절 이전에 우물을 청소

하고 우물 주위에 펜스를 세울 것. 위반시 6s. 8d.

⑥ Thos. Cotes는 그것을 감독할 것. 위반시 12d.

⑦ Acome의 서쪽 끝 주민들은 만성절 이전에 다른 다리[28]를 청소하고 마찬가지로 펜스를 세울 것. 위반시 6s. 8d.

⑧ Robt. Johnson은 언급된 우물을 청소하고 펜스세우는 것을 감독할 것. 위반시 12d.

⑨ 모든 이전의 그리고 관습적인 위반시 벌금의 강제력이 다음 법정까지 유효함.

5) 관리선출(Election of Officers).

① 경관(Constables): Thos. Vessey (Acome). Geo. Skadlok (Holgate).

② 에일주 감식인(Ale tasters): John Gill and Roger Skadlok (Acome), Geo. Gill (Holgate).

③ 장원관리인(Reeves): John Gill of Acome and Geo. Gill of Holgate (Acome), Wm. Robynson, merchant (Holgate).

6) 당 법정의 총 수익: £4 8s. 10d.

28) 우물(well)인 puteum을 다리(bridge)인 pontem으로 잘 못 표기한 듯함. ⑧항의 '언급된 우물'에서 이를 확인할 수 있다.

9. 1569년 4월 19일 십인조점검 겸 장원법정

Court with View of Frankpledge 19 April 11 Eliz. (1569).

1) 배심원단(Jury).

Roger Metcalf, gent., Geo. Marshall, Robt. Spacy, Roger Skadlock, John Gill, Robt. Nottyngham, John Atkynson, Robt. Ploughman, Adam Gill, Wm. Hill, John Kirkby, Thos. Rutt, John Burdeux, Geo. Gill.

2) 평결(Verdict).

① Ric. Stapleton, kt. (8d), Wm. Ingleby, kt. (8d), John Weddell (l2d). free tenants로 법정에 소송을 제기하고 궐석하여 기술한 바처럼 벌금에 처함.

3) 고발(Presentments).

① Ric. Tomlyn과 Mrs. Shipton이 위반시 벌금 사항에 반하여 Acome Moore에서 가시금작화를 1/2 마차를 채취함. 각각 5s. 0d.

② Robt. Johnson이 위 황무지에서 가시금작화 1 짐을 채취함. 12d.

③ Mrs. Granger와 Robt. Hill의 처가 공동 에일주 주조자로서 조례를 어김. 각각 12d.

④ Acome의 경관인 Thos. Vessey가 법에 반하여 지난 부활절 주에 고속도로 수리를 위한 동의를 위하여 교구민들을 함께 부르지 않음. 6d.

⑤ Matilda Reade가 그녀 자신과 그녀의 상속인을 위하여 1 messuage와 1과 1/2 oxgangs의 토지를 Holgate에 보유하였는데, 지난 법정이후 사망하여 상속인이 없어 압류되었다. 그 재산은 Ric. Reade의 사촌인 Thos. Vessey와 그의 상속인에 남아야 한다. 보유세 40s.

⑥ Wm. Watson, ald. of the City of York가 Ric. Holgate, gent.와 John Burdeux를 통하여 Holgate에 위치한 1 toft와 croft가 딸린 1 messuage와 2 oxgangs 의 토지를 Wm. Watson, merchant이 보유하도록 반납함. 보유세 40s.

⑦ Peter Skadlok가 Thos. Vessey와 Geo. Skadlok를 통하여 2 r.의 토지, 즉 Holgate Feild 내의 Steele Butts 위의 1 r., Twenty Peny Yng의 북쪽 옆의 1 r.를 그의 아버지 Roger Skadlok이 보유하도록 반납함. 보유세 2s.

⑧ Peter Skadlok이 Thos. Vessey와 Geo. Skadlok, jnr.를 통하여 Holgate의 Garbridge 위의 1 a.의 토지를 Geo. Skadlok, snr.이 보유하도록 반납함. 보유세 2s.

⑨ 사망한 Ric. Holgate의 아들 Robt. Holgate가 충성의 서약을 하고 차지인으로 승인되었다.

4) 위반시 벌금(Penalties).

① 모든 1 messuage 주민들은 2 수레의 잔디를 Acome Moore에서 채취할 수 있고 그 이상은 금지. 위반시 3s. 4d.

② 모든 cottager는 1 수레 이상 금지. 위반시 3s. 4d.

③ 누구도 St. Peter ad Vincula 축일(8월 1일) 이후 황무지에서 잔디를 뜨지 못함. 위반시 3s. 4d.

④ 누구도 가시금작화를 Gravell Hills 끝에서 Dicorne Close 까지 채취하지 못함. 위반시 수레 당 I0s., 짐 당 12d.

⑤ 누구도 Acome 영주권 내의 Carre나 다른 들판에서 연료용 마른 소똥을 채취하지 못함. 위반시 4d.

⑥ Thos. Cotes가 Acome 동쪽 끝 샘물이 일 년의 매 4분기마다 4번씩 적절히 청소되는 것을 감독한다. 위반시 12d.

⑦ Robt. Johnson이 서쪽 끝 샘물의 청소를 감독한다. 위반시 12d.

⑧ Robt. Ploughman과 Robt. Hill이 잔디의 배분을 감독한다. 위반시 3s. 4d.

⑨ Holgate의 주민 누구도 Holgate Moor에서 어떤 금작화도 베지 못한다. 위반시 수레 당 3s. 4d., 짐 당 12d.

⑩ Robt. Holgate는 다음 Philip and James 축일(5월 1일) 이전에 그의 출입구에서 통나무를 처리할 것. 위반시 3s. 4d.

⑪ John Burdeux와 Geo. Gill은 그가 치우는 것을 감독할 것. 위반시 3s. 4d.

⑫ John Granger, Robt. Hill, Thos. Cotes의 처들은 에일 판매시 조례를 준수할 것. 위반시 3s. 4d.

10. 1569년 10월 6일 십인조점검 겸 장원법정

Court with View of Frankpledge 6 Oct. 11 Eliz (1569).

1) 배심원단(Jury).

Peter Newark, esq., Guy Cooke, Wm. Holgate, Robt. Spacy, Geo. Marshall, John Burdeux, Robt. Hill, Roger Skadlok, Robt.

Ploughman, Geo. Skadlok, Robt. Gill, John Atkynson, Wm. Hill, Wm. Vessey, Adam Gill, Robt. Jakson.

2) 고소(Complaints).

① Geo. Gill, son and heir of John Gill이 Eliz. Shipton, widow을 대상으로 토지, 즉 4 a.의 경작에 대하여 탄원을 제기하고, a writ of right 형태로 고소를 하는 것에 대하여 항의를 하였다. 그는 장원관습에 따라 차지인에 대한 소송진행이 이루어져야한다고 청구하였다. 그녀는 다음 법정에 소환될 예정이다.

② Ric. Belby가 Geo. Marshall을 대상으로 토지, 즉 Holgate에 위치한 1 oxgang의 토지에 대하여 탄원을 제기하고, 또 Wm. Holgate를 대상으로 Acome에 위치한 2 a.의 close에 대하여 탄원을 제기하였다. 그리고 고소를 a writ of Formedon in the remainder 형태로 제기하는 것에 대하여 항의하였다. 그는 언급된 Geo.와 Wm.에 대한 소송진행이 장원의 관습에 의하여 이루어져야 한다고 청구하였다. 소송은 다음 법정에서 이루어질 것이다.

③ Simon Butterfelde가 John Gill을 대상으로 20s. 가치의 호밀을 요구하는 빚에 대한 탄원을 제기하였다. 피고소인은 그의 빚을 부인할 수 없었으나 그 정도의 가치는 아니라고 말하였다.

3) 평결(Verdict).

① Ric. Stapleton, kt. (8d), Wm. Ingleby, kt. (8d), and John

Weddell(8d), 이들은 free tenants로 법정에 소송을 제기하였으나 궐석하여 기술한 바와 같이 벌금에 처함.

② JohnSkadlok, Thos. Palezar, Robt. Jakson, John Holgate, Walter Gill, and John Thakwray, 이들은 tenants of the manor로 법정에 소송을 제기하고 궐석하여 각각 4d.의 벌금에 처함.

4) 고발(Presentments).

① John Granger and Thos. Cotes가 Acome의 에일주 공동 주조자로서, 그들의 아내들이 건강에 해로운 에일을 주조함. 각각 4d.

② Wm. Holgate가 1 messuage 거주자로서 Acome Moore에서 규정을 넘어 2 수레의 잔디를 채취함. 3s. 4d.

③ Thos. Vessey가 Robt. Spacy와 Lancelot Swale을 통하여 토지, 즉 Acome에 위치한 Gilderskar라 불리는 1/2 a., Myddle Barrell과 Barleydyke라 불리는 2개의 1/2 r., Langland와 the Bit Over the Way라 불리는 다른 2개의 1/2 r.를 Robt. Jakson이 보유하도록 반납하였다. 보유세 Fine 4s.

④ Peter Skadlok이 Geo. Marshall과 Roht. Ploughman을 통하여 Holgate field에서 Throp Lea라 불리는 1/2 a.를 Robt. Johnson이 보유하도록 반납하였다. 보유세. 2s.

5) 위반시 벌금(Penalties).

① Acome과 Holgate 모든 주민은 만성절(11월 1일) 이전에

그들의 수로를 청소할 것. 위반시 12d.

② 또 위 날짜 이전에 그들의 펜스를 수선할 것. 위반시 12d.

③ Wm. Hill과 Robt. Bolton은 Acome에서 수로청소와 펜스를 감독할 것. 위반시 12d.

④ Geo. Skadlok, jnr는 Holgate에서 수로청소와 펜스를 감독할 것. 위반시 12d.

6) 관리선출(Election of Officers).

① 경관(Constables): Roger Skadlok (Acome), John Burdeux (Holgate).

② 에일주 감식인(Ale tasters): Wm. Hill, Wm. Vessey (Acome), Wm. Beane (Holgate).

③ 장원관리인(Reeves): Robt. Spacy (Acome), Wm. Watson (Holgate).

7) 당 법정의 수익: 14s.

11. 1570년 4월 4일 십인조점검 겸 장원법정

Court with View of Frankpledge 4 April 12 Eliz. (1570).

1) 배심원단(Jury).

Wm. Holgate, Geo. Marshall, Robt. Spacy, Roger Skadlok, Robt. Ploughman, John Granger, John Burdeux, Robt. Hill, Thos. Vessey, Wm. Hill, Geo. Gill, Robt. Holgate, John

Atkynson, Robt. Nottingham, Lancelot Swale.

2) 고소(Complaints).

① Wm. Savage가 Geo. Hill을 대상으로 황소 한 마리 가치의 31s.의 빚에 대한 탄원을 제기함. 피고소인이 빚을 부인할 수 없었음.

② Thos. Rutt가 Geo. Skadlok을 대상으로 미수된 임금 5s.에 대한 빚으로 탄원을 제기함.

3) 평결(Verdict).

① Ric. Stapleton, kt. (l2d), Wm. Ingleby, kt. (12d), John Weddell (l2d), John Carrok (8d). 법정에 소송을 제기하고 궐석하여 상기한 바의 벌금에 처함.

4) 고발(Presentment).

① Acome의 Geo. Gill이 John Thakwray를 폭행하고 피를 흘리게 함. 10s. 0d.

② Wm. Holgate와 그의 처 Margaret이 Acome에 위치한 1 messuage와 garden, 2 oxgang의 토지와 창고 하나, 그리고 Hempe Garth와 1과 1/2 a.의 토지를 Peter Hudelesse가 다음의 St. Martin 축일(11월 11일)부터 19년 동안 사용하도록 반납함. 지대는 연 60s. 보유세 26s. 8d. (여백 메모: Acomb town의 끝에 위치한 2 oxgangs, 1과 1/2 a.의 지대 £3.)

③ Thos. Vessey가 Robt. Spacy와 Robt. Gill을 통하여 Acome에 위치한 1 a.의 토지, Usburne Howe라 불리는 1/2 a. Hyngyngclif라 불리는 1/2 a.를 John Kirkby, jnr.가 보유하도록 반납함. 보유세 4s.

5) 위반시 벌금(Penalties).

① Acome의 모든 1 messuage 거주자들은 Acome Moor에서 2 마차의 잔디를 채취할 수 있고 그이상은 금함. 위반시 3s. 4d.

② 모든 오두막농은 1 마차의 잔디만 허용함. 3s. 4d.

③ 누구도 St. Peter ad Vincula 축일 (8월 1일) 이후에는 황무지에서 잔디를 채취할 수 없다. 위반시 3s. 4d.

④ 누구도 Gravell Hills 끝에서 Dycorne Close 사이의 가시금작화를 벨 수 없다. 위반시 마차 당 10s., 짐 당 2d.

⑤ 누구도 Car 또는 다른 들판에서 마른 소똥(cassyngs)[29]의 채취를 금한다. 위반시 짐 당 4d.

⑥ Thos. Cootes는 동쪽 끝 공동우물을 매 분기당 청소가 잘 되도록 감독한다. 위반시 12d.

⑦ Robt. Johnson은 서쪽 끝 우물의 청소를 감독한다. 위반시 12d.

⑧ 모든 주민들은 성신강림 대축일 이전에 수로를 청소한다. 위반시 2s. 0d.

29) 연료용 마른 소똥을 의미한다.

6) 관리선출(Election of Officers).

① 경관(Constable): Geo. Marshall (Acome).

7) 당 법정의 총 수익: 44s. 4d.

12. 1570년 5월 16일 장원민사법정[30]

Court Baron 16 May 12 Eliz. (1570).

1) 자유 차지인(Free Tenants).

Roger Newark, vicar of Acome, Ric. Stapleton, kt., Peter Newark, esq., John Ingleby, esq., Wm. Ingleby, kt., John Weddell. 모두 자유 차지인으로 장원법정에 소송의 의무가 있다.

2) 관습 차지인(Tenants at Will).[31]

The Master of St. Thomas's Hospital without Miklythbarre,

30) 16세기 중에 장원법정은 기존의 십인조점검을 포함하는 장원형사법정(Court Leet)과 그 밖의 업무를 담당하는 장원민사법정(Court Baron)으로 나뉘었다. Acomb 장원의 경우 본문에서 예를 든 1570년 5월 16일 처음으로 장원민사법정으로 기록되어 있다. 이전에 장원민사법정이 별도로 열렸을 가능성은 있으나, 현존하는 장원민사법정문서의 표기는 이때가 처음이다.

31) 영주의 '자의에 놓인 차지인'. 관습 차지인을 말한다. 자유인이라도 영주의 자의가 관철될 수 있는 관습지를 보유한 차지인은 '영주의 자의에 놓인 차지인'이다. 이 같은 표현이 Acomb 장원법정문서에서는 1555년 10월 16일 십인조점검 겸 장원법정에서 처음 나타난다. 이전에도 customary tenants 대신 tenants at will로 표기했을 가능성을 배제할 수 없다.

York, Wm. Watson, merchant, Peter Newark, esq., Roger Metcalf, gent., John Gill, Roger Skadlok, Adam Gill, John Kirkby, snr., Robt. Buttry, John Richardson, John Granger, John Burdeux, John Skadlok, Guy Cooke, Thos. Sandwith, Wm. Holgate, Robt. Ploughman, Eliz. Shipton, widow, Thos. Palazer, Ric. Thomlyn, in the right of Isabel, his wife, Robt. Jakson, Robt. Spacy, Robt. Nottingham, Geo. Hill, Robt. Gill, Geo. Skadlok, snr., Thos. Vessey, Peter Skadlok, Robt. Hill, John Holgate, Thos. Coates, Geo. Marshall, John lngleby, esq., Wm. Newark, gent., Lancelot Swale, John Atkynson, Robt. Gale, esq., John Thakwray, Adam Skadlok, Eliz. Burdeux, widow, Peter Gill, Wm. Hill, John Carrok, Wm. Vessey, Wm. Robynson, merchant, Thos. Rutt, Robt. Johnson, Geo. Skadlok, jnr., Wm. Burdeux, Bridget Fairbarne, Hy. Ploughman, Wm. Ploughman, Thos. Cowper, John Kirkby, jnr. 이들은 장원의 차지인으로서 장원법정에 소송의 의무가 있다.

3) 고소(Complaints).

① Thos. Rutt가 Robt. Spacy를 대상으로 그의 권리침해를 이유로 13s. 4d.의 손해에 대한 소송을 제기함. 피고소인은 그의 유죄를 부인하였고, 고소인과 피고소인 양자는 모두 자신들을 배심원단의 처분에 맡김.

② Thos. Rutt가 마찬가지로 Robt. Spacy를 대상으로 권리침해를 이유로 6s. 8d.의 손해에 대한 소송을 제기함. 피고소인은 그의 유죄를 부인하였고, 고소인과 피고소인

양자는 모두 배심원단의 처분에 맡김.

③ Wm. Hill이 Robt. Hill을 대상으로 권리침해로 30s.의 손해에 대하여 소송을 제기함. 피고소인은 그의 죄를 부인하였고, 고소인 피고소인 모두 배심원단에 처분을 맡김.

④ Thos. Webbe이 Geo. Gill을 대상으로 빚에 대하여 6s. 8d.를 요구하는 소송을 제기함. 피고소인이 6s.의 빚에 대하여는 부인하지 않았으나, 나머지 8d.에 대하여는 빚지지 않았다고 주장함. 배심원단에 처분을 맡김. 고소인도 동일함.

⑤ Thos. Lancastre가 Robt. Holgate를 대상으로 26s. 8d. 가치의 깃털 침대와 10s. 가치의 buff skyn jerkin을 인도하지 않고 보류하였다고 소송을 제기함. 피고소인은 책임을 부인하였고, 고소인과 피고소인 양자 모두 배심원단에 처분을 맡김.

⑥ Walter Gill이 Thos. Vessey와 Lancelnt Swale을 통하여 Acome에 위치한 1 cottage, barn, garden, 1 oxgang의 토지를 Peter Newark, esq.이 보유하도록 반납함. 보유세 26s. 8d.

4) 당 법정의 총수익은 분명함. 26s. 8d.

13. 1570년 6월 27일 장원민사법정

Court Baron held 27 June 12 Eliz. (1570).

1) 자유차지인(Free Tenants: 앞의 1570년 5월 16일 장원민

사법정의 명단과 동일함).

2) 관습차지인(Tenants at Will).

The Master of St. Thomas's Hospital Without Miklythbarre, York, Peter Newark, esq., John Inglehy, esq., Robt. Gale, esq., Roger Metcalf, gent., Wm. Robynson, merchant, Wm. Watson, merchant, Guy Cooke, John Gill, Roger Skadlok, John Kirkby, snr., Robt. Buttry, John Richarson, John Granger, John Burdeux, John Skadlok, Thos. Sal1dwith, Wm. Holgate, Robt. Ploughman, Eliz. Shipton, widow, Thos. Palazer, Ric. Thomlyn in the right of his wife, Isabel, Robt. Jakson, Robt. Spacy, Robt. Nottingham, Robt. Gill, Geo. Gill, Geo. Skadlok, snr., Thos. Vessey, Peter Skadlok, Robt. Hill, John Holgate, Geo. Marshall, Wm. Newark, gent., Lancelot Swale, John Atkynson, John Thakwray, Adam Skadlok, Eliz. Burdeux, widow, Peter Gill, Wm. Hill, John Carrok, Wm. Vessey, Thos. Rutt, Roht. Johnson, Gen. Skadlok, jnr., Thos. Cootes, Wm. Burdeux, Bridget Fairharne, Hy. Ploughman, Wm. Ploughman, Thos. Cowper, John Kirkby, jnr. 이들은 장원의 차지인으로서 장원 법정에 소송의 의무가 있다.

3) 토지반납

① Robt. Jakson과 그의 처 Alice가 Wm Haxup, snr.와 그의 아들 Wm. Haxup이 보유하도록 최근에 Gro. Lorymar,

현재는 Thos. Vessey가 보유하고 있는 Acome에 위치한 croft 딸린 1 messuage와 1 oxgang의 토지, 그리고 Acome에 위치한 1 a.의 토지- 그 가운데 1/2 a.는 Gildarskar로 불리고, 2개의 1/2 r.(루드)는 Middle Barrell과 Barley Dike로 불리며, 나머지 2개는 Langland Endsd와 the Bitt over the Way로 불림 -를 반납함. 보유세 30s.

② Adam Gill이 Robt. Hill과 Thos. Rutt를 통하여 Acome에 위치한 1/2 a.의 토지, Robt. Bolton의 토지에 접한 Appletreeslub 라 불리는 토지를 Wm. Nabilson이 보유하도록 반납함. 보유세 2s.

③ Eliz. Shipton, widow이 Peter Newark, esq.와 Wm. Holgate를 통하여 Acome에 위치한 1 cottage, 다른 낡은 cottage, 1과 1/2 oxgang의 토지를 그녀의 평생 동안, 그리고 잔여권으로 Ric. Shipton, snr.의 평생과 그의 사후에는 그의 아들 Ric. Shipton의 사용을 위하여 반납. 보유세 26s. 8d.

4) 당 법정의 총수익: 58s. 8d.

14. 1570년 7월 18일 장원민사법정

Court Baron 18 July 12 Eliz. (1570).

1) 자유차지인(Free Tenants: 앞의 장원민사법정의 명단과 동일함).

2) 관습차지인(Tenants at Will)

Wm. Newark, gent.의 이름이 앞쪽 Robt. Gale, esq.의 다음에 표기된 것 이외에는 앞의 1570년 6월 27일 장원민사법정의 명단과 동일함.

3) 토지보유 승인요청

① Wm. Kirkby of York, bower의 사망한 아내인 Alice Kirkby의 아들이며 상속인인 John Kirkby가 John Grangard와 그의 처 Eliz., Thos. Taylar와 그의 처 Matilda, Matilda의 아들 Peter Taylar를 상대로 장원법정의 토지소송에서 법정의 평결에 의하여 최근에 권리를 회복한 1 meessuage, garden, barn, 1/2 a.의 토지에 대하여 차지농민으로 승인이 되도록 요청함. 보유세 8s.

4) 당 법정의 총 수입: 명백함. (즉, 8s.)

15. 1570년 10월 18일 십인조점검 겸 장원법정

Court with View of Frankpledge 18 Oct. 12 Eliz. (1570).

1) 배심원단(Jury).

Wm. Hogate, Geo. Marshall, Robt. Spacy, Roger Skadlok, Thos. Vessey, Lancelot Swale, John Gill, Wm. HIll, Wm. Haxup, John Burdeux, Geo. Gill, Robt. Ploughman, John Atkinson, Adam Gill.

2) 고소(ComJltaints).

① Wm. Gibson이 John Gill과 Geo. Gill을 대상으로 빚으로 35s. 그리고 4s. 11d. 가치의 1/2쿼터의 밀을 요구하는 탄원을 제기함. 피고소인은 협의를 부인할 수 없었음.

② Thos. Cootes가 Robt. Bolton을 대상으로 20s.의 빚과 4s. 가치의 lynen shete를 요구하는 탄원을 제기함. 피고소인이 빚을 부인하였고, 고소인 피고소인 모두 배심원단에 처분을 맡김. 배심원단은 피고소인이 20s.을 빚졌으나, shete의 지불은 유예하지 않았다고 결정함.

③ Robt. Knaggs이 Thos. Taylar을 대상으로 그가 가축도살용 도끼(poleaxe)로 자신의 갈색 암말을 죽여 20s.의 손해가 났다고 탄원을 제기함. 피고소인은 협의를 부인하고 배심원단에 처분을 맡김. 고소인도 만찬가지였음. 배심원단은 피고소인의 죄가 없다고 결정함.

④ Robt. Knaggs이 Thos. Taylar을 대상으로 그가 가축도살용 도끼(poleaxe)로 자신의 흑색 암말을 죽여 20s.의 손해가 났다고 탄원을 제기함. 피고소인은 협의를 부인하고 배심원단에 처분을 맡김. 고소인도 만찬가지였음. 배심원단은 피고소인의 죄가 없다고 결정함.

3) 평결(Verdict).

① Ric. Stapleton, kt., Wm. Ingleby, kt., John Ingleby, esq., John. Weddell, Wm. Watson, merchant, Roger Metcalf, gent. 이들은 법정에 소송을 제기하고 궐석하여 각각 4d.의 벌금에 처함. 소계 2s.

4) 고발(Presentments).

① Robt. Hill이 Wm. Hill을 폭행. 3s. 4d.

② Wm. Hill이 Robt. Hill을 폭행하여 피를 흘리게 함. I0s. 0d.[32)]

③ Robt. Hill의 처 Joan Hill과 Thos. Cootes의 처가 공동 주조자로, 유해한 에일을 판매함. 각각 8d.

④ 공동 주조자인 Robt. Hill의 처가 봉인되지 않은 되(unsealed measure)로 술을 판매함. 12d.

⑤ John Richardson, Ric. Balmforth와 그의 처 Joan이 Geo. Marshall과 Lancelot Swale을 통하여 Acome에 위치한 1 messuage, barn, garden을 Peter Newark, esq.가 다음 St. Martin 축일(11월 1일)부터 12년 동안 사용하도록 반납함. 보유세 5s.

⑥ John Grangar가 Robt. Ploughman과 Robt. Gill을 통하여 Acome에 위치한 1 amessuage, barn, garden, 2 oxgangs의 토지를 자신이 평생 동안 보유하도록, 그리고 잔여권을 Luke Austyn과 그의 처 Alice 그리고 그들의 상속인들이 보유하도록 반납. 보유세 50s.

⑦ Robt. Gill이 Robt. Spacy와 Lancelot Swale을 통하여 Holgate에 위치한 전에 Robt. Bisshop이 보유했던 1 messuage의 일부, barn, garden, 그리고 2 oxgangs의 토지를, 또 2 cottages의 일부, 3에이커의 토지를 Wm. Beane이

32) 이 경우 Robt. Hill과 Wm. Hill이 쌍방 폭행을 했고, Robt. Hill이 피를 흘린 것으로 추정된다. 단순히 폭행한 경우는 3s. 4d.의 벌금에 처해졌으나, 상대방을 피 흘리게 한 경우에는 3배인 10s. 0d.의 벌금에 처해졌음을 알 수 있다.

보유하도록 양도함. 이는 14 Oct. 10 Eliz. (1568) 장원법정대로 Robt. Ploughman과 공동으로 보유한 것으로 그 잔여권임.[33] 보유세 13s. 4d.

⑧ Robt. Johnsondl Geo. Marshall과 Robt. Ploughman을 통하여 Holgate에 위치한 Threep Lea라 불리는 1/2에이커를 Humphrey Guy가 보유하도록 반납함. 보유세 2s.

5) 위반시 벌금(Penalties).

① Acome과 Holgate의 모든 주민들은 만성절(11월 1일) 이전에 그들의 수로를 청소한다. 위반시 3s. 4d.

② 위 모든 주민들은 St. Martin 축일(11월 11일) 이전에 그들의 펜스를 세운다. 위반시 3s. 4d.

③ 위 모든 주민들은 만성절 이전에 그들 돼지에 방울을 단다. 위반시 4d.

④ Holgate의 모든 주민들은 만성절 이전에 그들 baksyds에 펜스를 세운다. 위반시 3s. 4d

⑤ Acome의 주민 누구도 Gravell Hills 끝과 Dycorne Close 사이의 가시금작화를 베지 못한다. 위한시 벌금 마차 당 10s., 짐 당 3s. 4.

⑥ Robt. Spacy와 Thos. Vessey가 Acome에서 수로청소, 펜스 만들기, 돼지 방울달기를 감독한다. 위반시 각각 2s. 0d.

---

33) 14 Oct. 10 Eliz. (1568) 장원법정문서에 의하면 Robt. Gill은 여기서 언급한 가옥과 부속물 토지를 Robt. Ploughman과 공동으로 21년간 보유하였다.

⑦ Geo. Gill과 Peter Skadlok이 Holgate에서 마찬가지의 일을 한다. 위반시 각각 2s. 0d.

⑧ Wm. Nevison이 Acome 서쪽 끝의 공동우물이 필요시마다 청소하도록 감독한다. 위반시 2s. 0d.

⑨ Wm. Tanckard이 동쪽 끝 공동우물에서 마찬가지 일을 한다. 위반시 2s. 0d.

⑩ 공동 에일주 주조인 Robt. Walkar가 밤에 그의 집에 다른 사람의 하인(servants)을 들이지 말 것, 어느 누구에도 카드놀이나 불법게임을 하게 하지 말 것.[34] 위반시 20s. 0d.

⑪ 모든 주조자는 몸에 이로운 좋은 에일을 주조할 것. 위반시 10s. 0d.

6) 관리신출(Election of Officers).

① 경관(Constables): Geo. Marshall (Acome), Cuthbert Welles (Holgate).

② 에일주 감식인(Ale tasters): John Thakwray and Wm. Acome (Acome), John Burdeux (Holgate).

③ 장원관리인(Reeves): Robt. Hill (Acome), Geo. Marshall, Geo. Skadlok (Holgate).

7) 당 법정의 총수익: £4 11s. 0d.

---

34) 당시는 술집이 대체로 여관을 겸했으므로, 특히 장원법정에서 금하는 야간 시간에 마을의 하인들이나 낯선 사람들이 모여 불법게임을 하는 경우가 많았다. 장원법정은 이를 강력히 금하였다. 본서 5장, 6장 참고.

16. 1571년 4월 25일 십인조점검 겸 장원법정

Court with View of Frankpledge, Wednesday, 25 April 13 Eliz. (1571).

1) 배심원단(Jury).

Wm. Holgate, gent., Robt. Spacie, Lancelot Swale, Thos. Vessey, Robt. Gill, Adam Gill, Robt. Plewman, Roger Skadlok, Wm. Haxup, John Kirkbie, John Burdeux, Geo. Gill of Holgate, Geo. Skadlok, John Gill.

2) 고소(Complaints).

① Adam Skadlocke이 Adam Gill을 대상으로 지난 성모 마리아 정화 축일(the feast of the Purification of the B.V.M., 2월 2일)에 전달한 4s. 가치의 1쿼터 절반의 보리를 요구하는 빚에 대한 탄원을 제기하였다. 피고소인은 빚을 부인하였고, 양자는 모두 배심원단에 맡겼다. 배심원단은 피고소인이 빚을 지지 않았다고 말하였고, 고소인은 거짓 요구로 4d.의 벌금이 부과되었다.

② 앞선 언급한 고소인 Ric. Beilbe과 피고소인 Geo. Marshall이 모두 법정에 나왔다. 영지관리인(bailiff)이 이번 법정에서 배심원들이 구류하던 인신에 대한 인신출두영장(Habeas Corpora)이 Ric. Beilbe에게 건네지지 않았다고 말하였다. [?][35)]

---

35) 원문의 ?표시임. 내용을 확인할 수 없는 문장임. Habeas Corpora는 판사나 법정에 인신출두를 요구하는 영장을 의미한다. 원문은 "The bailiff said that Ric. Beilbie had not given an order of Habeas Corpora

③ Peter Newarke, esq.가 Robt. Spacye와 Lancelot Swale에게 Acome에 위치한 a tenement, garden, barn, 1 oxgang의 토지를 Hy. Gill의 사용을 위하여 반납하였다. 보유세 26s. 8d.

④ Peter Skadlock of Holgate가 Geo. Marshall과 Robt. Gill을 통하여 Cowlayne 근처에 놓인 Withe Buske Land로 불리는 1 a.의 절반의 토지, 즉 Third land from yl를 Robt. Johnsone이 보유하도록 반납하였다. 보유세 2s.

⑤ Wm. Thakwray가 최근에 영주로부터 1 cottage, 1 garden, Hobmore 위에 놓인 1 a.의 절반, 그리고 Whit Close Syde에 위치한 다른 1 a.의 절반을 보유하였다. 그는 1566년 10월 7일 Acome에서 열린 법정에서 소송과 서비스에 패하였으므로, 1년 기간 동안 그가 거주했는지 하지 않았는지 알려지지 않았으므로, 배심원들이 위 재산은 영주에 몰수되어야 한다고 말하였다. 이번 법정에서 영주는 위 재산을 집사인 Laurence Grene를 통하여 John Thackwray와 그의 아들이며 상속인인 Wm에게 승인하였다. 또한 Wm. Thackwray가 Thos. Vessye와 Lancelot Swale을 통하여 위 재산의 모든 권리를 그의 아들 John이 사용하도록 반납하였다. 후자는 현재 점유가 승인되었고 그의 부친에게 그의 평생 동안 매년 5s.을 지불할 예정이다. 만약 그 지불이 20일 이상 지연되면 Wm. Thackwray가 들어가서 압류할 권한을 갖는다.

---

for the bodies which the jurors had at this court. [?]". *Acomb Court Rolls*, p. 36.

보유세 £4.

3) 평결(Verdict).

Ric. Stapletone, kt. (6d), John Ynglebie, esq. (6d), Wm. Ynglebie, kt. (6d), Wm. Watson, merchant, (6d), Robt. Nottingham (4d), Thos. Coates (4d). 이들은 소송에 실패하였으므로 기술한 바와 같이 벌금에 처함.

4) 고소(Presentments).

① Geo. Marshall이 Robt. Spacie를 폭행하여. 3s. 4d.

② Wilfred (blank), servant of Peter Newark, esq.가 Robt. (blank)의 피 흘리게 하여. 6s. 8d.

③ John Day가 흡윤개선에 걸린 말(mangy horse) 1 두를 공동지에 내보내어. 5s. 0d.

④ Thos. Furthe가 Holgait Moore에서 금작화나무를 한 다발 베어 가져가서. 4d.

⑤ Thos. Melbie (4d), Wm. Austene (4d), Thos. Rawsone (2d.), Ric. Boteland (4d), John Synkinsone (4d), Wm. ElliS (4d), Wm Myers (4d), John Leightfoote (4d), Thos. Hill (4d.), Thos. Hutchyne of Askham Bryan (2d). 이들은 공동지에서 금작화나무를 채취하여 기술한 바와 같이 벌금에 처함.

⑥ Holgayte에서 Robt. Knaggs가 보유한 1 messuage가 황폐화되어 언급한 Robt.에 의해서 수리되어야 한다.

6) 위반시 벌금(Penalties).

① Acome의 모든 1 messuage 보유자는 Acome Moore에서 2 수레의 잔디를, 모든 cottager는 1 수레의 잔디를 가지며 그 이상은 안 된다. 누구든 더 갖는 자는 한 수레 당 10s., 한 묶음 당 3s. 4d.

② 누구도 Skue Yate에서 Gravell Hill까지 또는 Gravell Hil과 Dycorne Close 사이의 금작화를 베지 못한다. 위반시 수레 당 10s., 묶음 당 3s. 4d.

③ Askham Bryan 주민 누구도 이 장원의 공동지에서 금작화를 베거나 가져가지 못한다. 위반시 수레 당 10s., 묶음 당 3s. 4d.

④ Holgayte의 모든 주민은 그들 돼지를 the Cornefeild, the Acome strete와 the Popleton Strete에 들어가지 못하게 해야 한다. 위반시 두 당 4d.

⑤ Acome의 주민은 누구도 자신이 거주하는 집에서 대마(hemp)를 말려서는 안 된다. 위반시 3s. 4d.

⑥ Robt. Spacie와 John Gill은 명령된 이상의 잔디를 가져가지 못하도록 감독하고, 위반자를 고발한다. 위반시 3s. 4d.

7) 당 법정의 총 수익: (공란)

17. 1597년 3월 30일 십인조점검 겸 장원민사법정[36)]

View of Fraokpledge and Court Baron 30 March 39 Eliz. (1597) before Thos. Grene, steward.

1) 자유 차지인(Free Tenants).

John Inglebe, esq., Peter Newarke, esq., deceased - Clifton Acre라 불리는 목초지(meadow)와 Raphe Close라 불리는 1 close에 대해서임. Wm. Robinson, Tristriam Tillesley, vicar of Acome, Wm. Gibson, gent., Wm. Foster.

2) 관습 차지인(Customary Tenants).

John Inglebe, esq., defaulted, Peter Newarke, esq., deceased, Thos. Mossley of York, John Weddall, gent., defaulted, the feoffees of the Hospital of St. Thomas without Micklegate Bar, Wm. Hall, gent., Thos. Harbert, gent., Hy. Newark, gent., Kath. Spacie, widow, essoin, Nic. Hodgson, Wm. Buttree, defaulted, Wm. Maskew, Peter Hodgson, defaulted, Eliz. Wright, widow,

---

36) 법정의 제목이 십인조점검 겸 장원법정(Court with View of Frankpledge)에서 십인조점검 겸 장원민사법정(Court Baron with View of Frankpledge, 혹은 View of Frankpledge with/and Court Baron)으로 바뀌어 표기되었다. 1573년 3월 30일 법정문서까지 십인조검검 겸 장원법정으로 표기되었으나, 1573년 10월 12일 법정문서부터는 십인조점검 겸 장원민사법정으로 표기되어 있다. 십인조검검을 장원형사법정(Court Leet)으로 표기한 최초의 기록은 1620년 10월 14일 법정으로, 법정문서 제목이 다음과 같다. Court Leet or View of Frankpledge with Court Baron of Henry Newarke, gent., Sat.14 Oct. 18 James 1 (1620) before Wm. Holmes, esq., steward. *Acomb Court Rolls*, pp. 45, 47, 128.

Thos. Slator, John Awderson, Thos. Peighen, essoin, John Hodgson, Jas. Hutchinson, defaulted, Thos. Shipton, John Wilkinson, essoin, and Jane his wife, Stephen Skadlocke, essoin, Geo. Gill, Hy. Gill, essoin, John Austen, Fran. Spacie, Thos. Plewman, Wm. Burdeux, Robt. Hill, essoin, Wm. Prince, Thos. Hill son of Robt. Hill, Peter Hill, Thos. Hill son of Wm. Hill, Robt. Artur, Adam Skadlocke, Peter Vessie, John Vessie of Holgate, essoin, John Vessie of Acome, Thos. Vessie of Acome, Geo. Lorimer, Ric. Shipton, Thos. Walton, Thos. Graie, Robt. Miles and [?], his wife, Mary Greneup, wife of Wm. Greneup, Kath. Newarke, Margaret Pallister, widow, (ill), Alice Burdeux, widow, Anne Plewman, widow, Roger Spacie and Anne, his wife, Hy. Tone, Alice Wright, essoin, Jas. Wright, deceased, Jane Fairbarne, defaulted, Wm. Thackwraie, essoin, Wm. Cobstake in right of Jane Rutt, his wife, Robt. Frenche, Wm. Kirkby, Thos. Plowman, John Atkinson, Tristriam Vessie, defaulted, Anthony Vessie, Wm. Gill, Jas. Metcalfe, butcher, Percival Barnes, Robt. Pallister, essoin, John Burdex deceased, Thos. Swaile of York, cordwainer, Geo. Elwick of York, gent. for his land at Clifton, defaulted, Dennis Bainbrigg in right of Edith, his wife, daughter and heir of Guy Jackson for a cottage in Clifton, Chris. Walker of Clifton, Wm. Clerke, essoin, and Anne Peirson for land in Clifton.

3) 고소(Complaints).

① Anne Plowman, widow가 Lancelot Skadlocke을 대상으로 그녀의 토지에서 물푸레나무를 베어 3s. 4d.의 손해를 입었다고 탄원을 제기함. 피고소인은 혐의를 부인하였고, 배심원단은 그가 죄가 없다고 선언함.

4) Jurors(배심원들).

Wm. Maskus, Ric. Hodgson, John Austen, Thos. Plowman, Thos. Hill of Poppleton, Peter Hill, Thos. Hill, Geo. Gill, Wm. Burdeux, Wm. Prince, Robt. Frinch, Jas. Metcalfe.

지난 법정 이후 Peter Newarke of Acomb, esq.가 사망하여 Acome의 4 messuages, 3 cottages, 9 oxgangs의 토지와 5 a.의 Acomb fields의 토지를 압류하였다(seized). 5에이커는 1 a.를 구성하는 2개의 지조 (전에 Wm. Newerke에 속했던 것으로 1 지조는 a Marr로 불렸던)와 최근에 Stephen Skadlocke으로부터 구입한 2 에이커, 그리고 최근에 Roger Skadlocke로부터 구입한 1 a. 그리고 Eliz. Smith로부터 구입한 1 a.이다. Peter가 사망하여 역시 Holgate fields에서 최근에 Margaret Johnson으로부터 구입한 1 a. 그리고 Robt. Smith로부터 구입한 1 a.를 압류하였다. Thos. Newarke이 그의 장남이며 상속인이고 성인이 되었다. 보유세 (명시되지 않음).

5) 고발(Presentments).

① Jas. Hutchinson's Forefront and backfront가 황폐화 됨.

3s. 4d.

② Nic. Newarke, gent.이 지난 법정에서 명한 바 있는 그의 암말과 망아지를 옮기지 아니함. 6s. 8d.

③ Edw. Crosby of Dringhouses가 한 마차의 금작화를 채취함. 10s. 0d.

④ 배심원들이 모든 것이 적절하였다고 추가 진술함.

⑤ Peter Neworke이 Geo. Gill and Peter Hill을 통하여 Acome 내의 the Carr와 1 Carr Gate 사이에 놓인 1 cottage와 1/2 r.의 토지를 Kath. Neworke이 보유하도록 반납함. 보유세 (명시되지 않음).

⑥ John Hodgson이 Acomb 들판 내의 Hobmore Close에 위치한 1/2 a.와 1/2 r.의 목초지, Acome Carr에 위치한 전에는 공동지로 보유되던 1/2 r. 2 Cargates와 부속물을 Nic. Hodgson이 보유하도록 반납함.

⑦ Ric. Duffeilde가 Thos. Peighin과 John Hodgson을 통하여 Acome의 Fran. Spacie 와 Hy. Gill의 토지 사이에 위치한 1 cottage, toft, garden or croft를 Thos. Moseley가 보유하도록 반납함. 보유세 (명시되지 않음)

⑧ Thos. Moseley가 법정에 출두하여 Acomb의 1 cottage, toft, garden or croft를 다음 Whit Sunday로부터 21년간 John Bee가 보유하도록 반납함. 지대는 매년 13s. 4d.이며 John Bee는 지붕을 짚과 모타르로 필요시 수선해야 하며 Thos. Moseley의 허락 없이는 위 재산을 임대하지 않는다. 보유세 (명시되지 않음)

⑨ Hy. Neworke이 Thos. Peighin과 John Anderson을 통하여

1 cottage, barn, garden, croft, 2 r.의 토지, 위 garden 끝에 놓인 지조들, I Bracken Hill, Follie Milfeilds의 1/2 a. Willow Bridge 근처의 a Garbred라 불리는 1/2 a. Hedge side 근처의 Maine Ingg의 1/2 a. Holgate의 부속물들을 Robt. French가 보유하도록 반납함. 보유세 (공란)

6) 위반시 벌금(Penalties/ 영어로 작성됨[37])

① Gilbert Judson은 10일 내에 그의 토지와 이웃들 토지 사이에 울타리를 만들 것. 위반시 3s. 4d.

② Robt. Faldinge와 Mrs. Tailor 역시 마찬가지로 울타리 만들 것. 위반시 각각 3s. 4d.

③ Nic. Neworke은 그의 암말과 망아지를 영주권 내에 매지 말 것. 위반시 6s. 8d.

④ Ric. Shipton은 10일 이내에 Hob More Steele(넘어 다니는 계단 즉, stile)을 만들 것. 위반시 3s. 4d.

⑤ Acome과 Holgate 주민은 누구도 Acome Common에서 잔디를 각 messuage 당 2 짐, 각 cottage 당 1 짐 이상을 채취하지 못한다. 그리고 어떤 무덤주인도 이웃들에게 얼마만큼 누구를 위해서 채취하는가를 알리지 않고는 채취하지 못한다. 위반시 3s. 4d.

---

37) Acomb 장원의 경우 장원법정문서 가운데 일부 항목들이 영어로 작성되었다. 최초의 기록은 1575년 4월 25일 법정문서로 위반시 벌금(Penalties) 항목이었다. 1578년 4월 23일 장원문서에는 고발(Presentments) 항목과 위반시 벌금(Penalties) 항목 모두에 처음 나타났고, 관리선출에 대한 항목은 1578년 10월 15일 장원법정문서에서 처음 나타난다. *Acomb Court Rolls*, pp. 55, 63, 65.

⑥ Robt. Wright, Mrs. Walker, John Wright, Gen. Gill, Robt. Pallister은 밤에 그들 돼지를 우리에 넣을 것. 위반시 3s. 4d.

⑦ 누구도 headland를 그의 이웃보다 4 피트 이상 더 크게 만들지 말 것. 위반시 3s. 4d.

7) 벌금산정인들이 모두 서약함. 본 법정의 총 수익: (공란)

18. 1597년 10월 5일 십인조점검 겸 장원민사법정

View of Frankpledge with Court Baron 5 Oct. 39 Eliz. [1597] before Thos. Grene, steward.

1) 자유 차지인(Free Tenants).

John Inglebie, esq., Wm. Robinson of York, ald., Tristran Tillesley, vicar of Acome, Thos. Neworke (essoin), Robt. Frinche, Wm. Gibson, gent. (deceased).

2) 관습 차지인(Customary Tenants).

John Inglebe, esq., Thos. Neworke (essoin), Thos. Moseley of York, ald., John Wedthlll, gent., the feoffers of the Hospital of St. Thomas without Micklegate Barr, Thos. Harhert, gent., Kath. Spacie, widow (essoin), Nic. Hodgson, Wm. Buttre, Wm. Maskue (essoin), Peter Hodgson, Eliz. Wrighte, wiouw (essoin), Thos. Slator (essoin), John Awderson, Thos. Peighin (essoin), John Hodgson, Jas. Hutchinson, Thos. Shipton (essoin), John

Wilkinson, and Jane, his wife, Stephen Skadlocke, Geo. Gill, John Austen, Fran. Spacie, Thos. Plowman, Wm. Burdeux, Roht. Hill, Wm. Princc (essoin), Thos. Hill son of Robt. Hill, Peter. Hill, Thos. Hill son of Wm. Hill, Wm. Thomsonne, Wm. Hill (essoin), Roht. Artur, Adam Skadlocke, Peter Vessie, John Vessie of Acome, John Vessie of Holgate, Thos. Vessie of Acome, Geo. Horner, Ric Shipton, Thos. Walton, Thos. Graie, Robt. Mills and Jane his wife, Kath. Neworke (essoin), Margaret Pallister, widow, Alice Burdeux, widow, Anne Plowman, widow, Roger Spacie and Anne, his wife (essoin), Hy. Tone (essoin), Alice Wright, Jane Fairbarne, Wm. Thackwraie (essoin), Wm. Cobstake in right of Jane, his wife, Robt. French, Wm Kirkby, Thos. Plowman (infant), Thos. Plowman, snr., John Atkinson (essoin), Tristriam Vessie (essoin), Anthony Vessie, Wm Gill (infant), Jas. Metcalfe, butcher (essoin), Percival Barnes (essoin), Robt. Pallister, Thos. Swaile, cordwainer, Geo. Elwicke, Dennis Bainbrigg in right of Edith, his wife, Wm. Clarke (essoin), Chris. Walker and Anne Preston.

3) 고소(Complaints).

① Ric. Shipton이 Wm. Maskue을 대상으로 a Dale이라 불리는 close에 침입하여 2s. 가치의 잔디와 건초를 가져가 5s.의 손실을 입었다고 탄원을 제기함.

② John Hodgson이 Wm. Jeffraison을 대상으로 피고소인의 요청으로 체포에 대해 벌금으로 피고소인이 2s. 4d.를

지불했기 때문에 침해를 당했다고[?][38] 탄원을 제기함.

③ Geo. Wrighte이 Adam Skadlocke을 대상으로 그의 나무 4 그루를 베어 가져가서 6s. 8d.의 손해을 입었다고 탄원함.

4) 배심원단(Jurors).

Nic. Hodgson, John Austen, Fran. Spacie, Thos. Plowman, Peter Hill, Thos. Hill of Acome, Guy Thomson, Robt. French, John Wilkinson, Wm. Thompson, Thos. Hill of Clifton, Robt. Hill, Jas. Metcalfe.

5) 고발과 벌금(Presentments and Fines).

① John Inglebee, Wm. Robinson, John Weddall, gent., Thos. Harbert, Peter Hodgson, Margaret Pallister, Thos. Plowman, snr., Geo. Elwick가 법정에 소송을 제기하고 출석하지 않음. 각자 벌금 4d. 총액 2s. 8d.

② John Gill이 이웃들의 동의 없이 잔디를 파냄. 6d.

③ Sam. Parker가 법정에 소송을 제기하고 출석하지 않음. 4d.

④ John Darcie, John Forrest, Robt. Fawdinge, Adam Skadlocke, Hy. Skadlocke, Ric. Shipton, Thos. Oneson, Wm. Jeifrason, Wm. Jeffraison(sic), John Wilson이 마찬가지로 소송을 제기하고 출석하지 않음. 각각 4d.

---

38) [?]은 출간된 원문의 표시. 내용으로 보아 고소인의 피해가 무엇인지 의문이다. '피고소인이 2s. 4d.를 지불'이 '고소인이 2s. 4d.를 지불'이 원문에 잘못 기재된 것으로 추정된다.

⑤ Robt. Fysher가 Guy Walker의 몸에서 피를 흘리게 함. 6s. 8d.

⑥ Acome의 주민들이 법률에 반하여 중절모(hats)를 씀.[39] 12d.

⑦ John Austinge이 위반시 벌금사항에 위배되는 에일을 판매함. 20s. (? 20s.)[40]

⑧ Kath Wilkinson이 마찬가지로 위반함. 20d.

⑨ Gilbert Wilkinson이 마찬가지로 위반함. 4d.

⑩ John Harper가 불법적으로 재산을 회복함. 20d.

6) 관리 선출(Election of Officers)

① 경관(constable): Lancelot Skadlocke (Acomb), Robt. Pallister (Holgate)

② 장원관리인(reeve): Wm. Maskue and Ric. Shipton (Acomb)

③ 산울타리와 담장 관리인(overseers of gaparum and fences): John Austen and Thos. Vessie (Acomb), Wm. Burdes and John Vessie (Holgate)

---

39) Eliz. 13년인 1571년의 법에 의하면, '잉글랜드 내의 7세 이상의 모든 사람들은 안식일과 축일(the Sabbath and Holy days)에 양모로 짠 모자(wool knit caps)와 옷을 입어야 한다. 위반시 3s. 4d.의 벌금에 처한다.' 여기에 영주, 귀부인, 도시의 관리들은 제외였다. 이 법은 Eliz. 39년인 1597년에 폐지되었다. 이 법의 서문에는 펠트모자(felt hats: 중절모)를 너무 과도하게 사용하여 모자제작인들(Cappers)이 빈곤해져 이들을 보호하기 위하여 법을 통과시킨다고 서술되어 있다. *Methley Court Rolls*, pp. 69, 226. note. 4.

40) 20d.의 잘못 표기로 보인다. 이는 바로 다음의 ⑧번 항목에서 확인할 수 있다.

④ 에일주 감식인(ale tasters): Geo. Gill and Guy Thompson (Acomb), JohnWright (Holgate)

7) 위반시 벌금(Penalties/ 영어).

① Acome, Holdgate 혹은 Clifton의 주민 누구도 내규관리인(byelawmen)의 승인없이 Hobmoor를 훼손하지 못함. 위반시 3s. 4d.

② Acome이나 Holdgate 주민 누구도 Ric. Gatinby를 언제든지 숙박 금지. 위반시 6s. 8d.

③ Acome 주민 누구도 AcomeMore에서 지난 명령, 즉 Gargill Hills에서 Dikehorne Close까지 가시금작화를 채취하지 못함. 마차 당 10s. 짐 당 12d.

④ Kath. Wilkinson은 12일 이내에 Birkhead's wife와 그녀 자신의 ... 사이에 담을 세울 것. 위반시 3s. 4d.

⑤ Tbos. Smith는 그의 돼지를 밤마다. 우리에 넣을 것. 위반시 3s. 4d.

⑥ 한 수레(cart)의 잔디는 한 마차(wain)의 잔디와 같이 계산한다. 수레 당 말의 수는 원하는 대로다.

⑦ 모든 숙박인들은 Martinmas(11월 11일) 이전에 내보내야 한다.[41] 위반시 10s. 0d.

⑧ Adam Skadlocke이 John Awderson and Jas. Metcalfe를 통하여 Holgate 들판에 위치한 *Longland*라 불리는 1/2 a.를 Peter Thaw 가 지난 Michaelmas부터 지대 없이 6년 동안 사용하도록 반납함. 보유세 (명시되지 않음).

---

41) 주로 추수시기에 들어와 아직 머무르고 있는 노동자들로 추정된다.

⑨ Roger Spacie와 그의 처 Anne이 Eliz. 39년(1597년) 4월 28일에 Wm. Thompson와 John Austen을 통하여 Acome에 위치한 1 messuage, garden, barn, 2 oxgangs과 2 a.의 경작지, 목초지, 방목지를 Thos. Hill이 다음 겨울 성 마틴축일부터 21년 동안 사용하도록 매년 지대 40s.으로 반납함. Roger Spacie는 농업 관습에 따라 기간이 끝나기 전에 성모마리아 정화 축일에 위 보유지에 들어와야 한다. Thos. Hill은 주요 목재를 제외하고 필요시 지붕과 벽과 목재를 수선해야한다. 그는 그곳에서 자라는 물푸레나무를 벨 수 있으나, 매년 6 그루의 어린 물푸레나무를 심어야하고, Roger Spacie가 매년 St. Martin 축일과 5월 1일 사이에 물푸레나무를 벨 수 있다. 보유세 (명시되지 않음).

⑩ Eliz. 29년(1587년) St. Mark the Evangelist 축일에 개정된 법정에서 John Inglebee, esq.가 Geo. Walter와 Wm. Nableson을 통하여 Acomb 들판에 위치한 Narrow Oxgang이라 불리는 1 oxgang의 토지를 부속물과 더불어 Chris Thackwraie이 다음 Michaelmas부터 년 지대 12s.으로 사용하도록 반납하였다. Chris Thackwraie은 Eliz. 32년(1590년) 4월 21일 개정된 법정에서 그의 보유기간 잔여권을 John Deighton이 보유하도록 반납하고 John Deighton는 보유세 6s. 8d.를 납부하고 승인 받았다. 현재는 John Dighton이 전기 재산을 Eliz. 39년(1597년) 4월 24일에 Robt. Hill과 John Austen을 통하여 보유기간의 잔여권을 Thos. Plowman이 매년 지대 12s.을

John Inglebie에게 지불하고 사용하도록 반납한 상태이다.

8) 벌금산정인들 모두 서약함. 본 법정의 총 수익: (공란).

19. 1598년 4월 19일 십인조점검 겸 장원민사법정

View of Frankpledge and Court Baron 19 April 40 Eliz. [1598] before Thomas Grene, steward.

1) 자유 차지인(Free Tenants).

John Inglebie, esq., and Wm. Robinson of York, ald., Thos. Mosley of the same, ald., Thos. Newarke, gent., Tristram Tillesley of Acome, John Awsten and Robt. Frenche.

2) 관습차지인(Customary Tenants).

John Inglebie, esq., Thos. Mosley,, ald., Thos. Newarke, gent., John Weddell, gent., feoffees of St. Thomas's Hospital without Micklegate Bar, Thos. Harbott, gent., Nic. Hodgsonn, Wm. Buttre, Wm. Maskue, Peter Hodgsonn, Thos. Slator, John Awdersonne, Thos. Peighen, John Hodgsonn, Jas. Huttchinsone, Thos. Shiptonn, Kath. Spacie, widow, Eliz. Wreight, widow, John Wilkinsonne and Jane, his wife, Geo. Gill, John Awstenn, Fran. Spacie, Thos. Plowman, Wm. Burdeux, Robt. Hill, Wm. Prince, Thos. Hill son of Robt. Hill, Peter Hill, Thos. Hill son of Wm. Hill, Wm. Thompsonne, Wm. Hill, Robt. Arthur, Adam Skadlocke, Peter Vessie, John Vessie of Acome, John Vessie of Holgate, Thos. Vessie of Acome, Geo. Loramer, Ric. Shiptonn, Thos. Waltonn, Thos. Graie, Robt. Mills and Jane, his wife, Kath. Newarke, Margaret Pallister, widow, Alice Burdeux, widow, Anne Plowman, widow, Roger Spacie and Anne, his wife, Hy. Toune, Alice Wreight, Jane Fairebarne, Wm. Thackwray, Wm. Cobstake in right of Jane, his wife, Robt. Franche, Wm. Kirkbie, Thos. Plowmann, infant, Thos. Plowmann, snr., John Atkinsonne, Tristrian Vessie, Anthony Vessie, Wm. Gill, infant, Jas. Mettcalfe, butcher, Percival Barnes, Robt. Pallister, Thos. Swaile, cordwainer, Dennis Bainebridge in right of Edith, his wife, Wm. Clerke, Chris. Walker, Anne Prestonne and Wm. Etheringtone.

3) 배심원들(Jurors).

Nic. Hodgsonne, Wm. Maskue, Thos. Peighen, Geo. Gill, Fran. Spacie, Thos. Plewman, Peter Hill, Wm. Prince, Guy Thompsone, Wm. Thompsone, Wm. Burdeux, Robt. Hill, Robt. Pallister.

4) 고발(Presentments).

① John Ingleby, John Weddell, Peter Hodgson이 법정에 소송제기하고 궐석함. 각각 4d.

② Robt. Wreight이 Jas. Walker를 폭행하고 소란피우고 피를 흘리게 함. 10s. 0d.

③ Robt. Wreight이 이웃이 귀찮게 임신한 여인을 숨겨줌.

3s. 4d.

④ Robt. Fysher가 같은 위반을 함. 3s. 4d.

⑤ Clifton에서 1 cottage와 1 acre의 토지를 보유한 Geo. Elwicke of York, gent.이 지난 법정 이후 사망함. 그의 아들이며 가장 가까운 상속인인 Wm. Elwicke이 성인이 되었음. 보유세 (명시되지 않음).

⑥ Kath. Newarke가 John Awstean과 Peter Hill을 통하여 Acome 내의 1 cottage와 garden, 그리고 Lodge Leas의 1 rood와 1 Cargate를 Thos. Plowmann이 보유하도록 반납함. 보유세 (명시되지 않음).

⑦ Stephen Skadlocke이 1 messuage, garden, meadow, 그리고 Cargatts and Feildgattes 포함한 1 oxgang의 토지와 4 a.의 경작지를 보유하고 있는데, 지닌 법정이후 사망하였다. Peter Skadlocke이 그의 아들이며 가장 가까운 상속인이다. 보유세 (명시되지 않음)

⑧ John Awsten과 그의 처 Joan이 Peter Hill, George Gill, Thos. Plowman을 통하여 1 messuage, barn, garden을 Margaret Burdeux가 다음 St. Martin 축일(11월 11일)부터 12년 동안 영주에게 지대와 부역의무 외에 매년 지대 8d.로 보유하도록 반납함. 그녀는 주요 목재를 제외하고 그녀의 비용으로 재산을 수선하고 유지해야함. 보유세 (명시되지 않음)

⑨ Agnes Preston. widow와 그녀의 아들 Robt. Preston이 Clifton에 위치한 2 cottages와 거기에 딸린 2 gardens을 Wm. Etheringtonn이 보유하도록 반납함.

⑩ Adam Skadlocke이 Thos. Waltonn과 Thos. Graye를 통하여 1 a.의 경작지와 목초지, 즉 a Overrise라 불리는 1/2 a., a Pellitrainc이라 불리는 1/2 r., a bitt againe the howe라 불리는 1/2 r., a Skolbreede라 불리는 1/2 r., a Whawe라 불리는 1/2 r.를 Lancelot Skadlock가 지난 St. Martin the Bishop 축일(9월 12일)부터 6년간 매년 3s. 4d.의 지대와 영주에게 1d. 의 자유 지대(free rent)와 다른 서비스로 보유하도록 반납하였다. 보유세 (명시되지 않음).

⑪ Adam Skadlocke이 Thos. Waltonn과 Thos. Gray를 통하여 Acomb에 위치한 1 a.의 토지와 목초지를 Chris. Waide가 15년 동안 매년 지대 3s. 4d.로 보유하도록 반납하였다. 그는 기간의 마지막 6년 동안 위에서 처럼 Lancelot Skadlock에게 승인된 토지를 보유할 예정이다. Adam Skadlocke은 계속해서 영주에게 의무가 있는 매년 6d.와 다른 서비스를 부담한다. 보유세 (명시되지 않음).

5) 위반시 벌금과 명령(Penalties and Ordinances/ 영어)

① Robt. Milnes는 다음 성신강림절(Whitsuntide) 이전에 그의 집에서 Agnes Leppington을 내보낼 것. 위반시 10s. 0d.

② 위 Milnes는 Margaret Cawood와 다른 익명의 여자를 성신강림절 이전에 내보낼 것. 위반시 10s. 0d.

③ Robt. Arthur는 Ric. Pettie와 다른 숙박인들을 성신강림절 이전에 내보낼 것. 위반시 10s. 0d.

④ Uxor [Mrs] Tayler는 그의 집에서 이름이 알려지지 않은 1 인의 숙박인을 내보낼 것. 위반시 10s. 0d.

⑤ John Gill은 성신강림절 이전에 그의 집에서 숙박인 Agnes Lambert를 내보낼 것. 위반시 10s. 0d.

⑥ John Awsten은 경관의 허가 없이 어떤 행상인, 땜장이나 부랑자를 숙박시키지 말 것. 위반시 10s. 0d.

⑦ Adam Skadlocke, John Vessie와 Acome의 모든 다른 주민들은 마찬가지로 명령을 받음. 위반시 10s. 0d.

⑧ Robt. Fisher, Robt. Wreighte, John Vessie와 모든 다른 Houldgayte 주민들은 마찬가지로 명령을 받음. 위반시 10s. 0d.

⑨ Robt. Fisher는 그의 집에 아이 딸린 낯선 여자를 받아들이거나 거처를 제공하지 말 것. 위반시 6s. 4d. [?]

⑩ Robt. Wreighte는 마찬가지 명령을 매주 받음. 위반시 3s. 4d.

⑪ Acome 내의 각 messuage는 2 짐 이상의 잔디를, 각 cottage는 1 짐 이상의 잔디를 Acome Moore에서 채취 금지. 위반시 짐 당 3s. 4d.

⑫ Wm. Burdeux of Houldgate는 그의 집에서 그의 차지인인 Robt. Fisher를 비행으로 St. Andrew's Day(11월 30일) 이전에 내보낼 것. 위반시 10s. 0d.

6) 벌금산정인들이 모두 서약함. 본 법정의 총 수익: (공란).

20. 1598년 10월 17일 십인조점검 겸 장원민사법정

View of Frankpledge with Court Baron 17 Oct. 40 Eliz. [1598] before Thomas Grcne, steward.

1) 자유 차지인(Free Tenants).

1598년 4월 19일 법정과 동일(필자) 단 Tristram Tillesley of Acome가 Tristram Tillesley, Vicar of Acome로 표기되었음.

2) 관습 차지인(Customary Tenants).

John Inglebie, esq., Thos. Mosley, ald., Thos. Newarke, gent., John Weddell, gent., the feoffees of St. Thomas's Hospital without Micklegate Barre, Thos. Harbotle, gent., Nic. Hodgsonne, Wm. Buttre, Wm. Maskue, Peter Hodgsonne, Thos. Slator, John Awdersone, Thos. Peighene, John Hodgsone, Jas. Hutchinson, Thos. Shipptone, Kath. Spacie, widow, Eliz. Wreighte, widow, John Wilkinsone and Jane, his wife, Geo. Gill, John Awstene, Fran. Spacie, Thos. Plewmann, Wm. Burdeux, Robt. Hill, Wm. Prince, Thos. Hill son of Robt. Hill, Peter Hill, Thos. Hill son of Wm. Hill, Wm. Thompsone, Wm. Hill, Robt. Arture, Adam Skadlocke, Peter Vessie, John Vessie of Acome, John Vessie of Holdgaitte, Thos. Vessie of Acome, Geo. Loromer, Ric. Shipptonn, Thos. Waltonn, Thos. Graie, Robt. Mills and Jane, his wife, Kath. Newarke, Margaret Pallister, widow, Alice Burdeux, widow, Anne Plewman, widow, Roger Spacie and Anne, his wife, Hy. Toune, Alice

Wreighte, Jane Fairebarne, Wm. Thackwraie, Wm. Cobstacke in right of Jane, his wife, Robt. French, Wm. Kirkbie, Thos. Plewman, Thos. Plewman, snr., John Atkinsonne, Tristrian Vessie, Anthony Vessie, Wm. Gill, Jas. Metcalf, butcher, Percival Barnes, Robt. Pallister, Thos. Swaile, cordwainer, Dennis Bainebridge in right,of,Edith, his wife, Wm. Clerke, Chris ... [omission], Wm. Etherringtonne, Wm. Elwicke.

3) 배심원들(Jurors).

Thos. Peighene, Fran. Spacie, Wm. Burdeux, Robt. French, Robt. Pallister, Thos. Hill, jnr., Geo. Gill, Thos. Hill of Clifton, John Awstenne, Robt. Hill, Wm. Thompsone, Thos. Shiptone, John Vessie.

4) 고발(Presentments).

① Wm. Robinsone of York, free tenant, John Weddell, Thos. Harbott, Peter Hodgsonne, Thos. Plewman, Anthony Vessie, DennisBainebridge, 이들은 customary tenants로 법정에 소송을 제기하고 궐석하였다. 각각 4d.

② Acomb 주민들이 법에 어긋나게 일요일과 다른 축일에 펠트 모자(중절모)를 착용하여(utitur feltris dies savit et alias ferias).[42] 12d.

42) 안식일과 축일의 복장에 대한 법은 Eliz. 39년인 1597년에 폐지되었으나, Acome 장원의 기록으로 보아 법이 폐지된 다음 해에도 장원의 일반 주민들에게는 펠트 모자 착용이 여전히 금지되었던 것으로 보인다.

③ Robt. Mills이 위반시 벌금규정에 반하여 Margaret Cawoode를 데리고 있어서. 10s.

④ Wm. Riddell이 불법적으로 회복하여. 20d.

⑤ Sam. Parker, John Darsie, Robt. Whartonne이 같은 위반을 하여. 각각 20d.

⑥ John Gill. jnr.가 이웃에 귀찮게 판매할 의사 없이 황무지에 잔디를 보관하여. 3s. 4d.

⑦ John Darsie가 같은 위반을 하여. 3s. 4d.

⑧ Robt. Mills가 그의 이웃이 귀찮게 생울타리가 넘어지도록 하여. 3s. 4d.

⑨ Mrs. Wilkinsone, Mrs. Skadlocke, Gilbert Judsone이 마찬가지 위반하여. 3s. 4d.

⑩ Robt. Wreightte이 경관의 허가 없이 행상인과 즐겨서. 3s. 4d.

⑪ Thos. Shipptonne이 지난 해 12월 30일에 Geo. Gill, John Awstene, Ric. Shiptone을 통하여 1 cottage, barn, croft와 1 oxgang의 토지에 속하는 8 a.의 토지와 목초지, Acomb에 위치한 2 Cargattes와 2 Fieldgaitts를 Peter Hill이 다음 겨울의 St. Martin 축일(11월 11일)부터 12년 동안 년 지대 1d.로 사용하도록 반납하였다. 만약 요구된다면 Peter Hill은 주요 목재를 제외하고 필요한 모든 수선을 한다. Shipptonne은 농경 관습에 따라 기간이 끝나기 전 휴경지에 입장해야 한다. 보유세. (명시되지 않음).

⑫ 또 Thos. Shipptonn이 위 재산을 자신과 자신의 아내 Cecily Helleme과 그들 몸에서 난 상속인과 잔여권을 그

의 적법한 상속인들이 사용하도록 반납하였다. 보유세. (명시되지 않음).

⑬ Thos. Swale이 John Awstene과 Peter Hill을 통하여 Acomb 내의 1 messuage, garden, barn과 Narowe Oxgange으로 불리는 1 oxgang의 경작지를 Thos. Plewman 이 다음 겨울 St. Martin 축일부터 21년 동안 매년 지대 4d.로 보유하도록 반납하였다. Thos. Plewman은 주요 목재를 제외하고 위 재산을 수선한다. 보유세. (명시되지 않음).

⑭ Thos. Hill, jnr.가 Fran. Spacie와 Wm. Thompsone를 통하여 최근에 Wm. Hill이 보유한 Acomb 내의 1 messuage, garden, barn, croft, 2 oxgangs의 토지를, 그리고 common balk 옆과 Holdgatte 들판 다음에 놓인 Ouse Acre라 불리는 1 a., Acomb Farrefeilde의 Vessie 토지 동쪽 옆에 mildoore라 불리는 1/2 a., Holgate 들판에 놓인 1 a.와 1/2 r.의 토지, 그 가운데 3 r.는 Wm. Prince의 토지 옆에, 1과 1/2 r.는 Wm. Maskue의 토지 옆에 놓인 것을 Thos. Hill, jnr.와 Euphemia Bardene의 평생 보유하도록, 잔여권은 그들이 낳은 상속인들에게, 그 잔여권은 그의 적법한 상속인들이 보유하도록 반납하였다. 보유세. (명시되지 않음).

5) Acome 장원관리 선출(Election of Officers)

① 장원관리인(bailiff)[43]: Peter Hill.

43) 14세기에 Reeve는 장원의 예농으로 자신이 거주하는 장원의 관리인이었고, Bailiff는 자유인으로 대체로 장원 2-3개를 책임지는 영지관리

② 경관(constable): John Gill, jnr.

③ 담장 관리인(viewers of fences): Peter Hill and John Darcie.

④ 에일주 감식인(ale tasters): Fran. Spacie, John Wilsone.

⑤ 동쪽 우물청소 감독인(scourer of the well at the W. end): Thos. Graie.

⑥ 서쪽 우물청소 감독인(scourer of the well at the E. end): Gilbert Judsone.

6) 위반시 벌금(Penalties)

① Acome의 모든 주민은 야간에 돼지를 돼지우리에 가둘 것. 위반시 3s. 4d.

② Wm. Wreightte는 통행자들의 결정에 따라 town gate에 놓인 신발의 발판과 돌들을 치울 것. 위반시 3s. 4d.

③ Houldgate 주민은 누구도 Sandie Hill을 넘어 땅을 파지 말 것. 위반시 3s. 4d.

④ Houldgate 주민은 3월 21일 이전에 그들의 둑길은 보수할 것. 위반시 12d.

7) 벌금산정인들이 모두 서약을 함. 당 법정의 총액: (공란).

인이었다. 당시에도 장원에 따라서는 Bailiff도 장원 하나를 관리하는 장원관리인이었으므로, Reeve와 Bailiff의 업무 차이는 없었다. 차이는 Reeve는 부역을 면제받고 지대를 감면받는 반대급부가 주어졌고, Bailiff는 급료를 받았던 점이다. 예컨대 1499년 Methley 장원에서는 Bailiff가 연 20s.을 받았다. *Methley Court Rolls,* p. 191.

21. 1599년 10월 3일 장원민사법정 겸 십인조점검

View of Frankpledge with Court Baron 3 Oct. 41 Eliz. (1599) before Thomas Grene, steward.

1) 자유 차지인(Free Tenants).

John IngJeby, esq., Wm. Robinson of York, ald., Thos. Mosley of York, ald., Thos. Newarke, gent., Tristrian Tillesley, vicar of Acomb, John Austenn and Robt. French.

2) 관습 차지인(Customary Tenants).

John Ingleby, esq., Thos. Mosley, ald., Thos. Newarke, gent., Wm. Maskue (essoin), Thos. Harbott, Leo. Weddell, Nic. Hodgsonn, Wm. Buttrie, Peter Hodgsonn, Thos. Slater, John Awderson, Thos. Peighen, John Hodgsonn, Jas. Hutchinsonn, Thos. Shiptonn, Kath. Spacie, widow (essoin), Eliz. Wright, widow (essoin), John Wilkinson and Jane, his wife, Geo. Gill, John Austen, Fran. Spacie, Thos. Plowman, Wm. Burdeux, Robt. Hill, Wm. Prince (essoin), Thos. Hill son of Robt. Hill, Peter Hill (ill), Thos. Hill, son of Wm. Hill, Wm. Thompson, Wm. Hill, Robt. Arthur, Adam Skadlock, Peter Vessie, John Vessie of Acome, John Vessie of Holdgaytt, Thos. Vessie of Acome, Geo. Loromur, Ric. Shiptonn, Thos. Waltonn, Thos. Gray, Robt. Miles (in prison) and Jane, his wife, Kath Newark (essoin), Margaret Pallister, widow, (common fine), Alice Burdeux, widow, Anne Plewman, widow, Roger Spacie and

Anne, his wife, Hy. Tone (essoin), Alice Wright, Jane Fairebarne (essoin), Wm. Thackwray, Wm. Cobstacke in right of Jane, his wife, Robt. French, Wm. Kirkby, Thos. Plewman, snr., Thos. Plewman, jnr., John Atkinson (essoin), Tristram Vessie (essoin), Anthony Vessy, Wm. Gill, Jas. Metcalf, butcher (essoin), Percival Barnes (essoin), Robt. Pallister, Thos. Swaile, cordwainer, Chris. Waide, Dennis Baynbrigg in right of Edith, his wife, Wm. Clerke, Chris. Walker, Wm. Etheringtonn, Ric. Wells.

3) 배심원들(Jurors).

Nic. Hodgson, Fran. Spacie, Wm. Burdeux, Geo. Gill, Thos. Hiill, snr., John Awsten, Wm. Thompson, Thos. Hill, jnr., Thos. Plewman, Thos. Shipton, Geo. Loromer, Thos. Gray, Thos, Slater.

4) 평결(Verdict).

① 다음은 법정에 소송을 제기하고 궐석하여 각각 4d.의 벌금에 처함. John Ingleby, Thos. Harbott, Wm. Buttry, Peter Hodgson, Jas. Hutchinsonn, John Wilkinsonn, Dennis Bainbridgg, Wm. Clerk, Chris. Walker, Wm. Etheringtonn.

② Wm. Richardson이 공동 가축감시인의 아내로부터 불법적으로 되찾음. 20d.

③ Wm. Shiptonn과 Edm. Loromer가 같은 위반을 하여. 각각 20d.

④ Robt. Hill, Robt. Clerk, Robt. Pallister가 같은 위반을 2번씩 하여. 각각 3s. 4d .

⑤ Acome과 Holdgaytt 주민은 법률에 의거 안식일과 다른 축일에 모자(pills; caps)를 쓰지말 것. 12d.

⑥ Adam Skadlock가 John Vessy of Holdgaytt와 thos. Vessy of Acome를 통하여 Holdgayt의 Follye Milne Field에 놓인 Long Land라 불리는 1/2 a.의 토지를 Wm. Burdeux가 6년 동안 연 지대 3s.으로 사용하고, 6년 후 즉시 그에게 반환하도록 1597년 10월 5일 반납하였다. 보유세 (명시되지 않음).

⑦ Thos. Mosley of York, ald.가 Thos. Peigheen과 Robt. Frinch를 통하여 1 cottage, croft, barn, Clifton fields에 놓인 1 a.의 토지를 Ric. Wells가 지난 겨울 St. Martin 축일(11월 11일)로부터 21년 동안 연 지대 20s.으로 사용하도록 반납하였다. 임차인은 재산을 수리해야 하며, 어떤 오크나무나 물푸레나무도 베어서는 안된다. 보유세 (명시되지 않음).

⑧ 사망한 Lancelot Swayle의 아들이며 상속자인 Thos. Swayle이 이전에 Robt. Gill과 그리고 나서 Geo. Swayle의 딸인 Joan, 일명 Janet Swayle보유하던 Acome Fields에 위치한 1 oxgang의 토지를 요구하였다. Thos.의 조부인 사망한 Geo. Swayle 혹은 Geo.의 아들이며 Thos.의 아버지인 사망한 Lancelot Swayle이 그 토지를 법정문서의 등본(copy)에 의하여 보유하였다. Thos.는 사망시 그 토지를 보했던 그의 조부인 Geo.의 상속인으로서 요구

하였다. 배심원단은 Geo.가 그의 처에게 평생동안 사용하도록 반납하였기 때문에 사망시에 보유하지 않았던 것을 발견하였다. 그의 아들 Lancelot은 상속인이 아니었으므로 그 토지가 승인된 적이 없으며, 그가 같은 것을 반납했음에도 불구하고, Thos.가 다음 상속인으로 위 재산을 요구하였다.

⑨ Thos. Gill of Acomb이 Acomb에 위치한 하나는 Henthorne 다른 하나는 Kirkrode라 불리는 2개의 1/2 r.의 토지를 보유하고 사망하였다. John Rawe의 처인 Isabel Rawe가 그의 여동생으로 가장 가까운 상속인이며 40세나 그 이상 되었다. 보유세 16d.[44)]

5) Acome 관리 선출(Officers elected for Acome).

① 경관(Constable): Guy Thompsonn.

② 장원관리인(grave): John Austenn.

③ 에일주 감식인(ale tasters): Thos. Atkinsonn, Sam. Parker.

④ 펜스 감독인(fence viewers): Thos. Plewman, Thos. Annatsonn.

⑤ 우물청소 관리인(well scoururs): Thos. Waltonn (서쪽), Lancelot Skadlock (동쪽).

6) 관리 선출(Officers elected for Holgate).

① 경관(Constable)a; Robt. Pallister.

② 장원관리인(grave): Robt. French.

---

44) ⑧번 항목과 ⑨번 항목은 원문서가 영어로 작성되어 있다.

③ 펜스 관리인(fence viewer): John Wright.

④ 에일주 감식인(ale taster): Wm. Burdeux.

7) 위반시 벌금과 명령(Penalties and Ordinances) (영어).

① John Bee는 야간에 그의 돼지를 우리에 가둘 것. 위반시 12d.

② Acome and Houldgaite의 모든 주민들은 그들 Moore Landes Ends, Hongrybitt Endes, Holdgaytt Rood Endes와 Mr. Mosley's Long Close, Houldgayt Moore 사이에 10일 이내에 가로장을 설치할 것. 위반시 각각 3s. 4d.

③ Robt. Pallister는 Acome Street와 Poppleton Street 사이에 펜스를 설치하고, 다음 화요일 이전에 배수로 만들 것. 6s. 8d

④ Robt. Hill은 St. Peter's Day (8월 1일) 이전에 1 *gardeed* ox와 1 두의 갈색 ox를 처분할 것. 그날 이전까지 그들을 처치할 것. 위반시 10s. 0d.

⑤ Acome and Houldgaite의 모든 주민들은 만성절(11월 1일) 이전에 그들의 모든 하수관을 개방하여 유지할 것. 위반시 3s. 4d.

⑥ Acome 동쪽의 공동우물을 St. Luke' Day(10월 18일) 이전에 적절히 수리할 것. 위반시 12d.

⑦ Robt. quartonn은 만성절 이전에 그의 출입문 앞 방죽길을 수선할 것. 위반시 3s. 4d.

8) 벌금산정인들이 모두 서약함. 당 법정의 총 수익: (공란).

9) Court Steward, Thos. Grene에 의하여 검토됨. (사인됨).[45)]

45) 집사가 장원법정문서를 점검하고 사인을 남긴 드문 예이다.

참고문헌

1. 사료

A Calendar of Post Mortem Inqusition relating to the County of Sussex, 1 to 25 Elizabeth, Abstracted and Translated by L.F. SalzMann (Sussex Record Society, 1903).

Bolton Priory Rentals and Ministers' Accounts 1473-1539, ed. Ian Kershaw (The Yorkshire Archaeological Society, vol. 132, 1970).

Carte Nativorum: A Peterborough Abbey Cartulary of the Fourteenth Century, eds., C.N.L. Brooke and M.M. Postan (Northamptonshire Record Society, no. 20, Oxford, 1960).

Court Rolls of the Bishop of London's Manor of Hornsey 1603-1701, ed., William M. Marcham (London, 1929).

Court Rolls of the Manor of Acomb, 2 vols, ed. Harold Richardson (Yorkshire Archaeological Society, 1969-1978).

Court Rolls of the Manor of Wakefield (Yorkshire Archeological Society), 구 시리즈 vol i. 1274-1279 (1900), vol ii. 1297-1309 (1906), vol. iii. 1313-16 (1917), vol. iv. 1315-17 (1930), vol. v. 1322-31 (1945). 신 시리즈 vol. i. 1639-40 (1978), vol. ii. 1348-50 (1982), vol. iii. 1331-33 (1983), vol. iv. 1583-85 (1984), vol. v. 1664-65 (1986), vol. vi. 1664-65 (1987), vol. vii. 1550-52 (1989), vol. viii. 1651-52 (1990), vol. ix. 1537-39 (1993).

Court Rolls of Tooting Beck Manor, vol i, 1394-1422 (London County Council, 1909).

Custumals of the Manor of Laughton, Willingdon and Goring, ed. A.E.

Wilson (Sussex Record Society, 1961).
Custumals of the Sussex Manor of the Archbishop of Canterbury, ed. B.C. Redwood and A. E. Wilson (Sussex Record Society, 1958).
Domesday Oxfordshire, ed. Clare Caldwell (Phillimore, Chichester, 1978).
Eynsham Cartulary, vol. ii. ed. H.E. Salter (The Oxford Historical Society, 1908).
Leicestershire Medieval Village Notes, 6 vols., ed. George F. Farnham (Leicester, 1929-1933).
Local Maps and Plans from Medieval England, ed. R.A. Skleton and P.D.A. Harvey (Oxford, 1984).
Manorial Records of Cuxham, Oxfordshire circa 1200-1359, ed., P.D. A. Harvey (Oxfordshire Record Society, 1976).
Methley Court Rolls, in The History of Methley, ed. H.S. Darbyshire and G. D. Lumb (Leeds, 1937).
Notes of Post Mortem Inquisitions taken in Sussex: 1 Henry 7 to 1649 and After, ed. F.W.T. Attree (The Sussex Record Society, vol. 14, 1912).
Pipe Roll of the Bishopric of Winchester 1210-1211, ed. N.R. Holt (Manchester U. P. 1964).
Selected Pleas in Manorial and Other Seignorial Courts, ed. F.W. Maitland (Selden Soc. 2, 1889).
The Book of Bartholomew Bolney, ed. Marie Clough (Sussex Record Society, vol, 63, 1964).
The Court Rolls of Ramsey, Hepmangrove and Bury 1268-1600, ed. Dewindt, E.B. (Toronto, 1990).
The Court Rolls of Walsham Le Willows, 1303-1350, ed. Ray Lock (Suffolk Records Society, vol. XLI, 1998).
The Court Rolls of Walsham le Willows, 1351-1399, ed. Ray Lock (Suffolk Records Society, vol. xlv, 2002).
The Sibton Abbey Estates: Select Documents 1325-1509, ed. A. H. Denney, Suffolk Records Society, ii (1960).
Walter of Henley and Other Treatises on Estate Management and Accounting, D. Oschinsky (Clarendon: Oxford, 1971).

2. 단행본

Aston, T.H. and C.H.E. Philphin, eds. *The Brenner Debate* (Cambridge, 1985).

Ault, W.O., *Open Field Farming in Medieval England: A Study of Village By-Laws* (London, 1972).

Baker, A.R.H., and R. A. Butlin eds., *Studies of Field System in the British Isles* (Cambridge, 1973).

Baker, J.H., *An Introduction to English Legal History* (2nd den., London, 1979).

Beier, A.L., *Masterless Men: the Vagrancy Problem in Britain l560-l640* (Methuen, l985).

Briggs, A., A *Social History of England* (Weidenfeld and Nicolson: London, 1983).

Britton, E., *The Community of the Vill: A Study in the History of the Family and Village Life in Fourteenth-Century England* (Toronto, 1977).

Chambers, J.D., *Population, Economy and Society in Pre-Industrial England* (Oxford University Press, 1972).

Chibnall, A.C., *Beyond Sherington* (London, 1979).

Clark, P. *The English Alehouse: A Social History, 1200-1800* (Longman, 1983).

Cockburn, J.S. ed., *Crime in England 1500-1800* (London, 1977).

Davenport, F.G., *The Economic Development of a Norfolk Manor* (Cambridge, 1906).

Dewindt, E.B., *Land and People in Holywell-cum-Needingworth: Structures of Tenure and Pattern of Social Organization in an East Midland Village, 1252-1457* (Toronto, 1971).

Dyer, C., *Everyday Life in Medieval England* (The Hambledon Press: London, 1994).

Dyer, C., *Lords and Peasants in a Changing Society: the Estates of the Bishopric of Worcester, 680～1540* (Cambridge, 1980).

Dyer, C., *Standards of Living in the Later Middle Ages: Social Change *in England c. 1200-1520* (Cambridge University Press, 1989).

Finberg, H.P.R., *Tavistock Abbey: A Study in the Social and Economic History of Devon* (Cambridge U.P. 1951 / N.Y. 1969).

Harvey, B.F., *Westminster Abbey and its Estates in the Middle Ages* (Oxford, 1977).

Harvey, P.D.A., *A Medieval Oxfordshire Village: Cuxham 1240-1400* (Oxford U. P. 1965).

Harvey, P.D.A., *Manorial Records* (British Records Association, No. 5, 1984).

Harvey, P.D.A., *The Peasant Land Market in Medieval England* (Clarendon: Oxford, 1984).

Hatcher, J., *Rural Economy and Society in the Duchy of Cornwall 1300-1500* (Cambridge, 1970).

Heard, N., *Tudor Economy and Society* (London, 1992).

Hey, D., *An English Rural Community: Myddle under the Tudor and Stuarts* (Leicester University Press, 1974).

Hilton, R.H., *A Medieval Society: The West Midlands at the End of the Thirteenth Century* (London, 1966).

Hilton, R.H., *The Economic Development of Some Leicestershire Estate in the Fourteenth and Fifteenth Centuries* (Oxford, 1947).

Hine, R.L., *The History of Hitchin* (London, 1927).

Holt, J.C. ed. *Domesday Studies* (Royal Historical Society, 1987).

Hone, N.J., *The manor and Manorial Records* (London, 1906)

Homans, G.C., *English Villagers in the Thirteenth Century* (Cambridge, Mass. 1941; 2nd edn, New York, 1960).

Howell, C., *Land, Family and Inheritance in Transition: Kibworth Harcourt, 1280-1700* (Cambridge University Press, 1983).

Hyams, P.R., *King, Lords, and Peasants in Medieval England: The Common Law of Villeinage in the Twelfth and Thirteenth Centuries* (Clarendon: Oxford, 1980).

Lachman, R., *From Manor to Market: Structural Change in England, 1536-1640* (Wisconsin University Press, 1987).

Langdon, J., *Horses, Oxen and Technological Innovation: The Use of Draught Animals in English Farming from 1066 to 1500* (Cambridge

U. P. 1986).
Laslett, p. and R. Wall, eds., *Household and Family in Past Times* (Cambridge, 1972).
Laslett, Peter, *The World We Have Lost: further explored* (Charles Scribner's Sons: N. Y., 1984).
Lennanrd, R., *Rural Estate 1086-1135* (Oxford, 1959).
Levett, A.E., *Studies in Manorial History* (Clarendon Press: Oxford, 1938).
Macfarlane, A., *The Origins of English Individualism* (Oxford, 1978).
Maitland, F.W. and W.P. Baildon ed. *The Court Baron: Preceeding of Pleading in Manorial and Other Local Courts* (Seldon Soc. 4, 1891).
Manning, R.B., *Village Revolts: Social Protest and Popular Disturbances in England, 1509-1640* (Clarendon Press: London, 1988).
McIntosh, M.K., *Autonomy and Community: The Royal Manor of Havering, 1200-1500* (Cambridge University Press, 1986).
Miller, E. and J. Hatcher, *Medieval England: Rural Society and Economic Change 1086-1348* (Longman: London, 1978).
Milsom, S.F.C., *Historical Foundations of the Common Law* (2nd edn., London, 1981).
Onions, C.T. revised and ed., *The Shorter Oxford English Dictionary on Historical Principles* (Oxford, 1978).
Page, F.M., *The Estates of Crowland Abbey: A Study in Manorial Organization* (Cambridge U. P. 1934).
Page, T.W., *The End of Villainage in England* (New York, 1900).
Palliser, D.M., *Age of Elizabeth; England under the later Tudors, 1547-1603* (Longman: London, 1992).
Pam, D.O., *The Fight for Common Rights in Enfiel and Edmonton, 1400-1600* (Edmonton Hundred Historical Society, Occasional Paper, no 27, 1974).
Pollock, F. and F.W. Maitland, *The History of English Law*, 2nd edition (Cambridge, 1968), vol. 2
Poos, L.R., *Rural Society after the Black Death: Essex 1350-1525* (Cambridge, 1991).
Postan, M.M., *Essays on Medieval Agriculture and General Problems of the Medieval Economy* (Cambridge U. P. 1973).

Raftis, J.A., *A Small Town in Late Medieval England* (Toronto, 1982).

Raftis, J.A., *Tenure and Mobility: Studies in the Social History of the Medieval English Village* (Toronto, 1964).

Raftis, J.A., *Warboys: Two Hundred Years in the Life of an English Medieval Village* (Toronto, 1974).

Razi Zvi and Richard Smith, eds., *Medieval Society and The Manor Court* (Oxford, 1996).

Razi, Zvi, *Life, Marriage and Death in a Medieval Parish: Economy, Society and Demography in Halesowen 1270-1400* (Cambridge U. P. 1979).

Riden, P., ed. *Probate Records and the Local Community* (Alan Sutton; Gloucester, 1985).

Scrope, G.P., *History of the Manor and Barony of Castle Comb, in the County of Wiltshire* (London, 1952).

Searle, E., *Lordship and Community: Battle Abbey and its Banlieu, 1066-1538* (Toronto, 1974).

Seebohm, F., *The English Village Community* (Cambridge U. P. 1926; original: London, 1883).

Sharpe, J.A., *Crime in Early Modern England 1550-1750* (London, 1984).

Sharpe, J.A., *Early Modern England: A Social History 1550-1760* (Edward Arnold: London, 1992).

Slack, P. ed., *Rebellion, Popular Protest and the Social Order in Early Modern England* (Cambridge University Press, 1984).

Slack, P., *The Impact of Plague in Tudor and Stuart England* (Routledge, 1985).

Smith, R.M., *Land, Kinship and Life-Cycle* (Cambridge U. P. 1984).

Spufford, M., *Contrasting Communities: English Villagers in the Sixteenth and Seventeenth Centuries* (Cambridge University Press, 1974).

Tawney, R.H., *The Agrarian Problem of the Sixteenth Century* (London, 1912).

Thirsk, J., *The Agrarian History of England and Wales, vol. iv 1500-1640* (Cambridge University Press, 1967).

Thorold Rogers, J.E., *A History of Agriculture and Prices in England, 8vols*, (Clarendon Press, 1866-1902).

Titow, J.Z., *English Rural Society 1200-1350* (London: George Allen and

Unwin, 1969).
Vinogradoff, P., *Villainage in England: Essays in English Medieval History* (Oxford,1892).
Wrightson, K. and D. Levin, *Poverty and Piety in an English Village: Terling, 1525-1700* (London, 1979).
Wrigley, E.A. & R.S. Schofield, *The Population History of England 1541-1871: a Reconstruction* (Arnold, 1981).
Yelling, J.A., *Common Field and Enclosure in England 1450-1850* (Macmillan: London, 1977).
김호연, 『근대초 영국 농촌사회 연구』, 울산대학교 출판부, 2005.

3. 논문

Appleby, A.B., "Grain prices and subsistence crises in England and France 1590-1740", *Journal of Economic History*, xxxiv (1979).
Ault, W.O., "By-Laws of Gleaning and the Problem of Harvest", *Economic History Review*, 2nd ser. 14 (1961).
Ault, W.O., "Some Early Village By-Laws", *English Historical Review*, Vol. XVIII (1930).
Baker, A.R.H., "Open Fields and Partible Inheritance on a Kent Manor", *Economic History Review, 2nd ser.* 17 (1964).
Beier, A.L., "Vagrants and the social order in Elizabethan England", *Past and Present*, no. 64 (1974).
Bennett, J.M., "The Tie that Binds: Peasant Marriage and Families in Late Medieval England", *Journal of Interdisciplinary History*, 15 (1984).
Birrell, J.R., "Peasant Craftmen in the Medieval Forest", *Agricultural History Review*, 17 (1969).
Bowden, P., "Agricultural prices, farm profits and rents", in *Agricultural History of England and Wales, vol. iv: 1500-1640*. ed. J. Thirsk (Cambridge University Press, 1967).
Bran, P.A. and P.R. Hyam, "Seignorial Control of Women's Marriage", *Past and Present*, no. 99 (1983).
Dyer, C., "A Redistribution of Incomes in Fifteenth-Century England?",

Past and Present, no. 39 (1968).

Everitt, A.M., “Farm labourers”, in *The Agrarian History of England and Wales*, vol. Ⅳ.

Faith, R.J., “Peasant Families and Inheritance Customs in Medieval England”, *Agricultural History Review*, 14 (1966).

Faith, R.J., “Seignorial Control of Women's Marriage”, *Past and Present*, np. 99 (1983).

Field, R.K., “Worcestershire Peasant Buildings, Household Goods and Farming Equipment in the Later Middle Ages”, *Medieval Archaeology*, vol. 9 (1965).

Fisher, F.J., “Influenza and inflation in Tudor England”, *Economic History Review*, vol. xviii (l965).

Fox, H.S.A., "The Chronology of Enclosure and Economic Development in Medieval Devon", *Economic History Review, 2nd ser.* 28 (1975).

French, H.R. and R. W. Hoyle, “English Individualism refuted-and reassessment: the Land Market of Earls Colne (Essex), 1550-1750”, *Economic History Review*, vol. lvi (2003).

Hallam, H.E., “Some Thirteenth Century Censuses”, *Economic History Review 2nd ser.* 36 (1957-58).

Harrison, C.J., “Elizabethan Village Surveys: a Comment”, *Agricultural History Review*, XXVII (1979).

Hilton, R.H., “Freedom and Villeinage in England”, in R.H. Hilton, *Peasants, Knights and Heretics: Studies in Medieval English Social History* (Cambridge U. P. 1976).

Homans, G.C., “The Rural Sociology of Medieval England”, *Past and Present*, no. 4 (1953).

Hoskins, W.G., “Harvest fluctuations and English economic history l480-1619”, *Agricultural History Review*, vol. xii (l964).

Hoskins, W.G., “Harvest fluctuations and English economic history l620-1759”, *Agricultural History Review*, vol. xvi (I968).

Judith Cripps, Rodney Hilton, and Janet Williamson, “A Survey of Medieval Manorial Court Rolls in England”, in Zvi Razi and Richard Smith, eds., *Medieval Society and The Manor Court* (Oxford, 1996).

McIntosh, M.K., “Local Change and Community Control in England,

1465-1500", *The Huntington Library Quarterly*, vol. 49 (1986).
Newton, K.C. and Marjorie K. McIntosh, "Leet Jurisdiction in Essex Manor Courts during the Elizabethan Period", *Essex Archaeology and History*, XIII (1981).
North, T., "Legerwite in the Thirteenth and Fourteenth Centuries", *Past and Present*, no. 111 (1986).
Olson, S., "Family Linkages and the Structure of the Local Elite in the Medieval and Early Modern Village", *Medieval Prosopography*, 13 (1992).
Postan, M.M., "The Charters of the Villeins", in M.M. Postan, ed. *Essays on Medieval Agriculture and General Problems of Medieval Economy* (Cambridge, 1973).
Postan, M.M., "The Chronology of Labour Services", in M.M. Postan, ed. *Essays on Medieval Agriculture and General Problems of the Medieval Economy* (Cambridge, 1973).
Razi, Zvi and Richard M. Smith, "The Origins of the English Manorial Court Rolls as a Written Records: A Puzzle", in *Medieval Society and the Manor court*, ed. Zvi Razi and Richard Smith (Oxford, 1996).
Razi, Zvi and Richard Smith, "The Historiography of Manorial Court Rolls", in *Medieval Society and the Manor Court*. ed. Zvi Razi and Richard Smith (Oxford, 1996).
Razi, Zvi, "The Myth of the Immutable English Family", *Past and Present*, no. 140 (1993).
Razi, Zvi, "Family, Land and Village Community in Later Medieval England", *Past and Present*, no. 93 (1981).
Razi, Zvi, "The Toronto School's Reconstructions of Medieval Peasant Society: A Critical View", *Past and Present*, no. 85 (1978).
Searle, E., "Seignorial Control of Women's Marriage: The Antecedent and Function of Merchet in England", *Past and Present*, no. 82 (1979).
Slack, P., "Vagrants and vagrancy in England 1598-1664", *Economic History Review*, vol. xxviii (1974).
Smith, R.M., "Further 'Models of Medieval Marriage: Landlord, Serfs and Priests in Rural England, c. 1290-1370", C. Amado and G. Lobrichon, eds. *Melanges Georges Duby* (Paris, 1995).

Stone, L., “Social Mobility in England, 1500-1700”, *Past and Present*, no. 33 (1966),

Swynnerton, C., “Some Early Court Rolls of the Manors of Stonehouse, King's Stanley, Worcestershire, and Achards”, *Transactions of the Bristol and Gloucestershire Archaeological Society*, xlv (1923).

Thirsk, J., “The Family”, *Past and Present*, no. 27 (1964).

김호연, <근대초 영국 촌락사회의 갈등과 통제>, [울산사학] 제 8집 (1999).

찾아보기